Knaur.

Im Knaur Taschenbuch Verlag sind bereits folgende Bücher der Autoren erschienen:
BGB
Alles, was ein Mann können muss
Alles, was ein Mann wissen muss
Der perfekte Verführer

Über die Autoren:
Axel Fröhlich, 1968 in Nürnberg geboren, arbeitet als freiberuflicher Werbetexter und Autor. Er lebt in Barcelona.
Oliver Kuhn hat die Deutsche Journalistenschule in München besucht und viele Jahre als Reporter beim »Playboy« gearbeitet. Er ist Autor mehrerer Bücher (u. a. »Der perfekte Verführer«, »Alles, was ein Mann wissen muss«).
Alexandra Reinwarth, geboren 1973, lebt seit 2000 in Barcelona, wo sie als Produzentin und Autorin tätig ist.

Axel Fröhlich
Oliver Kuhn
Alexandra Reinwarth

DIE GROSSE BROCK LAUS

Das komplett erfundene Lexikon

Knaur Taschenbuch Verlag

Besuchen Sie uns im Internet:
www.knaur.de

FSC
www.fsc.org
MIX
Papier aus verantwortungsvollen Quellen
FSC® C083411

Vollständige Taschenbuchausgabe November 2012

Ein Unternehmen der Droemerschen Verlagsanstalt
Th. Knaur Nachf. GmbH & Co. KG, München.

Umschlaggestaltung: ZERO Werbeagentur, München
Umschlagabbildung: finepic®, München
Satz: Wilhelm Vornehm, München
Druck und Bindung: CPI – Clausen & Bosse, Leck
Printed in Germany
ISBN 978-3-426-78174-6

5 4 3 2 1

Vorwort zur ersten Auflage 1809

Mit der Erarbeitung dieses handlichen einbändigen Lexikons gehen wir auf vielfach geäußerten und einsichtigen Wunsch ein, nicht erneut das ohnehin bekannte Wissen zu versammeln. Wir antizipieren damit Goethes noch zu formulierenden Seufzer, der im großartigen zweiten Band seines »Faust« (erscheint 1832) nachzulesen sein wird:

Da ist für mich nichts Neues zu erfahren,
Das kenn' ich schon seit hunderttausend Jahren.

Vorwort zur achten Auflage 1873

Dem ist nichts hinzuzufügen, außer vielleicht:
Quod licet Iovi non licet bovi

Vorwort zur 11. Auflage 1901

Auch wir sehen uns gezwungen der neuen Rechtsschreibung gemäß der orthografischen Konferenz in Berlin zu fülgen. (Es verschanzte sich eine Gruppierung für die Stärkung des Genitalpronomens in unserer Redaktion, entführte mehrere Legastheniker und deklinierte sie in der Öffentlichkeit)

Vorwort zur 19. Auflage 1904

Mit Stolz und Freude präsentieren wir die 19. Auflage der glorreichen Enzyklopädie Brocklaus, Quell der Freude, Heimstatt des unbekannten Wissens.

Vorwort zur 53. Auflage 1949

Jetzt neu mit 30 Prozent weniger Deutschland.

Vorwort zur 627. Auflage 2010

Bonus-Edition mit 41 Prozent mehr Asien!

Bibliomanisches Institut F. A. Brocklaus

A

Achte Geschlecht, Das

Die Bezeichnung ›Das Achte Geschlecht‹ wurde 2003 vom Bundesgesundheitsamt eingeführt und bezeichnet alles, was nicht eindeutig männlich, weiblich, sächlich, George-Michael-mäßig, volksmusisch, außerirdisch oder tierisch ist. Hierzu gehören:

1) Strelitzien
2) Tokio Hotel
3) der Darsteller in den Werbespots von Apple
4) Prinzessin Lillifee.

Achtung

Als Achtungen bezeichnet man sämtliche Klingel- und Pieptöne, die eine Ansage am Flughafen oder Bahnhof ankündigen. Die meisten wurden von Norbert → Emminger komponiert.

ADDS

[Aufmerksamkeitsdefizit-Defizitstörung]

ADDS ist eine psychologische Störung des Sozialverhaltens. Sie macht es kinderlosen Menschen und Eltern von gesellschaftlich unauffälligen Kindern unmöglich, mit angemessener Nachsicht auf Kinder mit ADS (Aufmerksamkeitsdefizitstörung) und deren Eltern zu reagieren. Für die Betroffenen ist es

Menschen mit ADDS greifen manchmal zu drastischen Mitteln

aussichtslos, diffamierende Bezeichnungen für Kinder mit ADS zu vermeiden. Der erste dokumentierte Fall von akuter ADDS ist eine 75-jährige Niederländerin, die 1990 das Kind einer Nachbarin öffentlich als »Driftkopje« (übersetzt etwa »Saufratz«) bezeichnete. Die Rentnerin zeigte sich gegenüber den Erklärungen der Eltern verschlossen. ADDS wird von → Psychoteuren fälschlicherweise zu den P. A.s gezählt und gehört zu den → Modernen Psychologischen Störungen.

Aeroma

Aeroma bezeichnet das olfaktorische Bouquet in einem Aerobic-Raum unmittelbar nach der Trainingsstunde. Dabei ist von einer Intensität von mindestens 47 → Olfaktobel auszugehen.

Aerophill

[chem. Formel: $CaSO_4 \cdot 2\,H_2O \cdot (C_6H_{10}O_5)n \cdot UHU$]

Aerophill ist ein Baustoff, der zu gleichen Teilen aus Gips, Papier und Bindemittel besteht. Das äußerst günstige und leicht zu verarbeitende Material wird zur Herstellung von Wänden im sozialen Wohnungsbau verwendet. Die Besonderheit von Aerophill ist der sogenannte Hoppla-Effekt: Durch ihn ist es möglich, andere Hausbewohner zu hören, aber nicht zu sehen.

Mit großen Mengen Luft werden die drei Komponenten aufgeschäumt, darum wird das Arbeiten mit Aerophill auch umgangssprachlich »ausphillen« genannt.

AFRIKANISCHER MAHU

Ordnung:	Laufvogel
Familie:	Strauße
Gattung:	Gockel
Art:	Prahlhänse
Größe:	15 Zentimeter

Der afrikanische Mahu ist ein Vogel aus der Ordnung der Laufvögel. Er gehört zur Familie der Strauße, ist aber wesentlich kleiner, etwa so groß wie ein Sperling. Ungeachtet seiner geringen Größe läuft er in größtmöglichen Schritten, wie seine großen Verwandten, über die Steppe.

Sein Hals ist nackt und das Gefieder auf dem kleinen Kopf nicht sehr üppig. Afrik. Mahus sind extrem angriffslustige und leicht zu reizende Tiere, die allerdings dank ihrer geringen Körpergröße nicht viel Schaden anrichten. Fühlen sie sich bedroht, was sehr leicht geschieht, spreizen sie ihre Flügel, stellen sich ihrem Gegner entschlossen in den Weg und schreien »Maahuuu«. Aufgrund seiner Courage wurde der afrik. Mahu in der westlichen Welt zum Sinnbild des Mutes.

Die südafrikanische Landbevölkerung bezeichnet den afrik. Mahu hingegen als »dumm wie Brot« und fängt ihn gerne als Spielzeug für die Kinder oder als Snack für zwischendurch.

AKUPAINTUR

[chin. 搭脈 服務, *der Macht dienend*]

Akupaintur ist Teil der traditionellen chinesischen Hilfsmethoden und wird angewandt, um Personen von belastenden Gedanken (i. d. R. verdrucksten Informationen oder quälenden Geheimnissen) zu

Für eine gelungene Akupaintur ist es wichtig, die richtigen Meridian-Punkte zu treffen

befreien. Bei der Akupaintur werden Nadeln an bestimmten Stellen (Akupainturpunkte) in den Körper gerammt. Im Unterschied zur Akupunktur sind die verwendeten Nadeln um ein Vielfaches größer und breiter und haben einen handlichen Griff, meist aus Holz. Die meisten Akupaintur-Behandlungen werden auf staatliche Kosten bei tibet. Mönche und chin. Regimekritikern durchgeführt.

ALBERNISTAN

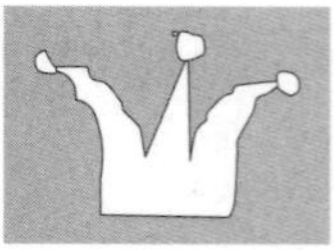

Flagge Albernistan

Hauptstadt:	Brausewitz
Staatsoberhaupt:	König Aback III.
Staatsform:	Monarchie
Telefonvorwahl:	004711

Albernistan liegt im Hinterland der Kapuzen mit undefinierter Grenzführung. Staatsoberhaupt ist König Aback III. Es ist das einzig bekannte Land, in dem das Volk vom König gewählt wird. Davon zeugt der berühmte Ausspruch des Monarchen: »L'état c'est toi, toi et toi, et moi« (Der Staat sind du, du und du, und ich). Bemühungen, die Alleinherrschaft König Abacks III. durch die Verfassung

neuer Statuten einzuschränken, lehnte dieser ab. In seiner Erklärung heißt es: »Zwar erfreue ich mich bester Gesundheit, und obwohl es auch um meine Konstitution wunderbar bestellt ist, möchte ich keine neuen Statuten, sondern hätte lieber noch ein paar männliche Tiere.«
Die Einwohner Albernistans, die Albernen, sind ein gastfreundliches und herzliches Volk. Ein berühmtes albernes Sprichwort besagt: »Wenn man einen

König Andul Aback III., Herrscher von Albernistan

Karte Albernistan (vgl. Farbtafelteil)

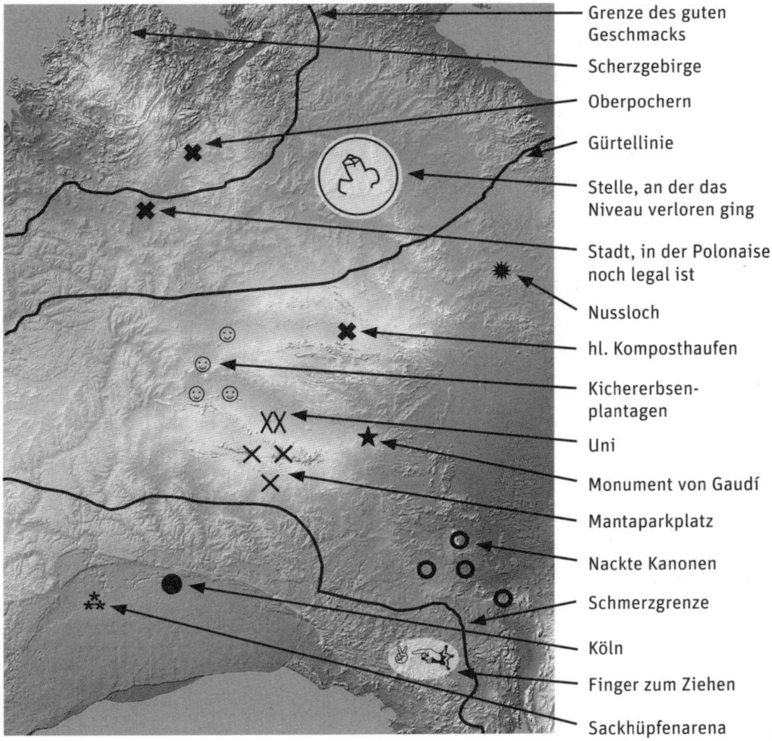

Albernen zum Freund hat, hat man einen Freund fürs Leben.« In Ländern außer Albernistan handelt es sich dabei um eine Form des Fluchs und steht unter Strafe.

Albernistan erhebt, trotz oder wegen König Abacks III., den Anspruch, das »lustigste Land der Welt« und »regiert wider alle Vernunft« zu sein. Tatsächlich ist es lediglich die Nation mit den meisten Feiertagen und zugleich den wenigsten Werktagen der Welt. Die insgesamt zwölf gesetzlichen Arbeitstage des albernischen Kalenderjahrs tragen Eigennamen und dienen der arbeitenden Bevölkerung zur Orientierung für etwaige Krankheitsvorhaben. Die gesetzlichen Arbeitstage Albernistans: 1) Resturlaub, 2) Exurlaub, 3) Ururlaub, 4) Laub, 5) Tag der Arbeit, 6) Tag nach dem Tag der Arbeit, 7) Schwestertag, 8) Katertag, 9) Hadertag, 10) Tag der persönlichen Einheit, 11) Ballon Himmelfahrt, 12) Freitag.

Flora und Fauna

Die Pflanzenwelt ist durch das Diercke-Gebirge zweigeteilt. Nördlich des Atlas ist der Pflanzenbewuchs karg und nahezu mickrig, die am meisten verbreitete Pflanze ist eine Mieselzwiebelart. Südlich des Gebirges überwiegt mediterraner Bewuchs, wie die Pimmelpalme, die Klopp-Büsche und die überschwenglich blühenden Bougainvillea. Im Süden des Landes liegt der bekannte Nationalpark ›Big Stone‹, der sich rund um einen drei Kilogramm schweren Felsbrocken erstreckt. Mit etwas Glück lassen sich hier die scheue → Spitzohrfledermaus, Heyänen und Fäkale beobachten.

Wirtschaft

Der vermutlich bekannteste Exportartikel des Landes ist Albernistans Nationalhymne »Toi, toi, toi«. (»Toi, toi, toi« ist Titel und vollständiger Text der Hymne, die als einzige Nationalhymne weltweit ohne Musik auskommt.) Albernistan kann ein gewisses Wirtschaftswachstum verzeichnen. Gerade die Internet-Technologie macht es vielen privaten Klein- und Kleinstunternehmern möglich, neue, innovative Geschäftsmodelle zu entwickeln. Schätzungen zufolge stammen rund 95 % aller Powerpoint-Witz-Dateien von albernischen Servern. Wichtige Exportgüter Albernistans sind:

41 % Pilzkulturen, 26 % Lebendfutter, 16 % Powerpoint-Spam, 16 % Streusplitt, 1 % Erdbeeren. Der Staatshaushalt von Albernistan speist sich im Wesentlichen aus Bußgeldern ausländischer Touristen. Reisende, die ein Kraftfahrzeug mit sich führen, sollten sich daher mit den teils befremdlichen Verkehrsvorschriften genauestens vertraut machen. Listen mit den mitzuführenden Ausrüstungsgegenständen im Kfz sind nicht immer einheitlich, gemein sind jedoch:

1) vier Warndreiecke, 2) Overalls in Signalfarbe, 3) Schwimmwesten für alle Passagiere, 4) Hausapotheke, 5) Schinkenbrote (mindestens zwei, höchstens fünf).

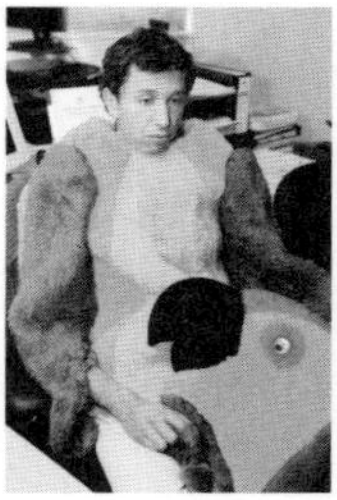

Albernistan: Auch hier leidet die Bevölkerung unter der Weltwirtschaftskrise

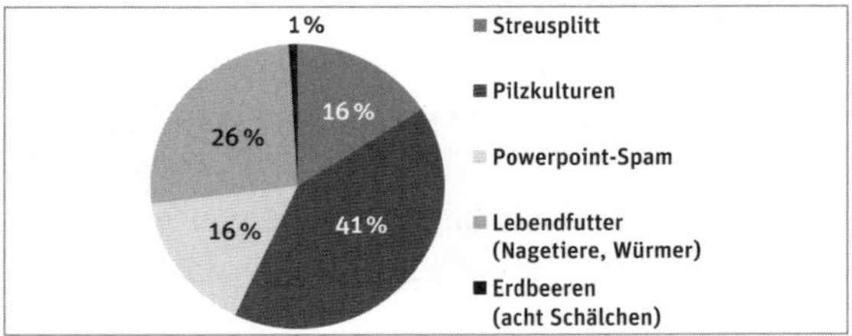

ALKOLOGIK

Zur Alkologik gehören sämtliche vermeintlich genialen Theorien und Thesen, die sich im Vollrausch entwickeln und die am nächsten Morgen peinliches Betretensein hervorrufen. Berühmte deutsche Alkologiker wie Elmar Brons oder Franz Gröttel nehmen zwar in ›Rosi's Pilscorner‹ den Rang renommierter Philosophen ein und werden in einem Atemhauch mit Aristoteles und Platon genannt, ihre erkenntnistheoretischen Reflexionen können jedoch nur im soziokulturellen Kontext überzeugen.

ALMSICK

Almsick bezeichnet eine plötzliche, auf Bergpässen aufkommende Übelkeit. Davon betroffen sind meist Insassen von Kraftfahrzeugen, die diese Strecke auf der Rückbank des Gefährts zubringen.

AMALGAM-LAOLA

Amalgam-Laola gehört zur Gruppe der psychosomatischen Grimassen und sinnlosen Mimiken, die Mundbewegungen und Zungenspiele, die konzentriertes Arbeiten begleiten. Es wurde entdeckt von Dr. Eva → Meier.

AMIN, PROF. ERNST

(* Mannheim, 15. Februar 1954; † Göttingen, 13. Mai 2001)

Ernst Amin war Professor der germanistischen Literaturwissenschaft. Er unterrichtete 1995 bis 1999 Literaturtheorie an der Universität Göttingen, bevor er sich ausschließlich seiner wissenschaftlichen Forschungstätigkeit widmete. Er beschäftigte sich mit der wissenschaftlichen Überprüfbarkeit von Parömien (Sprichwörtern) im alltäglichen Leben. Seine bekanntesten Erkenntnisse sind:

1) »Morgenstund hat Gold im Mund.« Amin experimentierte dazu im Schlaflabor der Universität Göttingen.
2) »Sauer macht lustig.« Amin wies einen 40-prozentigen Wahrheitsgehalt nach, indem er 100 seiner Studenten jeweils eine halbe Zitrone verzehren ließ. Während bei 60 von ihnen die Zitrusfrucht keinerlei Wirkung zeigte, habe er 40 von ihnen als »überaus lustig« empfunden, so Amin in der Niederschrift seiner Erfahrungen »Hunde, die bellen, beißen nicht«. Zur Überprüfung dieser These suchte Professor Amin am 13. Mai 2001 das Gelände eines Gebrauchtwagenhändlers in Göttingen auf. Die Arbeit blieb unvollendet. Durch seinen unerwarteten Tod konnte Amin seine großen, interdisziplinär angelegten, von der DFG geförderten Projekte »Die Zeit ist reif«, »Der frühe Vogel fängt den Wurm« und »Liebe geht durch den Magen« nicht mehr fertigstellen.

Amin-Experiment: Wie spät ist es?

AMOUR D'TRISTESSE
(Frankreich, 1982)

›Amour d'Tristesse‹ ist ein Kinofilm von Jeâne Geaunôt aus dem Jahr 1982. Es ist der erste Kinofilm, während dessen Vorführung ein Zuschauer vor Langeweile zu Tode kam. Es handelt sich um einen Experimentalfilm, in dessen Verlauf die Hauptdarstellerin Françoìse Brûgè in einem Zug fährt und durch ein Fenster nach draußen sieht. Am Ende des Filmes schreibt sie einen Brief darüber. Der Schwarzweißfilm überlässt dem Zuschauer durch seine minimalistische Handlung große Interpretationsfreiheit, die zentralen, symbolbehafteten Motive sind ein Zugfenster, ein Baum, ein Blatt Papier und ein Bleistift. Das bestimmende filmische Stilmittel ist die zyklische Struktur. Viele Szenen des Films wiederholen sich ständig und fordern die Sehgewohnheiten des Publikums heraus.

Die französische Filmzeitschrift ›Independâncieu‹ schrieb in ihrer Ausgabe 02/82: »Das enigmatische Meisterwerk reißt die Grenzen des Verstandes ein und irritiert den Zuschauer in ebendem Maße, wie es fasziniert. ›Amour d'Tristesse‹ ist eines der herausforderndsten Stücke unserer Zeit.«

Bei der Vorführung von ›Amour d'Tristesse‹ im Programmkino ›Smoky‹ in Berlin am 12. Februar 1984 verstarb der Radiologe Kurt Winter 35 Minuten nach Beginn des Films. Der Mann hatte bei seiner Frau mehrmals über quälende Langeweile geklagt und um ein Verlassen des Saals gebeten, welches jedoch von dieser verweigert wurde. Die gerichtsmedizinische Untersuchung ergab, dass der Tod Kurt Winters während einer Schlüsselszene eintrat, in der der Zug etwas langsamer wurde, um kurz darauf wieder an Fahrt zu gewinnen.

ANDRACK

Andrack ist das Geräusch, das entsteht, wenn versehentlich ein wichtiger Gegenstand eingesaugt wird. Experten der Universität Bamberg untersuchen derzeit, wie anhand des Andracks der eingesaugte Gegenstand identifiziert und wie in die nächste Generation Staubsauger ein komplexer Andrack-Filter integriert werden kann.

Wuff/Flupp

Angel, Melinda
(* Berlin, 29. Dezember 1967)

Melinda Angel

Melinda Angel, geb. als Angela Mindel, ist eine deutsche Pornodarstellerin und Erotikmodell. Während ihrer Studienzeit begann sie mit dem Modeln, unter anderem war sie in einer Fotostrecke im ›Playboy‹ (Ausgabe März 1985) zu sehen. Ihr Filmdebüt gab sie im Jahr 1986, als sie in dem von Michael → Sost produzierten Streifen ›Die Reise zum G-Punkt der Elke‹ die Elke spielte. Seitdem ist sie als Pornodarstellerin tätig und wirkte in mehr als 4000 Filmen mit. Sie bezeichnet sich selbst als Darstellerin aus Leidenschaft: »Ich liebe es, dass alle Penisse ein wenig unterschiedlich sind – das ist wie bei den Schneeflocken.« (›Glameur‹, März 2002). Außerdem wurde sie Liebling des Monats November in der Rubrik Fotografieren Sie Ihren Liebling der ›St. Pauli Nachrichten‹.

ANIMOSEN

[lat. animus, *Absicht*]

Der Harley-Pürierer von Erik Stak

Animosen sind Produkte einer ergonomischen Designströmung des Modernen → Nosigns. Die Animosen entwickelten sich aus den Entwürfen des → Duo Dinamico, übertrafen deren Erfolge jedoch bei weitem. Sie sind zweckorientiert und sollen durch zielgruppengerechte Ästhetik ein erwünschtes Verhalten auslösen und insbesondere Männer stärker in Haushaltstätigkeiten einbinden. Eine klassische Animose ist der Harley-Pürierer des Designers Erik Stak. Weitere bekannte Animosen des schwedischen Designers sind der Golfschläger-Staubsauger und der Staubwedel im Degen-Design. Nicht durchsetzen konnte sich die Cockpit-Waschmaschine. Trotz des Cockpitarmaturen-Designs im Schaltflächenbereich erfüllte das Gerät nicht die Erwartungen. Erik Stak analysierte in seiner Biographie: »Es könnte innerhalb des Gestaltungsprozesses zu wenig Gewicht auf die Animation zur Befüllung der Maschine gegeben haben.«

ANTIPAS

(um 800 v. Chr.)

Antipas: Haupteingang zum Wohnhaus

Der Etrusker Antipas gilt der Überlieferung zufolge als der erste Architekt des nördlichen Mittelitaliens. Die etruskische Kultur entwickelte um 800 v. Chr. einen neuartigen Baustil, der von der eisenzeitlichen Architektur dieser Zeit abwich. Im Gegensatz zu den einfachen Siedlungen aus Holzhütten seiner Zeit errichtete Antipas Häuser aus Stein. Diese ersten privaten Steinbauten Norditaliens wiesen jedoch den Nachteil auf, keinerlei Öffnungen in der Wand zu besitzen. Dies wirkte sich positiv auf die Wärmedämmung sowie die Sicherheit der Bewohner aus, hatte jedoch den Nachteil, dass viele Bürger in ihren Häusern verhungerten. Der Durchbruch in der norditalienischen Steinhausarchitektonik kam erst 260 Jahre später, in Form einer osmotischen Gruppierung, die sich nach ihrer grandiosen architektonischen Erfindung benannte: die Türken. Den großen Erfolg feierte die Tür nur wenig später, als von einem unbekannten osmotischen Tüftler das Scharnier erfunden wurde.

ANTO-PASTI

Unter dem Begriff Anto-Pasti werden all jene Nudelformen zusammengefasst, die sich auf dem freien Pastamarkt nicht etablieren konnten. Führende Teigwarenforscher vermuten, dass der Markt durch die Oligarchen Makkaroni und Spaghetti bereits gesättigt ist. Die bekanntesten Anto-Pasti sind:

Nudelname	Nudelform
Sparghetti	Sehr klein
Spaghati	V-Form
Syphili	Mickrig, verhutzelt
Paverotti	Dampfnudel
Mackeroni	Sonnenbrille
Penne	Schultafel

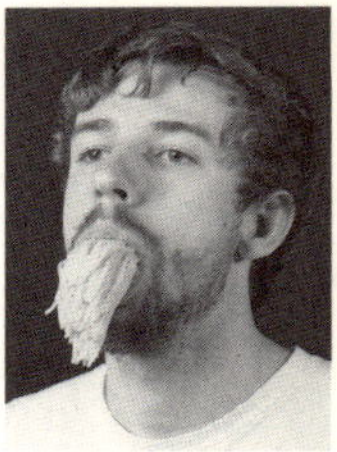

Sparghetti? Von wegen!

APOCA

[Sanskrit खगघङचछ, *Parkhaus*]

Apoca ist eine körperliche Übung im Yoga. Ähnlich wie der ›Lotossitz‹ oder die ›Kerze‹ ist Apoca eine Übung, die zur Stärkung der Muskulatur dient. Die Durchführung des Apoca verlangt von dem Schüler ein hohes Maß an Beweglichkeit und Körperbeherrschung.

Während der Übung sitzt der Schüler auf dem Fahrersitz eines Personenkraftwagens. Der Yogi bringt sein Auto in eine parallele Stellung zu einem Parkscheinautomaten. Dabei ist darauf zu achten, dass die Fahrerseite dem Automaten zugewandt ist. Der Schüler streckt nun den linken Arm durch die geöffnete Fensterscheibe und versucht mit den Fingerspitzen einen Kontakt zur Ticketausgabe herzustellen.

Daraus ergeben sich eine Dehnung des Triceps brachii, des dreiköpfigen Armmuskels, sowie eine Stärkung der gesamten linken Körperhälfte. Anfänger bringen ihren Personenkraftwagen bei dieser Übung näher am Automaten zu stehen, Fortgeschrittene können sich in größeren Entfernungen versuchen.

Aprilius Aprilius

(* 92 v. Chr., † 49 v. Chr.)

Aprilius Aprilius

Aprilius Aprilius war ein römischer Scherzartikel-Hersteller. Er ist der erste dokumentierte Fabrikant von künstlichen Kothaufen. Aprilius Aprilius entwickelte außerdem erstmals Knallzigaretten und Blumen, aus denen Wasser spritzt, wenn man daran riechen will. Großen Anklang fanden seine Spaß-Steinigungen, die durch Amphoren mit Kunstblut und detailgetreu nachgeahmten Steinen aus Balsaholz einen regelrechten Boom bei Privatfesten der römischen Oberschicht auslösten. Das Schicksal von Aprilius Aprilius war besiegelt, als sich Julius Cäsar bei einer Senatssitzung im Zuge der flatulenzischen Verschwörung auf ein Furzkissen aus der Produktion des Aprilius setzte. Aprilius wurde im Circus Coronae hingerichtet, er wurde mit verbundenen

Armen und als Wurmkur-Tablette verkleidet mit einem Schnitzel um den Hals den Löwen vorgesetzt.

Arite

[jap. 折 手, von ari, *legen* und te, *Hand*]

Arite ist die japanische Kunst des Händefaltens. Dabei werden keinerlei Hilfsmittel verwendet, es ist ausschließlich der Gebrauch der zehn Finger zulässig. Die verschiedenen Falttechniken und Figuren setzen eine hohe Geschicklichkeit und Gelenkigkeit voraus. Traditionelle Figuren sind: 1) der Protestant, 2) der doppelte Mönch, 3) der Kranich.

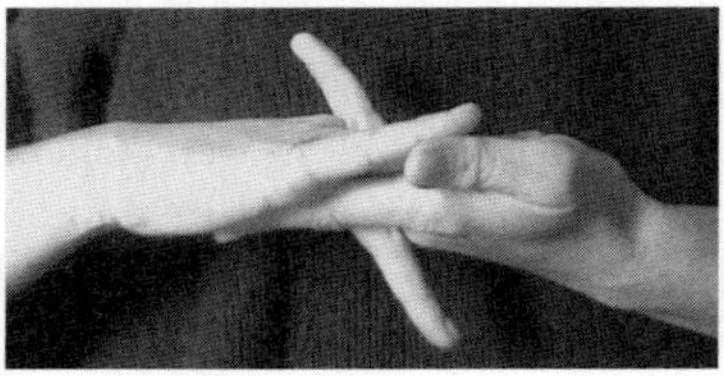

links: Eine internationale Arite-Großmeisterin zeigt den grünen Frosch

rechts: der doppelte Mönch

Arkel (Grown-up-Depression)

Arkel gehört zur Gruppe der temporalen Depressionen und Lifestyle-Erkrankungen. Sie tritt zumeist in der Lebensmitte auf und führt zu schweren Gefühlsschwankungen und Lebenskrisen. Sie ist nach derzeitigem Forschungsstand nicht heilbar. Die Diagnose ist schwierig, der Verband deutscher Psychotherapeuten gab jedoch folgende Liste möglicher Ursachen heraus: 1) Der Arzt ist jünger als der Patient, 2) beim Eingeben des Geburtsjahrs auf Websites muss der Patient weit runterscrollen, 3) der Patient kennt keine der Bands/Interpreten, die die ersten 10 Plätze der Charts belegen, 4) das hübsche, junge Ding, das der Patient anflirtet, rempelt in ihn hinein, weil sie ihn nicht gesehen hat, und

5) Patientinnen entdecken ein plötzliches Interesse an Double-Dipping, Goldfäden-Lifting, Mesotherapie, Goji-Beeren-Shakes, Yogalates, Ölziehen etc.

Arschkne

Das verbreitete Krankheitsbild der Arschkne beschreibt Hautunreinheiten am Gesäß, die i. d. R. durch einen Mangel an Tageslicht, frischer Luft und frischem Wasser hervorgerufen werden.

Arundí, Fermel

(* Alicante, Spanien, 20. Mai 1961)

Fermel Arundí

Fermel Arundí ist ein spanischer Koch. Er revolutionierte die experimentelle Küche durch seine Entwicklung der Nanogastronomie. Merkmal seiner 70-teiligen Speisefolgen ist der völlige Verzicht auf jegliche Stoffe, die vom Menschen als lebensmittelfähig wahr- oder aufgenommen werden können. Die einzelnen Menügänge unterscheiden sich durch Form und Größe der gereichten Teller. Vereinzelte Muster oder Motive des Geschirrs sowie ihre inszenierte Anordnung auf dem Tisch sind Teil seiner ausdifferenzierten Kunst. Der Distinktionskritiker Urs → Postel beschrieb das Menü von Fermel Arundí mit den Worten: »In seiner Gesamtheit ein Erlebnis, wenn auch leider kein kulinarisches.«

Attribut-Pathogene

[griech. páthos, *Leid, Krankheit*]

Attribut-Pathogene sind Krankheiten auslösende Organismen und Stoffe, die sich durch eine besonders herausragende Eigenschaft auszeichnen. Im Gegensatz zu anderen Krankheitserregern sind diese Eigenschaften nicht nur chemischer, physikalischer oder physiologischer Qualität, sondern lassen sich durch Wesenszüge charakterisieren. Die Erreger können Träger von Basisemotionen wie Wut, Trauer, Angst oder Freude sein, ihr Attribut kann aber auch eine geschmackliche oder ästhetische Präferenz bestimmter Organismen sein. Die bekanntesten Attribut-Pathogene sind:

1) *Bacteria angustaj;* dieses auch *Schreckbakterium* genannte Bakterium zählt zu den ängstlichen Bakterien. Die Hypersensibilisierung mittels Abspielen eines ›Hui Buh – Das Schlossgespenst‹-Tonträgers ist in 80 % der Fälle erfolgreich. Da es heute einige Stämme von Hui-Buh-resistenten Schreckbakterien gibt, wird mitunter auf alternative Heilmethoden wie das ›Texas Chainsaw Massacre‹ zurückgegriffen. Die Existenz der resistenten Schreckbakterien gilt zudem als empirischer Beweis für Darwins Evolutionslehre.
2) *Bacteria eliga* selektiert nach seinem persönlichen ästhetischen Empfinden, welchen Organismus es zu befallen bereit ist. Dabei bevorzugt es Organismen, die einen Körpermasseindex von 20 kg/m^2 nicht überschreiten. Ferner sind Organismen mit einem ansprechenden Äußeren und mit geschmackvoller Kleidung besonders gefährdet. Diese Präferenzen räumen dem Bakterium seit seiner Entdeckung den Charakter eines Statussymbols ein. Die Wissenschaft ging davon aus, den Erreger in den 1980er Jahren mit schwarz-weiß längsgestreiften Karottenhosen ausgerottet zu haben, was sich jedoch als Irrtum erwies.

3) *Malfungi,* im Volksmund auch *Mieselpilze* genannt, sind Pilze, die den Gemütszustand des Menschen angreifen. Eine Erkrankung zeichnet sich durch anhaltende Griesgrämigkeit, Pessimismus und hängende Mundwinkel aus. Mieselpilze sind gegen jegliche Hygienemaßnahmen immun und werden leicht übertragen. Laut Bericht des Gesundheitsministeriums sind Teile Süddeutschlands mit den Sporen des Pilzes überzogen.

Malfungi macht auch vor Prominenten nicht halt

AUFZUCKER

Der lockere Zusammenschluss der sogenannten Aufzucker folgt der irrationalen, pseudoreligiösen Mutmaßung, ein Aufzug würde schneller auf der gewünschten Etage eintreffen, wenn der Liftknopf häufig und heftig gedrückt wird. Auch wiederholte Beteuerungen der Herstellerfirmen, ein solches Verhalten habe keinen Einfluss auf die Geschwindigkeit des Aufzugs, kann Aufzucker von ihrem Glauben nicht abbringen.

AUGENBERGER, KLAUS

(* Wiesbaden, 21. Dezember 1941)

Klaus Augenberger

Klaus Augenberger war ein deutscher Diplomat. Seine Tätigkeit währte von 1978 bis zu seiner Pensionierung im Jahr 2006. Augenberger erhielt seine Ausbildung an der Diplomatischen Akademie des Auswärtigen Dienstes in Dienstlaken. Er galt aufgrund seiner Persönlichkeit zur Zeit seines Amtsantritts als umstrittene Wahl. Dies änderte sich während seiner Amtszeit nicht. So plädierte er 1982 dafür, Frankreich und Spanien zu Schurkenstaaten zu erklären, da diese Autobahngebühren verlangten. 1992 verhinderte er um ein Haar die Verabschiedung des Vertrages von Maastricht, als er den französischen Staatspräsidenten vor versammelter Entourage als »Baguettefresser« und »Schwulette« bezeichnete. Beim G8-Treffen 2001 in Genua schlug Augenberger den chinesischen Ministerpräsidenten, weil dieser angeblich auf seinem Stuhl saß. Wenig später endete seine diplomatische Karriere unwiederbringlich, als er der damaligen amerikanischen Außenministerin Condoleezza Rice einen Keks zu essen gab, den er tags zuvor in seiner Unterwäsche getragen hatte. Damit wollte er gegen den Umgang mit den Gefangenen in Guantánamo protestieren. Der seinerzeitige deutsche Außenminister Frank-Walter Steinmeier zeigte sich entrüstet und ließ in einer Presseerklärung verlautbaren, Augenberger habe »mit der Weitergabe eines in der Unterwäsche getragenen Kekses nicht im Sinne der Bundesrepublik Deutschland gehandelt«. Steinmeier entschuldigte sich offiziell im Namen der Regierung bei Rice für das Verhalten Augenbergers. Rice entgegnete, der Keks habe zwar salzig geschmeckt, sei aber bekömmlich gewesen.

AURODOMI-STIL

[von lat. aurum, *Gold* und domus, *Haus*]

Der Aurodomi ist ein Architekturstil der Moderne. Er zeichnet sich durch die Prämisse des »sichtbar Wertvollen« aus. Prägende Merkmale des Aurodomi sind die prunkvollen Elemente, wobei deren Echtheit, und somit ihr tatsächlicher Wert, eine geringe Rolle spielt. Einzigartig ist dieser Strömung, dass die epochenübergreifenden Charakteristika aller historischen und vermutlich auch bereits der futurischen Stilrichtungen in einem einzigen Bauprojekt vereint werden können. Mehr als nur angedeutet werden die Anspielungen auf Barock, Biedermeier und Jugendstil, einige Kenner der Bauweise meinen auch gewisse Einflüsse des österreichischen Künstlers Hundertwasser und des katalanischen Architekten Antoni Gaudí zu erkennen. Die verwendeten Elemente sind neobarocke Löwenstatuen, altgriechische Säulen, mediterrane Terrazzi, italisch-etruskische Tempel-Elemente im Balkongeländer, spanische Freitreppen, Schwimmbäder mit minoischen Delphin-Mosaiken, viktorianische Erker und chinesische Vasen im Qing-Stil sowie orientalische Ornamente an Innen- und

Aurodomi-Waschbecken im Gäste-WC

Außenwänden. In einem Aurodomi-Haus können bis zu zwanzig verschiedene Stilepochen parallel vertreten sein. Allen Aurodomi-Bauten ist gemein, dass sie stets die gleiche oder eine höhere Anzahl von Bädern wie Schlafzimmern besitzen. Die Bäder weisen häufig eine Kombination von Marmorfliesen und Goldarmaturen auf, die vermutlich für den Stil namensgebend waren. »Eine einzigartige Hochzeit edler Komponenten«, wie der Aurodomi-Architekt Ferdinand Hebel die Bauart beschreibt. Der Kritiker und Vorsitzende der Architektenkammer Reinhard Völker hingegen bezeichnet den Aurodomi als »neureichen Schnörkelscheiß«.

Ausgrabung von El-Lahun

Bei Ausgrabungsarbeiten östlich der altägyptischen Stadt El-Lahun ist im Jahr 1985 einem Team von Archäologen und Paläontologen unter der Leitung des englischen Paläoarchäologen James Wales

El-Lahun: Fundstücke

(Oxford) ein Fund aus der frühdynastischen Zeit des alten Ägyptens gelungen. Die Wissenschaftler vermochten darin eine Wandinschrift, einen Teil eines Wandbilds und einen Stein mit der Aufschrift ›AT‹ zu erkennen. Der vierte Gegenstand jedoch gibt Ägyptologen bis heute Rätsel auf.

Auswurf

Der Auswurf ist der Ausdruck für eine Standardsituation im Fußball. Ein Spieler der eigenen Mannschaft wirft dabei den Ball, allerdings in die falsche Richtung

Autohumorismus

Autohumorismus bezeichnet eine Irritation des vegetativen Nervensystems beim Menschen und beeinflusst die Wahrnehmung des eigenen Körpers. Dabei werden sensorische Reize der Rezeptoren im Gehirn nicht erkannt. Dies kann so weit führen, dass an Autohumorismus erkrankte Personen sich selbst kitzeln können und damit nicht selten willkürliches Lachen und Schreien provozieren. Auch an sich selbst gerichtete, scheinbar sinnlose Bitten, wie »Aufhören« oder »Nicht, ihich kann nicht meeeehr«, mit denen der Autohumorist sich selbst anfleht, sind keine Seltenheit. Ein weiteres Zeichen für Autohumorismus ist die Fähigkeit, sich selbst Witze zu erzählen. Autohumoristen können ihr Leben lang denselben Witz bzw. dieselbe Anekdote wiederholen und über selbige lachen. Kollateral geschädigt werden häufig Angehörige und Freunde des Erkrankten, die die Freude der immer neuen Spannung nicht mit dem Erzähler teilen.

AUTO-MEMORIEN-DEFEKT

Der Auto-Memorien-Defekt ist eine genetische Besonderheit. Diese bewirkt, dass Enzyme beim Kopieren der DNA-Matrize einige Basenpaare des Stranges gänzlich eliminieren. Das führt beim Menschen zu Funktionsbeeinträchtigungen im Gedächtnis-Bereich. In der Regel ist es den betroffenen Personen in acht von zehn Fällen nicht möglich, sich daran zu erinnern, wo sie ihr Auto geparkt haben. Menschen mit Auto-Memorien-Defekt werden in drei Kategorien eingeteilt:

1) Die Information, wo das Auto abgestellt ist, entzieht sich dem Betroffenen nach drei Tagen.
2) Die Information, wo das Auto abgestellt ist, entzieht sich dem Betroffenen nach drei Stunden.
3) Die Information, wo das Auto abgestellt ist, entzieht sich dem Betroffenen nach drei Millisekunden.

Die Erkrankung ist nicht heilbar, allerdings sind verhaltenstherapeutische Maßnahmen bekannt, die das gewohnte Maß an Unabhängigkeit erhalten können.

Dies sind im Wesentlichen:

1) Das Notieren des genauen Stellplatzes anhand von Straßennamen und Hausnummern nach Verlassen des Kraftfahrzeugs,
2) das Befestigen einer Notiz am Autoschlüssel,
3) das Anfertigen einer Skizze bei Abstellen des Autos in einer unbekannten Gegend,
4) Mobilisierung des Wachpersonals der Parkgarage, in der das Auto vermutet wird.
5) Eine auffällige Lackierung kann helfen.

Für Angehörige ist der Umgang mit der Krankheit

oft belastend, die erforderliche Nachsicht mit dem Erkrankten ist mitunter extremen Belastungsproben ausgesetzt. Es sind klinische Fälle bekannt, in denen es zu körperlichen Ausschreitungen gegenüber dem Erkrankten kam. Die Erkrankten provozieren diese Gewaltausbrüche nicht selten mit dem Satz: »Aber ich bin mir sicher, dass ich es hier irgendwo abgestellt habe!«

B

Babylonische Sternbilder

Die Babylonischen Sternbilder bestehen aus Gruppen von Sternen, denen die Astronomen des Babylonischen Reiches einfache Figuren zuordneten. Dies diente zur Orientierung, insbesondere in der Seefahrt und zur Kartierung des Sternenhimmels. Die Figuren und ihre Benennung stammen aus dem ersten Jahrtausend vorchristlicher Zeit und sind heute zwar aufgrund der Richtungsänderung der Erdachse um ca. 30 Grad verschoben, dennoch gut am Nachthimmel erkennbar. Die Prägnanz der

Karte der Sternbilder

Sternbilder sowie ihre überaus logische Benennung macht es seit je auch Hobbyastronomen und Laien möglich, die Babylonischen Sternbilder am Nachthimmel zu erkennen.

Eines der bekanntesten Sternbilder ist der ›Punkt‹. Trotz anhaltender Diskussion in astronomischen Fachkreisen, die genaue Positionierung des Punkts betreffend, herrscht über dessen Existenz Einigkeit. Neben den Millionen anderer Sterne, die eine gewisse Ähnlichkeit mit dem Punkt aufweisen, ist die exakte Position des Sternbilds für das ungeübte Auge schwierig zu bestimmen.

Eines der ältesten Sternbilder der frühen Hochkulturen ist der sogenannte ›Strich‹. Er besteht aus einer einfachen Verbindungslinie zwischen zwei Sternen und befindet sich in der Regel rechts unten. In geringer Entfernung und nordwestlicher Richtung liegen die Sternbilder ›Dreieck‹ und ›Viereck‹, deren Namen vermutlich von der Anzahl ihrer Eckpunkte abgeleitet sind.

Der ›Große Bär‹ im östlichen Sternenhimmel geht auf den Astronomen Eugène Deflora zurück, der das Sternbild seiner Geliebten widmete. Links versetzt zum ›Großen Bär‹ steht ›Das Haus vom Nikolaus‹. Die populären Sternbilder ›Hund, Katze, Maus‹ sowie ›Malen nach Zahlen‹ sind von der Internationalen Astronomischen Union (IAU) nicht als solche anerkannt.

BAD MINTON

Kurort für Gelenkverletzungen in → Vulgarien

Bad Minton: nicht schön, aber gut für die Gelenke

BAHATBA

[hind. हिन्दी, *Ast, abgesägter*]

Das Bahatba ist ein Dokument, das von Hinduismus-Experten erstellt wurde und fortlaufend aktualisiert wird. Es beinhaltet eine Aufzählung aller Fehler und Missverständnisse, die nachweislich bei Reinkarnationen geschehen sind. Die häufigsten Vorfälle sind auf linguistische Versprecher und eine undeutliche Aussprache zurückzuführen. Ein mittelloser Schneider aus Neu-Delhi wurde so nach seinem Tod statt ins Nirwana nach Impana geschickt, was sich nicht im Jenseits befindet, sondern im Westen des indischen Bundesstaates Uttar Pradesh. Ähnlich ging es einem nepalesischen Ladendieb, der nach seinem Tod, statt wie vorgesehen als Artist, als Autist wiedergeboren wurde. »Bedauerliche Fehler«, so der Hinduismus-Experte Jagdish Verma. Die Gründe für die kontinuierlich auftretenden Mängel während einer Reinkarnation fasst der Hinduismus-Experte zusammen: »Wenn man sich vor Augen hält, wie chaotisch ein Wandertag einer dritten Klasse zum Beispiel abläuft, und das sind nur in etwa 20 Kinder, kann man sich ein ungefähres Bild davon machen, was während einer Reinkarnation alles passieren kann. Schließlich wandern weltweit über 150 000 Seelen täglich!«

Bahatba: Wiedergeburt ist eine komplexe Angelegenheit

BALEBECK

Balebeck ist ein Verlag der Verlagsgruppe Balebeck Braun. Die Gruppe besteht aus den Buchverlagen Balebeck und Braun. Der Buchbinder Leonhard Balebeck gründete 1941 den Verlag, zwei Jahre später wurde Heinz Braun Teilhaber und Verlagsleiter. Balebeck spezialisierte sich früh in der Sparte der Reiseführer und setzte als erster und einziger Verlag auf Reiseberichte durch Autoren, die ihrer persönlichen Meinung über das jeweilige Reiseland ungeschminkt Ausdruck verleihen. Besonders erfolgreich wurden die Bücher, weil sie die Schönheit des Reisens grundsätzlich negierten und die Leser darin bestärkten, die beschriebenen Orte gar nicht erst zu besuchen. Ein Beitrag zu dem Reiseführer über Spanien sorgte 2001 für eine vehemente Störung der diplomatischen Beziehung zwischen Deutschland und Spanien: »Spanien, das Land, in dem es als männlich gilt, in Strumpfhosen und Glitzer-Ballerinas vor Stieren rumzutänzeln. Dort, wo sie ihren Mädchen Namen wie ›Kaiserschnitt‹ oder ›Unbefleckte Empfängnis‹ geben und deren Nationalgetränk, die Sangria, zu Deutsch ›Aderlass‹ heißt. Die können noch nicht mal ihre eigene Sprache! Spanier sprechen Spanisch – aber viel lieber ihre eigene Sprache: Katalanisch, Galicisch, Baskisch, Valencianisch und Mallorquinisch. Sie hatten mal Grundkurs Spanisch? Vergessen Sie's einfach.«

Der Reiseführer über Australien führte beinahe zu militärischen Auseinandersetzungen. Die australischen Tarnbomber griffen Deutschland nur deshalb nicht an, weil die Tankfüllung nicht ausreichte. Der Autor des umstrittenen Buches berichtet unter anderem: »Australien besteht aus drei Teilen: schlechter Geschmack, giftiges Ungeziefer und unendliche Öde. Völlig unberührt von den eucharistischen Strömungen der restlichen Welt hat sich dank der abgelegenen Insellage eine proletarische Subkultur bewahrt, deren Markenzeichen rülpsende Männer mit halblangen Haaren sind, die schon in den frühen Nachmittagsstunden das erste halbe Dutzend Bierdosen vertilgt haben. In nahezu jedem Gebüsch lauern beißende und stechende Tiere, die so giftig sind, dass sie einen Menschen ohne großes Aufheben töten. Die touristischen Attraktionen in Australien verhalten sich wie homöopathische Medizin: Sie sind so stark verdünnt, dass man sie kaum noch erspüren kann. Nun ja, es gibt diesen roten Felsen in der Mitte des Landes, zu dem man Tausende Kilometer durch ereignisloseste Landstriche reisen muss. Marketingmäßig ist den Australiern ein Geniestreich gelungen, indem sie das öde, staubige, dürre Hinterland am Arsch der Welt mit der mystischen Bezeichnung ›Outback‹ aufgewertet haben. Die angereisten Urlauber bejubeln jeden Sonnenuntergang am Ayers Rock, als hätte Jens Lehmann mal einen Angreifer fair vom Ball getrennt. Aber seien wir ehrlich: Jede Dämmerung im Karwendelgebirge ist spektakulärer.« Ein Reiseführer durch Schweden, auf dessen Titelseite das Wort IKEA prangte, wurde noch vor seiner Veröffentlichung vom Verlag zurückgezogen.

BÄR, MARK

(* Ludwigshafen, 29. August 1908; † Wiesbaden, 12. Januar 1933)

Mark Bär war ein deutscher Erfinder und Unternehmer. Bekannt wurde er als Erfinder des Portions-Milchdöschens. Er ließ sich das Patent des Milchdöschens im Jahr 1932 markenrechtlich schüt-

Mark Bär

zen. Als »Innovation der Verpackungsindustrie von Konsumgütern« gepriesen, überschwemmte das Milchdöschen zunächst den deutschen Markt, fand sofort Absatz in den umliegenden Ländern und trat einen Siegeszug um die ganze Welt an. Mark Bär fiel am 12. Januar 1933 vor seinem Haus in Wiesbaden einem aufgebrachten Mob zum Opfer. Es war der erste und einzige Fall von Lynchjustiz in der preußischen Provinz Hessen-Nassau und wird von der Forschung mit der starken emotionalen Erregung der Konsumenten erklärt, die beim Öffnen der Milchdöschen ihre Kleidung mit dem Milchprodukt verunreinigt sahen.

BARIKASO

[jap. 折 可塑, von boru, *falten* und ka·so, *Plastik*]

In Barikaso ungültig: das Befüllen von Tieren

Barikaso ist eine traditionelle jap. Fingertechnik, mit deren Hilfe man Plastiktüten aus dem Supermarkt auseinanderfalten kann. Seinen Ursprung hat Barikaso zwar in Japan, wird inzwischen aber weltweit praktiziert. Beim Barikaso kann der Kunde stehen, knien oder liegen, am meisten verbreitet jedoch ist die stehende Körperhaltung. Die Plastiktüte wird in eine Hand genommen, wobei Rechtshänder die rechte Hand bevorzugen, Linkshänder entsprechend oft die linke. Die Handinnenseite mit der Plastiktüte zeigt nach unten, diese wird zwischen Daumen und den vier anderen Fingern fixiert. Nun wird durch kontradirektionale Bewegungen versucht, die Längsseiten der Plastiktüte an der Befüllungsstelle voneinander zu lösen. Ungeübten erleichtert das Befeuchten der Finger mit der Zunge den Vorgang. Ein erfolgreiches Barikaso ist an einer Öffnung der Plastiktüten-Oberseite zu erkennen.

BASEDOFFEN

Das Basedoffen gehört wie → Amalgam-Laola zur Gruppe der psychosomatischen Grimassen und sinnlosen Mimiken nach Dr. Eva → Meier. Es beschreibt die Imitation des Gesichtsausdrucks von Fischen, wenn man ihnen im Aquarium zuschaut.

BAUER SUCHT SAU

›Bauer sucht Sau‹ war eine Doku-Soap des Senders LTR, die jedoch noch vor Ausstrahlung der ersten Staffel abgesetzt wurde. Grund hierfür war zum einen das katastrophale Abschneiden der Pilotsendung beim Publikum, zum anderen ein Protest der Landwirtschaftlichen Berufsgenossenschaft. Deren Sprecher Arno Schneid erklärte: »Wir lassen unsere Landwirte nicht zum Gespött der Nation machen. Entweder ein Landwirt züchtet Schweine, dann sieht es nicht gut aus, wenn ihm eine Sau abhandenkommt und er diese lange suchen muss. Oder Landwirte haben in ihrem agrarökonomischen Portfolio keine Schweine vorgesehen. Dann suchen sie auch keine Sau.«
Diese Haltung schloss Alternativen aus dem Nutztierbereich, wie zum Beispiel Kühe oder Schafe, ein. Die Programmdirektion schlug daraufhin andere Inhalte für das Format vor: ›Bauer sucht Schlüssel‹, ›Bauer sucht Pilze‹ sowie ›Bauer googelt Bauer‹. Diese wurden alle von der Geschäftsleitung abgelehnt, da sie nicht tragfähig für eine längere Staffel schienen. Als die Bauern Anfang 2005 schließlich in den kreativen Prozess mit einbezogen wurden, konnte man sich schnell auf den Inhalt und Titel ›Bauer sucht Frau‹ einigen.

Beauté, Dr. Bernhard

(* Cherbourg, Frankreich, 11. Oktober 1954)

Dr. Bernhard Beauté

Dr. Bernhard Beauté ist ein französischer Chirurg und Herzspezialist, der im Jahr 2001 zu zweifelhafter weltweiter Berühmtheit gelangte, da ihm vorgeworfen wurde, einer jungen Frau bei vollem Bewusstsein verschiedene Körperteile geraubt zu haben. Die Geschädigte sagte damals aus: »Zuerst habe ich ihm nur ein Ohr geliehen, das bekam ich aber nicht zurück, sondern er wollte auch noch das andere. Ich habe ihm die Wange hingehalten, daran war er aber nicht interessiert. Als ich ihm den kleinen Finger gab, hat er die ganze Hand genommen, und als ich ein Auge riskierte, sah ich, dass er einen kühlen Kopf bewahrte.

Da nahm ich meine Füße in die Hände und entkam, musste aber feststellen, dass er mir zuvor das Herz geraubt hatte.«

Beautemps, Jean-Luc

(* Orléans, Frankreich, 5. November 1965)

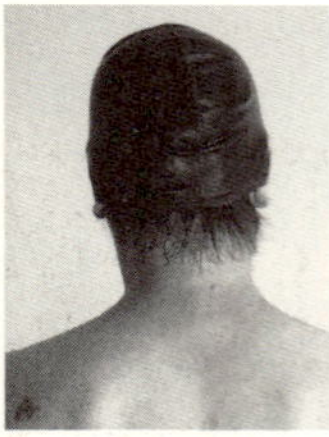

Jean-Luc Beautemps mit Badekappe

Jean-Luc Beautemps ist ein französischer Architekt und einer internationalen Studie zufolge (›Étude international de bonnet de bain‹) der einzige Mensch, der mit einer Badekappe gut aussieht.

Beckmann-Rappel

[lat. Rappelus beckmannii]

Der Beckmann-Rappel ist eine affektive Störung. Sie gehört zu den → Modernen Psychologischen Störungen und bezeichnet eine episodische Beeinflussung des Gemüts im negativen Sinne. Der Gemütszustand des Erkrankten kann von niedergeschlagener Stimmung, Ruhelosigkeit und Schwindel bis zu cholerischen Wutanfällen mit einhergehendem Brechreiz reichen. Die Gesamtheit der Symptome ähnelt dem → ADDS, sie treten jedoch ausschließlich während Fußballübertragungen auf, hierbei vorrangig bei kommentierten Szenen. Der Beckmann-Rappel kann in Einzelfällen zu Fremd- und Selbstmordabsichten führen. Auslöser können sein: 1) phrasenreiche Kommentare mit bildsprachlichen Blähungen, 2) fehlerhafte Aussprache ausländischer Spielernamen, 3) extreme Anbiederung, 4) grenzdebiler Unsinn. Der Beckmann-Rappel zählt zur Gruppe der Moderationsdepressionen, zu denen auch der Kerner-Krampf, die Rubenbauer-Rage, die Reif-Raserei und der Delling-Furor gehören.

BELLA CALCI

Bella Calci ist eine italienische Sprung-Sportart und kommt bei 80% aller Fußballspiele zum Einsatz. Die Bewertung des Sprungs erfolgt nach einem Kartensystem durch den Schiedsrichter. Bei dieser Kunstform des Springens werden verschiedene Figuren unterschieden:

Sprung	Ausführung
Lieber Scholli	Kopfsprung vorwärts, gestreckt
Gelbe Maus	1 ½ Salti vorwärts mit 1 Schraube
Eingesprungener Colina	½ Drehung, Salto, lauter Schrei
Sterbender Toni	Plötzlicher Sturz nach hinten

Sterbender Toni im Training

Die Saltodrehung kann ›normal‹ oder ›fliegend‹ ausgeführt werden, wobei ›fliegend‹ bedeutet: mindestens die erste halbe Drehung (180°) gestreckt, die folgenden Drehungen entweder gehechtet oder gehockt.

BELLICI, ROMANO

(* Campobasso, Italien, um 1480;
† Mechelen, Belgien, 22. Oktober 1509)

Romano Bellici war ein italienischer Maler der Hochrenaissance. Er absolvierte seine Ausbildung bei dem Freskenmaler Giaccamolo in Venedig und setzte seine Studien unter Giorgiori Decali und Sebastiani Lalazzo fort. Im Jahr 1501 fertigte er im Auftrag Giovanni de' Medicis, des späteren Papstes Leo X., einige Gemälde mit religiösem Inhalt. Acht Jahre später, im Juni 1509, wird Bellici von Kaiser Maximilian I. in die Niederlande gesandt, um ein

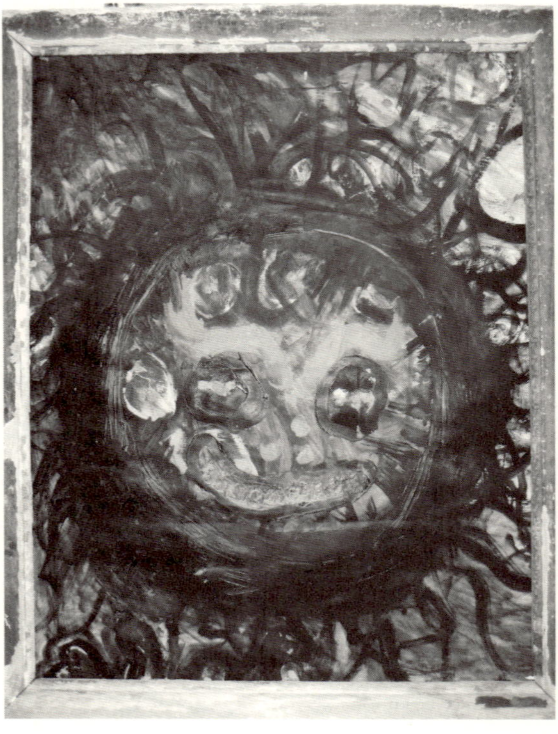

Romano Bellici: ›Margarete – ein Porträt‹

Porträt seiner Tochter Margarete anzufertigen. Der Künstler folgte dem Ruf und malte dort das Porträt ›Margarete – ein Porträt‹. Nach Fertigstellung des Bildes im Oktober des gleichen Jahres wurde Romano Bellici von Maximilian I. zum Tode verurteilt und am 22. Oktober 1509 enthauptet. Der Mord von Mechelen wurde vom niederdeutschen Volksmund zum ›Meuchelmord‹ verballhornt. Das Bild ›Margarete – ein Porträt‹ befindet sich heute im Metropolitan Museum in New York und gilt in der Kunstgeschichte noch immer als für die Entstehungszeit atypisch und schwer zu verdauen.

BENNINGER, OLAF
(* Rödelsheim, 12. August 1953)

Olaf Benninger ist der Weltkulturerbe. Er erbte die Weltkultur von seiner im April 1950 verschiedenen Großtante mütterlicherseits, Johanna Gradl. Gegenstand des Erbes sind 878 Denkmäler in 145 Ländern, darunter der Kölner Dom, das Great Barrier Reef und die Altstadt von Córdoba. »Natürlich habe ich mich über die Weltkultur gefreut. Das ist schon besser als ein Reihenhaus in Rödelsheim. Tante Johanna war aber auch sehr sparsam. Sie hat sich die Weltkultur vom Mund abgespart.« Aussagen über die weitere Entwicklung seines Vermächtnisses sieht der Weltkulturerbe als verfrüht an: »Was ich jetzt zum Beispiel mit so was wie Stonehenge anfangen soll, das kann ich wirklich noch nicht sagen. Gemessen an der Prämisse ›location, location, location‹ ist das natürlich ein gutes Objekt, aber bestimmt macht der Denkmalschutz wieder ein Mordstheater, wenn ich nur eine Trennwand hochziehen will.«

Bert, Heinz

(* Cham, 3. Oktober 1958)

Heinz Bert ist Zoologe. Er ist der einzige bekannte Wissenschaftler, der anhand empirischer Studien nachzuweisen versucht, dass das gemeine Hausrind durch kognitives Lernen in der Lage ist, lesen zu lernen. Heinz Bert arbeitet seit 1998 mit dem Vorderwälder Rind 08859 mit Namen ›Emma‹ an der Beweisbarkeit seiner These.

V. l. n. r.:
Heinz Bert, Emma

Bewegung 24. September

Die Bewegung 24. September entstand in den 1970er Jahren und definierte sich als Teil eines Netzwerks der autonomen Revolutionären Zellen. Entgegen den Aussagen der Revolutionären Zellen sehen sich die Mitglieder als »wichtigen, strukturellen Knotenpunkt« in deren Aktionsraum. Die Bewegung 24. September setzte sich zusammen aus rangniederen Mitgliedern der militanten autonomen Szene, gegen die sie opponierten, und benannte sich nach dem Geburtsdatum der Mutter eines Gründungsmitglieds. Die Forderungen der Bewegung waren für die Öffentlichkeit nicht schlüssig und in sich widersprüchlich. In ihren täglich erscheinenden, teilweise mehrere hundert Seiten langen Pamphleten wurde mitunter die Inhaftierung eines Verräters gefordert, tags darauf die Freilassung des gleichen Genossen.

Die lose organisierte Zelle kämpfte gegen die Ignoranz der Bevölkerung und versuchte sich durch gezielte Aktionen in das Bewusstsein der Öffentlichkeit zu rücken. Aufgrund anhaltenden Desinteresses sowie des Ausbleibens jeglicher Strafverfolgung griff die Bewegung zu Gewalt. Diese gipfelte im Anschlag von 1973 auf eine Bettenfabrik in Ottensoß. Trotz eines sofortigen Bekennerschreibens und der Selbstanzeige aller Mitglieder durch persönliches Erscheinen bei der Polizeidienststelle Ottensoß kam es zu keiner strafrechtlichen Verurteilung. Allerdings konnte die Gruppe einen Teilerfolg erzielen, als ihnen der Polizeiwachtmeister einen Platzverweis erteilte. Die gerichtliche Untersuchung des Anschlags wurde mit folgender Begründung des verhandelnden Richters eingestellt: »Nach meinem besten Wissen und eingehender Prüfung kann ich das vorliegende Beweisstück nicht einmal entfernt als Bombe akzeptieren.« Das darauf folgende Plakatieren von Fahndungsfotos durch die Organisation selbst brachte nicht den gewünschten Erfolg. Auf ein Bewerbungsschreiben der Bewegung 24. September an die Fernsehsendung ›Aktenzeichen XY … ungelöst‹ erhielt die Gruppe eine Absage. Nach einem grundsätzlichen Diskussionsprozess definierte sich die Bewegung 24. September neu und verfolgt bis heute eine ›Politik der kleinen Kämpfe‹. Das Konzept sind nachahmbare Aktionen gegen die imperialistische Struktur, die direkt in die Zivilbevölkerung getragen werden und diese zur Interaktion auffordern. Dadurch erhoffen sie sich eine Aktivierung des Proletariats von unten. Schubsen, Drängeln und ›Gehfehler verpassen‹ (stolpern lassen) sind die wichtigsten davon.

Zwei revolutionäre Zellen bei der Planung eines Arschbombenanschlags

Bierharfe

Die Bierharfe ist ein 0,5 Liter großes Glasblasinstrument. Zur Tonerzeugung bläst der Musiker in ein stark vereinfachtes Kesselmundstück, wobei er den Luftstrom an der starken Kante des Instruments schneidet. Die angedeutete Schalltrichterform ist anders als bei anderen Blasinstrumenten am Ende geschlossen. Die Tonhöhe wird durch die im Instrument befindliche Menge Flüssigkeit bestimmt, was es dem Musiker erschwert, komplexe Melodien zu spielen. Die Bierharfe ist auch unter den volkstümlichen Namen ›Exportflöte‹ oder ›Doppelbockpfeife‹ bekannt und entstand vermutlich parallel zur Haschflöte.

BILULA

Psycho-neurologisches Trauma von Kleinkindern, verursacht von Leuten, die sich über sie beugen und Grimassen schneiden.

BISSMARCK

Unspektakuläre Narbe beim Mann, über deren Herkunft der Besitzer eine abenteuerliche, oft erotisch aufgeladene Geschichte erfindet.

BITTERBRONZ

Der Bitterbronz ist eine Pflanzenart aus der Familie der Mieselzwiebeln. Die unscheinbare, krautige Pflanze ist ein Bodenwucherer, alle Teile des Bitterbronzes sind giftig. Die ledrigen Blätter sind von braungelber Farbe, ihr bitterer Geschmack gibt der Pflanze ihren Namen. Die gesamte Pflanze enthält große Mengen Glykosid-Bitterbronzid, welches Übelkeit, Kopfschmerzen und Krämpfe verursacht, aber auch zu Erbrechen und Herzstillstand führen kann. Der Bitterbronz ist aufgrund seiner wenig bekömmlichen Eigenschaften eine unpopuläre Pflanze und wird nur noch zur Produktion von braunem Pulver gezüchtet, das amerikanische Hotelketten weltweit als nichtdeklarierten Kaffee-Ersatz verwenden.

BITZLTICKS

Knirschende und knacksende Geräusche, die ein Auto macht, wenn es nach einer langen Fahrt geparkt wird.

BJÖRK

Das Geräusch das entsteht, wenn ein Stiefel im Schlamm stecken bleibt und der Träger versucht, ihn herauszuziehen.

BLASENTRÖDEL

Medizinisch-urologischer Fachbegriff für den letzten Tropfen Urin, der herauströpfelt, egal wie lange man vorher ausgeschüttelt hat → Wisselring.

BLIND-ZEITUNG

Die ›BLIND‹ ist eine deutsche Boulevard-Zeitung. Mit einer täglichen Auflage von knapp 40 Millionen Exemplaren gilt die BLIND-Zeitung als einflussreichstes Medium in Deutschland. Obwohl sich die Zeitung selbst als »unabhängig und überparteilich« einschätzt, haben Kommunikationswissenschaftler Hinweise gesammelt, dass dies nicht immer zu hundert Prozent der Fall ist. Die Schlagzeilen »Wer die SPD wählt, kriegt Krebs« und »SPD führt Deutschland in den Untergang« haben die Forscher als nicht absolut überparteilich eingestuft.

BLÖTHE

[norddt. blööth, *alles, was schwankt und wankelmütet*]

Eine im September 1973 entdeckte Gezeit. Neben Ebbe und Flut gibt es auch die Blöthe. Blöthe entsteht, wenn der Mond seinen Zyklus bekommt (perilunarer Neumond-Vollmond-Wechsel). Dann ist das Meer unentschlossen, aggressiv, scheinbar harmlos und lädt ahnungslose Nordseetouristen zu einer Wattwanderung ein, aus der sie dann mit den Füßen voraus getragen werden. Auch Springfluten treten vermehrt bei Blöthe auf. Auf die Spur der

Blöthe kam ein Forscherteam, das sich eigentlich mit den Unregelmäßigkeiten der arithmetischen Mittelwerte aus Tidenstieg (TS) und Tidenfall (TF) beschäftigte. Es wurde auf Blöthe aufmerksam, nachdem Horst Bommel, Mitglied des Forscherteams, zunächst auf ironische Art und Weise die scheinbare Launenhaftigkeit der Gezeiten mit dem Zyklus seiner Freundin in Verbindung brachte.

BMS

[Brems-Müll-Studie]

Die Brems-Müll-Studie, auch BMS genannt, ist eine vom Verkehrsministerium in Auftrag gegebene Studie. Sie untersucht diejenigen Objekte und Gegenstände am Fahrbahnrand, die im Straßenverkehr zu einer Vollbremsung führen, da sie von Kraftfahrern irrtümlich für Radargeräte gehalten werden. In der Studie sind alle Objekte erfasst, die im Laufe der Untersuchung für ein Radargerät gehalten wurden: 1) Verteilerkästen, 2) Maut-Kontrollbrücken, 3) Zigarettenautomaten, 4) Schülerlotsen, 5) Ortsschilder und 6) Prostituierte. Die Erkenntnisse der Studie legen nahe, dass jeglicher belebter oder unbelebter Gegenstand, welcher größer ist als ein herkömmliches Geodreieck, für ein Radargerät gehalten werden kann und wird und somit die Einhaltung der Höchstgeschwindigkeit unterstützt (Bundesministerium für Verkehr, Bau und Stadtentwicklung, BMS, 2008).

BOHNSDORF, HANS-RÜDIGER

(* Ilmenau, 8. März 1951)

Hans-Rüdiger Bohnsdorf war der erste Passagier, der nach der erfolgreichen Landung eines Flugzeugs nicht klatschte. Dies geschah in einer Boeing 747 der Fluggesellschaft PanAm nach einem ruhigen Flug von Frankfurt nach Washington am 3. Juli 1983. Im anschließenden Interview eröffnete Hans-Rüdiger Bohnsdorf der Presse, dass eine geglückte Landung ihm schon seit vielen Flügen nicht mehr beklatschenswert erscheine, sondern vielmehr eine von ihm finanziell mitgetragene, im Leistungsspektrum der Piloten enthaltene Fähigkeit sei und somit eine im positiven wie negativen Sinne völlig wertfreie, also schlichtweg kommentarlos hinzunehmende Selbstverständlichkeit darstelle. Ebenso gut könne er auch zu Hause seiner Putzfrau gratulieren, dass er nicht am ungeputzten Boden festklebe. Bohnsdorf ist vermutlich auch der erste Passagier, der einen Vielfliegerstatus erreichte. Ihm verlieh die Lufthansa zunächst den (damit eingeführten) Status als ›Senator‹. Oft flog er übers Wochenende nach Sydney, um Meilen zu sammeln. Von ihm stammt der berühmte Ausspruch: »Der Weg ist das Ziel.« Er war auch der erste Mensch, der den → Global-Leader-Status innehatte. Bohnsdorf beendete seine Tätigkeit als Key-Account des kosmopolitischen Reisens und wechselte in das Segment der Telekommunikation: Er war der erste Verbraucher weltweit, der ein kabelloses Telefon mit sich führte, lange bevor Mobil-Funknetze existierten.

Boloni

›Boloni‹ ist der Name der Schweizer Yacht, die in den Jahren 2000, 2003 und 2007 den America's Cup gewann. Das Segelsyndikat unter der Leitung von Sportdirektor Ernst Eilrich gewann jedes der Rennen der Best-of-nine-Serie mit einem Vorsprung von durchschnittlich 35 Minuten. Das Boloni-Team setzte sich gegen Konkurrenten aus Europa und den USA durch und stellte einen Geschwindigkeitsrekord in der Geschichte der Segelregatta auf. Trotz absoluter Windstille gelang es der ›Boloni‹, mit teilweise 87 Knoten pro Stunde den Zielhafen zu erreichen. Auf die Frage an Eilrich, ob der großzügige Etat von 83 Millionen Schweizer Franken oder der neuartige, ultraleichte Spinnakerstoff ausschlaggebend für den souveränen Sieg seien, verwies dieser auf den Antrieb der ›Boloni‹. Es sei die erste Segelyacht, die sich von einem Atom-U-Boot ziehen lasse. Dem Schweizer Team wurde der Sieg im Nachhinein aberkannt.

Erster Verdachtsmoment: die Crew der Boloni auf dem Weg zum Schiff

Bomm, Karl

(* Wiesbaden, 3. Dezember 1942)

Karl Bomm ist Professor für Etymologie an der Universität Berkeley. Sein Fachgebiet ist die historische Etymologie. Er versucht, die Entstehung von Wörtern und Wortfamilien mit Ereignissen des Weltgeschehens in Kontext zu bringen. »Wörter entstehen nicht ohne Grund«, so Karl Bomm, »es

besteht immer ein kausaler Zusammenhang zwischen geschichtlichen Begebenheiten und linguistischen Prozessen.«
In seinem Werk ›Historischer Diskurs der Kognitiven Linguistik‹ (UTB 1997, ISBN 3-4766-33967-1) veranschaulicht er in Tabellenform die welthistorischen Daten und ihren linguistischen Nexus.

Geschehen	Wort
Ca. 500 Millionen Jahre v. Chr. / Verlassen des Wassers	Handtuch
Ca. 4000 v. Chr. / Erfindung des Rads	Bremsen
333 v. Chr.	Keilerei
1458 n. Chr. / Buchdruck	Abgabetermin

BORINGOGRAPH

Der Boringograph ist ein Stimmungsmessgerät zur Erfassung von monotonen und ereignisarmen Befindlichkeiten.
Der Boringograph wurde von dem Theologen Ernst Erpel am 8. März 1997 beim Betrachten der Sendereihe ›Das Wort zum Sonntag‹ erfunden. Basierend auf den Beobachtungen von Dr. Caspar Friedrich Hesse in Bezug auf die Entwicklung des Guia Romantica, übernahm er dessen Methode, eine scheinbar unmessbare Dimension auf bekannte Größen zu übertragen. Die boringographische Skala wird entsprechend der existenzialistischen Amplitude anhand folgender Beispiele definiert: 1) Sonntagnachmittag und es regnet, 2) Synchronschwimmen, 3) staatlich geförderte Experimentalfilme, 4) wenn Opa beim Essen zum zehnten Mal denselben Witz erzählt, 5) Träume, in denen nichts passiert, 6) ›Die große Brocklaus‹ und 7) ›Das Wort zum Sonntag‹.

Boriomo

[jap. 折面, zu boru, *falten* und omo, *Gesicht*]

Boriomo ist die jap. Kunst, das Gesicht in Falten zu legen. Hilfsmittel, wie etwa Klebstoff, sind dabei nicht zulässig. Der Japaner Maruko Halatschi wurde sogar disqualifiziert, als bekannt wurde, dass er seit Jahren Faltencreme benutzte. Es kann Jahrzehnte der Übung brauchen bis zu einem perfekten Oriomo. Die verschiedenen, sich stets wiederholenden Falttechniken sind: 1) Zickzackfaltung, 2) Berg-und-Tal-Falte, 3) Quetsch- oder Pressfalte und 4) Akkordeonfaltung. Die Basisformen eines gelungenen Oriomo begründen sich aus der Gesichtsform des Falters, die klassischen Varianten sind: 1) Wasserbomben-Grundform, 2) Birnen-Grundform, 3) Pylonen-Grundform und 4) Eiform. Amtierende Weltmeisterin in Folge ist die Nepalesin Phoolan Thapa aus der Khumbu-Region.

Boriomo-Meisterin

Thomas Borstenbach

Borstenbach, Thomas

(* 26. Juli 1963, Oschersloh)

Thomas Borstenbach ist ein deutscher Rockstar und nach bisherigem Wissen der einzige Künstler, der Stalker seiner eigenen Fans ist. Gegen ihn lagen im Jahr 2009 über dreitausend Unterlassungsverfügungen vor.

Borugak

[jap. 折 学生, von boru, *falten* und gak^{u} · sei, *Schüler, Student*]

Borugak ist die jap. Kunst, wie man als Meister seinen Lehrling zusammenfaltet. Unbesiegter Träger des Weltmeistertitels in dieser Disziplin ist seit fünfzehn Jahren der Elektrikermeister Harald Bruch von der Elektroinstallationen Bruch GbR in Oer-Erkenschwick, Kreis Recklinghausen.

Terríne Bouillôn, die Wachtel von Paris

Bouillôn, Terríne,

bürgerlich Terríne de Poule

(* Paris, 12. Dezember 1969)

Terríne Bouillôn ist eine französische Chansonsängerin. Dank ihrer herausragenden Stimme wurde die Öffentlichkeit schon früh auf sie aufmerksam, mit siebzehn Jahren veröffentlichte sie bereits ihre erste Platte. Aufgrund ihrer Fixierung auf ernährungsrelevante Themen blieb ihr die internationale Anerkennung ihrer Werke bis heute verwehrt. Terríne Bouillôn verdankt der kulinarischen Gewichtung ihrer Songtexte ihren Spitznamen ›La môme cailleteau de Paris‹ (Die kleine Wachtel von Paris). Ihre erfolgreichsten Werke waren: ›No, je ne vinaigrette rien‹; ›Bouillabaisse moi‹; ›Les plus grands soufflés‹; ›Rose en vin‹. Die Chanteuse lebt heute zurückgezogen in einem Vorort von Paris.

BRÄMISCHE DICHTKUNST

Die brämische Dichtkunst gilt als die schwierigste Dichtkunst weltweit. Sie wird beherrscht von der gefürchteten brämischen Ullypsis, einer aus siebzehn Strophen bestehenden Gedichtform zu je siebzehn Verszeilen. Besonderheiten: Die Reimwörter der ersten Strophe werden durch sämtliche Strophen in festgelegter Folge beibehalten – wenn man die Reimwörter einer Strophe mit 1–17 numeriert, dann kommen sie in der darauffolgenden Strophe in dieser Reihenfolge vor: 17, 1, 16, 2, 15, 3 usw. Anschließend folgt ein dreiteiliger Code, bei der die Reihenfolge der ersten Strophe eingehalten wird. Die brämische Dichtkunst ist die einzig bekannte Gedichtform ohne ein einziges Gedicht. Der Philologe Dr. phil. Loos sieht in dieser Gedichtform eine zur Perfektion gebrachte Kritik am herrschenden Steuerrecht: »Ein Haufen Regeln und Vorschriften, und am Schluss kommt nichts dabei raus!« Im semantischen Sinne verwandt mit der brämischen Dichtkunst ist die Beckett-Variante, eine Gedicht-

Brämische Dichtkunst: Lesung

form, deren Strophen sich an der Telefonnummer von Thomas Beckett orientieren (09, 4, 1, 2, 9, 7, 87, 82), und das → elegische Naidoo.

BRANDL, MARTIN
(* Rosenheim, 11. Januar 1961)

Martin Brandl ist ein deutscher Regisseur und Filmschaffender. Er ist der erste Regisseur in der Geschichte des deutschen Films, der in seinen Filmen konsequent auf klischeehafte Stereotype verzichtet. Dies machte ihn zu einem Vorreiter der → Funda-Filme. Er bemüht sich vorrangig um die Authentizität seiner Darsteller und die Glaubwürdigkeit der Handlung. Seine Regietätigkeit erregte Aufsehen, als er 1987 als verantwortlicher Regisseur eine Folge der Kriminalserie ›Tatort‹ umsetzte. Erster erkennbarer Unterschied für den Zuschauer war das Fehlen der bekannten Titelmelodie sowie jeglicher Filmmusik. Brandl hierzu: »Meine Recherchen haben ergeben, dass polizeilich kein Fall bekannt ist, bei dem während des Verbrechens plötzlich Musik aus dem Hintergrund ertönte.« Ungewohnt für das Publikum sind auch die bis zu fünf Minuten langen Einstellungen, die Martin Brandl der Betrachtung der Morgentoilette des ermittelnden Kommissars widmet. Ferner verschläft der Kommissar in der Folge, stolpert, rutscht in der Badewanne aus und klemmt sich die Hand im Spalt der Autotüre ein. Keine dieser Begebenheiten ist in irgendeinem Moment belustigend oder für die Handlung relevant. Weiteres Stilmittel des Regisseurs ist die lebensnahe Inszenierung von Verfolgungsjagden. So wird der Kommissar von dem flüchtenden Verbrecher abgehängt und steht schließlich am Autobahnkreuz Hannenwang-Wilmesude im Stau, weshalb er den Fall nicht aufklären kann. Die Folge evozierte in der Kernzielgruppe des Senders überwiegend negative Reaktionen.

BRÄSENSYNDROM

[G73.4; Klassifikation nach IC-D 10]

Das Bräsensyndrom bezeichnet verschiedene Symptome einheitlicher Ätiologie, die während der Arbeitszeit auftreten. Das Bräsensyndrom ruft bei den Betroffenen Lähmungserscheinungen hervor, die zu einer Dysfunktion aller Körperteile einschließlich des Gehirns führen können. Mitunter wirken die Patienten wach, befinden sich aber in einem tiefkomatösen Zustand. Da sich die Häufung der Krankheitsfälle räumlich beschränkt sowie zeitlich zwischen 08.00 Uhr und 18.00 Uhr bewegt, zählt man es zu den temporalen Krankheiten. Die Medizin geht davon aus, dass sich das Syndrom durch psychosomatische Wellen in Lüftungsanlagen und Kantinen von Bürokomplexen verbreitet. Die Symptome sind hinlänglich bekannt:

1) reflexartiges Antippen der Computertastatur, sobald sich der Bildschirmschoner einschaltet,
2) das Formen von Papierkugeln aus Altpapier mit anschließendem Zielwerfen in den Papierkorb,
3) wiederkehrende Versuche der Erkrankten, den höhenverstellbaren Bürostuhl so weit herunterzudrehen, dass ihr Kopf knapp über die Tischplatte reicht.

BRATSCH, BORIS
(* Marburg, 30. April 1962)

Boris Bratsch, kurz nach seiner Verhaftung

Boris Bratsch ist ein deutscher Häftling der Justizvollzugsanstalt Marburg. Er verbüßt dort eine zwölfjährige Haftstrafe nach drei Ladendiebstählen, drei Banküberfällen und einem Trickbetrug. Bekanntheit erlangte Boris Bratsch mit einer spektakulär angelegten Verteidigung, in der er die soziale Ungerechtigkeit unserer Gesellschaft anprangerte. Bratsch wörtlich: »Ich bin ein moderner Robin Hood. Ich habe das Geld von den Reichen genommen und habe es unmittelbar und ohne Abzug einem Armen gegeben – ich war ja schließlich arm.«

F. A. BROCKLAUS AG

Das Bibliomanische Institut F. A. Brocklaus ist ein Verlag. Er wurde im Jahr 1805 von Fredmund Amadeus Brocklaus in Amsterdam gegründet. Brocklaus erwarb 1808 auf der Leipziger Buchmesse den Blindband eines Konversationslexikons und füllte die weißen Seiten aus. Aus diesem ersten kreativen Lexikon entwickelte sich seit nunmehr rund 200 Jahren ›Die Große Brocklaus‹, in der Umgangssprache auch ›Die Brocklaus‹ genannt.
Die Brocklaus-Enzyklopädie ist ein alphabetisch geordnetes Nachschlagewerk für alle bislang noch unerschlossenen Bereiche menschlichen Wissens.

BROCKSAUSEN
[lat. incipaliber]

Brocksausen ist eine Sozialphobie und bezeichnet die unüberwindbar scheinende Angst, ein dickes Buch (ab etwa 600 Seiten) zu beginnen. Allgemein handelt es sich um eine Unterart des → Mulms, die

Nicht selten bei Brocksausen: Zweckentfremdung

sich bei Betroffenen in Form von Angstschweiß, einer schwachen Blase und Panikattacken bemerkbar macht. Ursache ist mit großer Wahrscheinlichkeit Versagensangst. Symptome können sein:

1) Das Erledigen lange aufgeschobener Pflichten, wie hinter dem Kühlschrank sauber zu machen, die Schuhe zu putzen oder entfernte Verwandte anzurufen.
2) Das ›Bereitlegen‹ des Buches auf dem Nachttisch, wo es jahrelang übersehen wird.
3) Die ›In-den-Urlaub-mitnehm-Taktik‹, wobei der Betroffene das jeweilige Buch im Urlaubsgepäck mit sich führt, ohne es jemals aufzuschlagen. Es soll Bücher geben, die bereits einen Vielfliegerstatus besitzen.

Besonders häufig wurde Brocksausen in Zusammenhang mit folgenden Büchern diagnostiziert:

1) Oliver Kuhn: ›Die Hegelsche Kritik an der unbestimmten Zeit – analog zur Polemik gegen die Ununterschiedenheit der Modi wider einer Substanz‹, 1996,
2) Axel Fröhlich: ›Der Jakobsweg – Schritt für Schritt‹, 2004,
3) Alexandra Reinwarth: ›Nassregionen – Scheußliches aus meinem Intimleben‹, 2001.

BRODENBAD

Brodenbad ist eine geschlossene Klinik für Psychiatrie in der ostwestfälischen Stadt Broden. Die Einrichtung wurde im Jahr 1970 erbaut und verfügt über eine Kapazität von 220 Betten. Aufsehen erregte die Einrichtung, als sich im Jahr 2005 herausstellte, dass mehrere Personen die Klinik für ein Kurhotel hielten und dort auch ihren Urlaub verbrachten. Der Irrtum klärte sich erst am Ende des Urlaubs auf, als die Gäste am Verlassen des vermeintlichen Kurhotels gehindert wurden. »Wir haben uns ganz normal telefonisch angemeldet«, beschrieb einer der Gäste die Aufnahme in die Klinik. Auch während des zweiwöchigen Aufenthalts war der Gruppe nicht aufgefallen, dass sie sich in einem psychiatrischen Krankenhaus befand. »Gut, die anderen Gäste haben schon eigenartige Dinge gemacht, wie sich gegenseitig mit Schlamm einzureiben, sich mit Steinen zuzudecken und sich literweise Öl auf die Birne zu kippen, aber wir hielten das für ein Ayurveda-Spa.« Sie hätten sich äußerst wohl gefühlt und auch die Mal- und Töpferkurse durch die Amateure gerne genutzt, so das Credo der Gäste. Allein das Angebot in der Minibar habe zu wünschen übriggelassen, kritisierte einer der irrtümlichen Patienten.

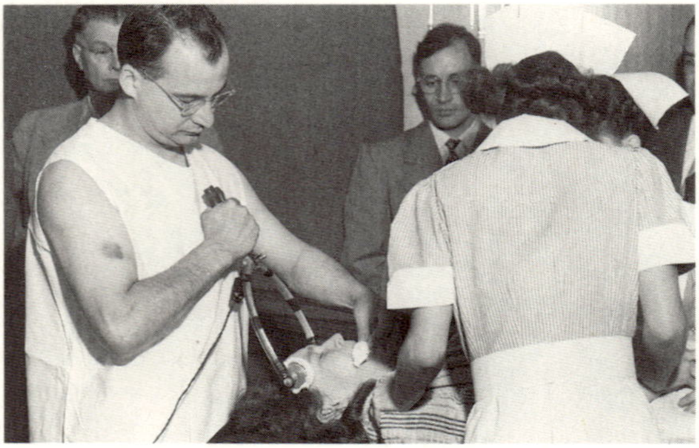

Brodenbad: Ayurveda-Kur

Brolf

[Schlupus italiano]

Der Brolf gehört zur Art der Eigenbrötler und Schlumpfkatzen. Der Bestand ist stark gefährdet, weil der Brolf durch sein komplexes Fortpflan-

Brolf-Welpe, circa sechs Wochen alt

zungsverhalten kaum den eigenen Bestand sichern kann. Der männliche Brolf geht durch sein übersteigertes Selbstbewusstsein davon aus, dass ihm alle Lebewesen sexuell verfallen sind. Sein überaus simples Paarungsverhalten fasziniert die Verhaltensforscher seit Jahrzehnten. Nach kurzem Beschnuppern beginnt er die anderen Tiere umgehend zu besteigen und zu penetrieren. Dies führt oft zur Verblüffung und Provokation in fremden Revieren. Zu den bevorzugten Geschlechtspartnern des Brolfs gehören Naschkatzen, Mulche, Bronzen, und sogar die deutlich größeren Ulifanten werden von ihm bestiegen. Bei der Begattung mit anderen Tierarten werden jedoch keine Nachfahren gezeugt.

BROMMER, LEONHARD

(* Düsseldorf, 22. Oktober 1970)

Leonhard Brommer

Leonhard Brommer ist ein deutscher Produkt-Designer und Vertreter des Modern → Nosign. Inspiriert von der Memphis Group und dem → Duo Dinamico versuchte Brommer stets, die radikale Verneinung des Funktionalismus in sein Produktdesign zu integrieren.

Einen Karriereschub und nationale Anerkennung

erfuhr Brommer durch die Gestaltung seiner Caffè-Latte-Gläser ohne Henkel. Als großer Bewunderer Philippe Starcks hob er besonders dessen Juicy Salif, die Zitronenpresse, hervor. »Hätte von mir sein können«, so Brommer in einem Interview mit der Zeitschrift ›Ponomol‹.

BROTZ, MARTIN

(* Düsseldorf, 30. Juli 1965)

Martin Brotz ist Zukunfts- und Trendforscher. Nach abgebrochenem Soziologiestudium eröffnete er eine Consulting-Agentur für Zukunftsfragen in Erlangen. Als freier Journalist und Autor machte er sich mit der These »Die Weltbevölkerung wird definitiv zunehmen« bundesweit einen Namen.
Seine folgende Prognose »Aus der Zunahme der Weltbevölkerung werden Probleme entstehen« ließ die Fachwelt aufhorchen. Am 12. September 2001 erlangte er mit seiner Prognose »Der Trend geht zum Terrorismus« den internationalen Durchbruch.
Seine Werke wurden in 28 Sprachen übersetzt:
›Ostern naht ein Stau‹, 1983;
›Zu viel Regen für die Jahreszeit‹, 1987;
›Ostern naht ein Stau II‹, 1995.

BRÖTZEL

Geräusch, das entsteht, wenn eine Glühbirne kaputtgeht.

BRÜHLING

Friseurlehrlinge, die Kunden die Kopfhaut verbrühen, während sie »Ist es recht so?« fragen. Brühlinge gehören zur Gruppe der hoffnungslosen Auszubildenden.

BUENAVELA-SCHATZKARTE

Die Buenavela-Schatzkarte ist benannt nach der legendären spanischen Freibeuterin Dolores de Socorro Buenavela. Sie kaperte und plünderte mit ihrer Besatzung des Schiffes ›Buenavela‹ Mitte des 18. Jahrhunderts Schiffe der englischen Krone vor der spanischen Küste. Ihr erbeutetes Vermögen versteckte Dolores de Socorro Buenavela auf einer Insel der Inselgruppe Buenas Migas nahe dem spanischen Festland. Die von ihr persönlich angefertigte Schatzkarte konnte bis heute keinen Aufschluss über den Verbleib ihrer Beute geben. Auch nicht der Piratin selbst, die um 1780 verarmt starb. Dank des Einsatzes modernster kryptoanalytischer Methoden konnte zwar die verschlüsselte Sprache der Schatzkarte dechiffriert werden, dennoch ist es Archäologen unmöglich, den konkreten Aufenthaltsort des Piratenschatzes zu bestimmen. Das Dokument und eine Übertragung sind im Archäologischen Museum Madrid ausgestellt und für die Öffentlichkeit zugänglich:

1) Gleich nach dem Anlegen links, äh – rechts. 2) Dann bei dem alten Mann rechts, äh – links abbiegen. 3) Und dann so schräg links nach vorne. 4) Wo das tote Gürteltier liegt, immer der Sonne nach. 5) Da, wo es so romantisch aussieht, zweihundert Schrittchen nach halblinks, äh – halbrechts. 6) Geradeaus bis da, wo ich ein Kreuz in den Sand geritzt habe.

BUMERUNG

Der Bumerung ist ein Wurfholz der australischen Aborigines. Es unterscheidet sich insofern von dem heute bekannten Bumerang, als dass er nicht zurückkommt, wenn man ihn wegwirft. Er ist nicht zu verwechseln mit dem sogenannten Bimmering. Dabei handelt es sich um einen Bumerang, der so schön und hochwertig gearbeitet ist, dass man ihn nicht wegwerfen möchte.

BURNINGHAM

Bezeichnung des Geruchs der Haut, unmittelbar nach einem Aufenthalt im Solarium.

BUTTERSTICK

Der Butterstick ist eine Erfindung, die seiner Erfinderin Alexandra Reinwarth zu Wohlstand und Reichtum verhelfen wird. Der Butterstick, äußerlich einem ›Pritt-Klebestift‹ ähnlich, ermöglicht es jedem Menschen, Butter direkt auf die von ihm gewünschte Brotscheibe zu schmieren. »Das spart nicht nur den Einsatz und das Abspülen unzähliger Messer, es vermeidet auch, dass das Brot nach dem Aufstreichen harter Butter aussieht wie der Irak nach dem Einmarsch der USA«, so Alexandra Reinwarth. Die bezaubernde Erfinderin arbeitet außerdem an einem Leberwurststick und einem Nutellastick.

BUTTLER

Derjenige am Tisch, der meist die Butter reichen muss. Man unterscheidet u. a. Süßrahmbuttler, Sauerrahmbuttler, Erdnussbuttler und den auch lipido-therapeutisch ausgebildeten Allesinbuttler. Der Kakaobuttler ist ein Ausbildungsberuf der Süßwarenindustrie und findet nur dort Verwendung.

C

Camouflashen

Das Betätigen der Toilettenspülung zum Zwecke des Verbergens eigener Darm- und Verdauungsgeräusche. Diese ursprünglich im asiatischen Raum gebräuchliche Art des schambehafteten Umgangs mit den Ausdrucksvarianten des eigenen Körpers ist seit einigen Jahren vermehrt auch in der westlichen Welt beobachtbar. In keinem bislang bekannten Zusammenhang steht das Camouflashen mit dem traditionellen bayerischen Ratschlag »schwoabs owe«.

Carritische Störung

[lat. carrus, *Wagen*]

Eine carritische Störung ist eine optisch-haptische Wahrnehmungstäuschung, die ausschließlich auf Beifahrersitzen von Kraftfahrzeugen auftritt. Aufgrund einer Täuschung der subjektiven Wahrnehmung geht der betroffene Beifahrer davon aus, einen aktiven Einfluss auf das Verkehrsgeschehen ausüben zu können. Die Sinnestäuschung äußert sich durch Symptome wie das Betätigen eines imaginären Bremspedals im Fußraum sowie angestrengtes Blicken durch die Heckscheibe während der Rückwärtsfahrt des Kraftfahrzeugs. Die Ursachen der Störung sind ungeklärt. Eine Untersuchung der

Beifahrersitze deutscher und ausländischer Automobilhersteller lieferte keinerlei Anhaltspunkte für mögliche Ursachen der Störung. Das imaginäre Bremspedal steht nach heutigem Stand der Kenntnisse in keinem kausalen Zusammenhang mit sogenannten imaginären Freunden, wie sie nicht selten bei Kindern auftreten.

CASAROLLA, GIOVANNI PROSCIUTTO
(* Venedig, 2. April 1782; † Shande, 4. Juni 1867)

Giovanni Prosciutto Casarolla war ein italienischer Edelmann. Sein Name steht im Okzident für vollendete Verführungs- und Liebeskunst. Seine Biographie ›Amore cuatro stagioni‹ gibt in vier Kapiteln Aufschluss über das Leben und Wirken des Giovanni Prosciutto Casarolla und über die raffinierten und ausgeklügelten Methoden des venezianischen Herzensbrechers.

Waren seine anfänglichen Versuche nicht von Erfolg gekrönt, so eroberte er doch im zarten Alter von zweiundzwanzig Jahren die Comtessa Annamaria di Lorenzo mit dem Wortspiel: »Verzeihen Sie, haben Sie etwa Wasser in den Oberarmen?« Auf ihr entrüstetes »Nein, warum fragen Sie?« sprach Casarolla: »Weil meine Wünschelrute ausschlägt.«

Mit zunehmendem Alter eignete er sich eine subtilere Form der Werbung an, die einen tiefen Eindruck bei den Venezianerinnen hinterließ. Sein Spruch »Glauben Sie an Liebe auf den ersten Blick – oder soll ich später noch mal vorbeikommen, Dolcissima?« ließ 80% der Jungfrauen im Großraum Venedig in die Kissen sinken. Beim Wiener Kongress erntete er die Gunst der Edeldamen mit der Formulierung:

»Werteste, können Sie sich vorstellen, Sex mit einem Fremden zu haben?« Verneinte die Edeldame, so erwiderte Casarolla: »Dann möchte ich mich gerne vorstellen ...«
Giovanni Prosciutto Casarolla wurde durch seine Reisen weit über die Grenzen Europas hinaus bekannt. Sein Draufgängertum und seine Liebe zu den Frauen wurden ihm schließlich zum Verhängnis: Bei einem Empfang in Sankt Petersburg 1867 bezirzte er die Zarin Maria Alexandrowna. Casarolla wurde wenig später wegen sexueller Nötigung zum Tode verurteilt und gevierteilt.

Cat Satellite

Eine Cat Satellite, auch Satellitenkatze genannt, ist eine parabole Empfangsstation für Rundfunk- und Fernsehprogramme. Aufgrund des relativ kleinen Durchmessers der Schüssel (in der Regel nicht größer als 20 Zentimeter) im Verhältnis zur Distanz zu den Satelliten der Umlaufbahn (36 000 Kilometer) sind die Signale sehr schwach, bei Regen können sie ganz ausfallen.

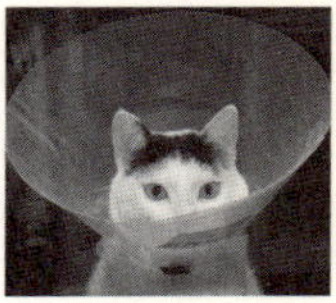
Cat Satellite

Cessna

Rülpsendes Geräusch, das eine Sodaclub-Maschine erzeugt.

Chicago, Bonzo

(* Tiefenbach, 4. August 1960)

Bonzo Chicago, mit bürgerlichem Namen Bertram Dellenberg, ist ein deutscher Volks- und Schlagersänger. Der studierte Philosoph wurde berühmt für seine hintergründigen Liedtexte, die in der modernen Unterhaltungsmusik als einzigartig gelten. In

Bonzo Chicago live im Statt-Theater

seinem Lied ›Es gibt kein Bier am Klavier‹ beschreibt er die Einsamkeit eines existenzialistischen Feuilletonisten: »Es geht um die Ästhetik des Fremden im Sinne Camus'«, erklärte Chicago. In seinem Nummer-eins-Hit ›Für immer ist jetzt‹ setzt sich der Sänger mit der Ewigkeit als einer formellen Dimension des Präsens auseinander. Gerade der Refrain »Mutti, lass jucken, lass uns alle rucken, bis die Schnucken zucken« verweist auf den Verzicht einer absoluten Sittlichkeit und die subjektive Reflexion als Prinzip der Selbstbestimmung.

CHIROMANIE

[von griech. chiro, *Hand* und mantis, *Seher*]

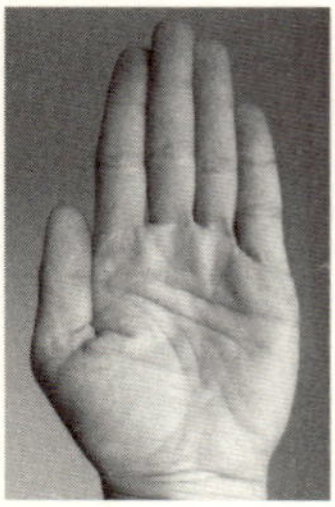

Chiromanie

Chiromanie ist die überlieferte Kunst vom Lesen mit den Händen. Die Tradition des Handlesens geht bis in die Antike zurück und war eine angesehene Wissenschaft, bis sie im Zeitalter der Aufklärung gänzlich von der herkömmlichen Leseweise verdrängt wurde. Der Einsatz von Händen als optisches System ist heute nicht mehr gebräuchlich. Der selbsternannte Schweizer Handleser Ernst Grimm konnte ein Gremium der GWUP (Gesellschaft zur wissenschaftlichen Untersuchung von Parawissenschaften) nicht überzeugen. Im Rahmen eines Multiple-Choice-Tests konnte er die vorgelegte Lektüre ›Buddenbrooks‹ mittels Einsatz seiner linken Hand (siehe Abbildung) nicht von ›Hanni und Nanni/ Lindenhof in Gefahr‹ unterscheiden. Der Pressesprecher der GWUP, Marcus Willamowski, wies im Rahmen der Bekanntmachung des Testergebnisses darauf hin, dass die Abwesenheit von Augen in den Handflächen den ausschlaggebenden Anstoß darstellte, das Handlesen in Frage zu stellen.

CHOLERAM, AYARAM

(*Hamahdschad, Packisdann, 18. April 1939)

Ayaram Choleram

Ayaram Choleram ist illegitimer Herrscher und Diktator des Kleinstaates Packisdann. Wegen zahlloser Menschenrechtsverletzungen, manipulierter Wahlen und einer strengen Zensur der Presse in seinem Land wurde Ayaram Choleram aus dem Commonwealth ausgeschlossen. Er ist der Diktator mit den meisten selbstverliehenen Titeln der Welt. Hier die komplette Auflistung der Namenszusätze, die Ayaram Choleram bei seiner Anrede vorschreibt: 1) Bote aller Weisheit, 2) Glut der Leidenschaft, 3) Bestäuber der Bachblüten, 4) Messlatte des Morgenlandes, 5) Express des Orients, 6) Verführer des Volkes, 7) Mitarbeiter des Monats und aller Folgemonate, 8) King of Pop, 9) Presidente Al Dente, 10) Long Dong Choleram, 11) Generalissimoimmerviermalmehralsdu, 12) Stärkster Mann der Welt, 13) Schnellste Maus von Mexiko und 14) Mein Moppelchen (mit Einschränkung auf den ausschließlichen Gebrauch durch eine seiner Frauen oder solcher, die es werden sollen).

Betrachterin einer Choleram-Statue

Choo

Harmlose Angestellte des Einzelhandels oder charismatische Choo-Priesterin?

Choo ist in der ägyptischen Mythologie die Göttin der Freude und des Glücks für Frauen. Die Göttin ist seit der ersten Dynastie bekannt. Auf einem Elfenbeintäfelchen ist überliefert, dass sie hauptsächlich von Frauen aus den größeren Städten verehrt wurde. In den Tempeln der außergewöhnlichen Göttin verliehen die Priesterinnen der Choo den Anhängerinnen kunstvollen Fußschmuck. Nicht selten kamen die Verehrerinnen der Choo mit Körben und Taschen, um eine bis heute rätselhafte frohe Botschaft aus dem Tempel hinaus in die Welt zu tragen. Durch die Missionierungsarbeit der ägyptischen Choo-Priesterinnen wurde ihr Kult später auch im griechisch-römischen Reich populär. Verschwörungstheoretiker behaupten, es gebe auch heute noch konspirative Zirkel, die dem Choo-Kult huldigen.

City-Ticket-Logik

[C. T. L.]

City-Ticket-Logik bezeichnet die Summe der Gesetzmäßigkeiten von Fahrkartenautomaten der Deutschen Bahn. C. T. L. stellt eine neue und extravagante Form logischer Regelabläufe dar. Dass die City-Ticket-Logik ebenso für Überland- wie Auslandtickets gilt, gibt bereits Einblicke in die Besonderheit dieses Regelwerks. Die Programmierung der Fahrkartenautomaten basiert auf einem System von WENN-DANN-Formeln, wie sie in 80 % der computergesteuerten Expertensysteme verwendet werden.

Die Formeln der Automaten mit City-Ticket-Logik sind folgende:

1) WENN Initialberührung des Touchscreens, DANN Systemabsturz
2) WENN Beginn der Eingabe eines Zielorts, DANN andere Zielorte vorschlagen
3) WENN Drücken der ›Löschen‹-Taste bei Eingabe des Zielorts, DANN zurück auf Startseite
4) WENN Ermäßigungskarte vorhanden, DANN Optionsbutton verstecken
5) WENN Selektionsvorgang erfolgreich beendet, DANN auf bargeldloser Zahlung bestehen
6) WENN Fahrschein ordnungsgemäß bezahlt UND zeitnahe Abfahrt des Zuges, DANN fünfminütige Pause zwischen:
   a) Ausdrucken der Verbindung
   b) Ausdrucken der Abbuchungsbestätigung
   c) Ausdrucken der Fahrkarte
7) WENN Berührung des Touchscreens während a, b oder c, DANN Systemabsturz

Die Deutsche Bahn konnte die City-Ticket-Logik erfolgreich an alle Betriebe des öffentlichen Personennahverkehrs lizenzieren.

Cocconing

[vom indian. Wort cocconi, *Leukoplast*]

Cocconing war ursprünglich ein Initiationsritus und ist eine von den Aponi-Indianern entwickelte Technik, bei der ein Heftpflaster mit einem kräftigen Ruck von der Haut abgezogen wird. Cocconing ist verbreitet unter Eltern- und Großelterngenerationen, die diese martialische Technik einem sanften Ablösen vorziehen. Die Gründe für die Integration dieses barbarischen Schmerzritus in den westlichen Kulturkreis sind nicht vollständig geklärt. Es wird ein latenter Sadismus auf Seiten der

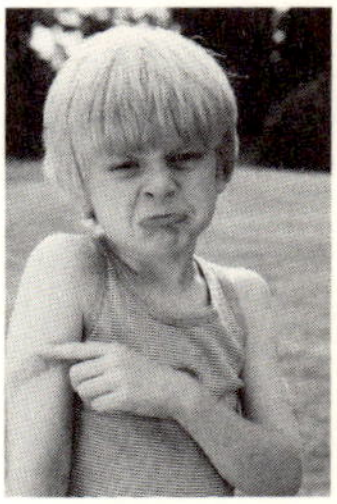

Kind vor dem Cocconing

Erziehungsberechtigten vermutet, ebenso greift die Theorie der intergenerationellen Weitergabe traumatischer Prozesse von den Eltern an die Kinder. Sie besagt, wer selbst als Kind dem ruckartigen Abziehen von Pflastern ausgesetzt war, besitzt auch eine erhöhte Bereitschaft, bei den eigenen Kindern so zu verfahren. Begleitet wird das ruckartige Abziehen des Pflasters durch die beschwörend ausgesprochenen Worte: »Ein Indianer kennt keinen Schmerz.«

Cocunokken

[lat. Morbus coquus]

Cocunokken ist der medizinische Terminus für Kochkrankheiten und dient als Sammelbegriff für alle anerkannten Berufskrankheiten, den Kochberuf betreffend. Die Kommission der Europäischen Gemeinschaften erkennt seit dem Jahr 2004 folgende Berufskrankheiten für Köche an (bekanntgegeben unter Aktenzeichen K2004–3847): 1) Ei im Glas, 2) Fettauge, 3) Flusskrebs, 4) Leberkäs, 5) Cock au vin.

Von der Kommission der Europäischen Gemeinschaft anerkannt wurden folgende Berufskrankheiten von Musikern: 1) Alphorn, 2) Dudelsack, 3) Kuhglocken, 4) Rasseln, 5) Sackpfeife, 6) Plattenarm, 7) Saitenstechen, 8) Tremolo, 9) Megaherz, 10) Not-Operetten, 11) Große Terz.

Das allgemeine Berufsrecht erkennt folgende Berufskrankheiten für Zugehörige der Rechtsanwaltskammer an: 1) Rechtsbeugung, 2) Kammerflimmern, 3) Robensterben, 4) Klagen, 5) Rechtsbeschwerden, 6) Karlsruhe, 7) Bagatellen, 8) Behauptungslast, 9) rechtliches Gehör.

COIFFUROSE

[griech. δύσκολοσ κούρεμα, *schwierige Haare*]

Coiffurose, im Volksmund auch Problemfrisur genannt, ist eine Infektionskrankheit, die bei Menschen eine äußerst kritische Haartracht hinterlässt. Den Betroffenen selbst ist es oft nicht möglich, das Ausmaß ihrer Erkrankung zu erkennen, zumal sie den Alltag ohne Einschränkung bewältigen können. Coiffurose ist eine der Krankheiten, unter der Angehörige und Freunde der Betroffenen mehr leiden als diese selbst. Symptome der Krankheit sind Formen und Farben des Haupthaars, die sich nicht harmonisch zum Gesicht des Trägers verhalten und Anlass zur Vermutung geben, sich mit auch keinem anderen Gesicht harmonisch verhalten zu können. Die Öffentlichkeit wurde erstmals 1970 auf die Krankheit aufmerksam, als der damalige Nationalspieler Paul Breitner trotz einer akuten Coiffurose sportliche Erfolge erzielte. Mitte der 1980er Jahre folgte eine Coiffurose-Erkrankung epidemischen Ausmaßes und führte schließlich zu der sogenannten Vokuhila, Vokuhila Oliba und Minipli. Diese sind weitgehend ausgerottet, es haben sich jedoch Metastasen in Osteuropa gebildet, wo sich der Virus

Coiffurose-Verdacht bei einer jungen Europäerin

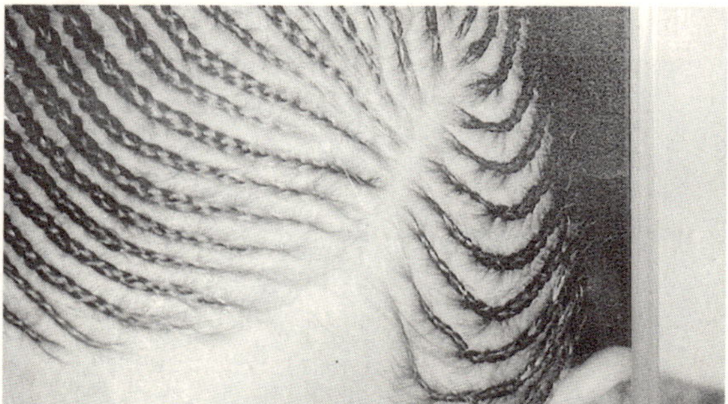

Coiffurose: Braid-Frisur

immer noch ausbreitet. Moderne Coiffurose-Erreger treten heute in Form von hellen Strähnchen in dunklem Haupthaar auf. Ebenfalls verbreitet ist die Unterart der Braid-Frisur, welche jedoch Symptom einer → Lamaría-Erkrankung sein kann und meist von selbst abklingt.

Um eine Coiffurose zu behandeln, stehen in jeder deutschen Stadt ausgebildete Friseurmeister zur Verfügung. Von einer Selbstmedikation wird dringend abgeraten. Als vorbeugende Maßnahme ist die verbreitete Methode des Scherens einer Glatze zu nennen. Eine Problemfrisur epochalen Ausmaßes tritt etwa alle 1500 Jahre auf und wird → Sauron genannt. Derzeit wird ein ruhender Sauron unter dem Hut von Udo Lindenberg vermutet.

Colette-Grotte

Die Colette-Grotte im Süden Frankreichs wurde 1999 von dem Speläologen Jean-Michel Colette entdeckt. Die darin befindlichen Wandbilder sind Schätzungen zufolge zwischen 20000 und 40000 Jahre alt. Auslegungen, die sich mit der Semantik der Abbildungen beschäftigen, legen ein grundsätzliches Überdenken der damals geltenden Wertvorstellungen nahe.

Colette-Grotte: Höhlenmalerei

Collins, Bugsi

(* Hamburg, 12. Mai 1954)

Bugsi Collins, mit bürgerlichem Namen Roland Kollerbaur, ist ein deutscher Maler. Er wurde bekannt mit dem Begründen einer neuen Stilrichtung innerhalb des abstrakten Expressionismus, die er eigens für die Beschriftung von Toilettentüren entwickelte. Laut Bugsi Collins hat der Expressionismus weltweit vor den Türen jedes WC haltgemacht. Das Symbol für Mann und das Symbol für Frau an den Toilettentüren bestanden in den 1980er Jahren teilweise noch aus naiven Malereien von Autodidakten. Bugsi Collins entwarf die ersten abstrakten Schilder für Toilettentüren und erregte damit die Aufmerksamkeit der breiten Masse, die sich fragte, auf welches WC sie denn nun gehen solle. Er beeinflusste und inspirierte Künstler weltweit. Die Kunst des abstrakten Beschriftens von Toilettentüren ist aus der modernen Malerei nicht mehr wegzudenken, Bugsi Collins' Werke sind mittlerweile klobal auf Toilettentüren verbreitet.

Señoras

Caballeros

Frauen

Männer

CONJUGRAMM

Ein Conjugramm ist eine graphische Darstellung, mit der der Faktor Zeit in direkter Relation zu Symptomen in einer Liebesbeziehung auf einer geschlechtsspezifischen Er/Sie-Achse dargestellt werden kann. Das Axiom eines Conjugramms besagt, dass der zu ermittelnde Wert immer gegen null geht. Das Conjugramm kommt ursprünglich aus dem Mahayana-Buddhismus und diente dort der Berechnung der Größe der Shunyata (Leere). Aus dieser Zeit erhalten ist der Brauch, das Conjugramm von rechts nach links zu lesen. Im angeführten Beispiel wird der Wert einer ›Beziehung‹ anhand eines Conjugramms ermittelt, die Variablen sind hier ›ER‹, ›SIE‹ und vermeintlich die ›ZEIT‹.

Die Parameter ›Beziehung‹ sowie ›Er‹ und ›Sie‹ können beliebig vertauscht werden mit den Variablen ›Nerven‹, ›Kind‹ und ›Autofahrt‹. In allen Fällen bewegt sich der Wert direkt proportional mit der Zeit gegen null, einzig konstant bleibt die

Klassisches Er-Sie-Conjugramm

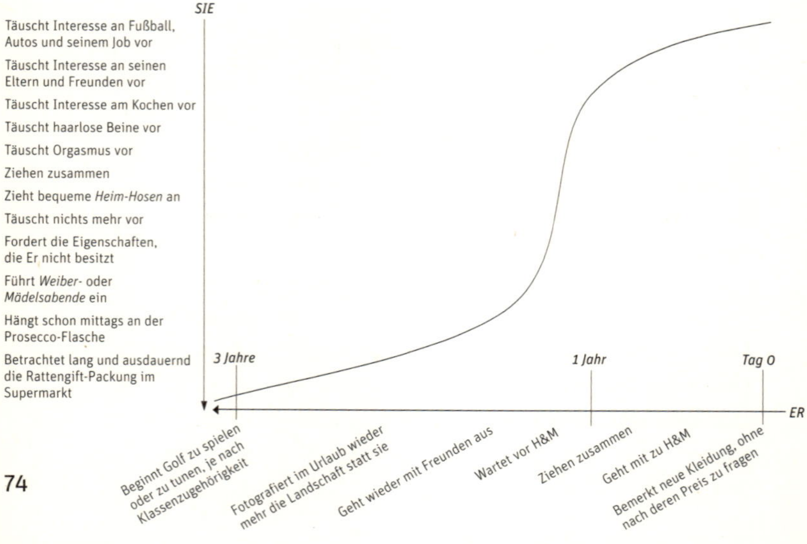

›Zeit‹. Mathematisch stellt sich ein Conjugramm wie folgt dar:

ø = {x | E(x)}, z. B. ø = {x | x E Z, x + 1 = x + 2}

»Cool-Krank«-Kampagne

»Cool! Krank!« ist eine Social-Media-Kampagne des Verbandes Deutscher Pharmaunternehmen. Ziel ist es, einen Stimmungswandel in der Öffentlichkeit herbeizuführen. Die Krankheit als solche soll durch einen radikalen Imagewechsel neu positioniert werden. Durch großformatige Anzeigen in den Printmedien und durch Plakatierungen wird dem Bürger eine positive Sichtweise auf das Gebrechen ermöglicht. Dazu wird jeder Krankheit ein affektiver Slogan gegenübergestellt:

1) Meine Allergie. Immer volles Tempo voraus.
2) Altersflecken. Mein Plus an Punkten.
3) Bluthochdruck. Red is beautiful!
4) Glaukom. Mein Star ohne Allüren.
5) Asperger-Syndrom. Think different.
6) Flatulenz. Der Duft, der Frauen provoziert.
7) Dyslexie. Wir können alles. Außer lesen.
8) Cellulite. Separates the women from the girls.
9) Kleptomanie. 3 … 2 … 1 … meins.
10) Tourette. We love to entertain you.

Kritiker der Kampagne beklagen, dass kranken Menschen mittels »schmissiger Gute-Laune-Phrasen« die Ernsthaftigkeit ihrer Lage verschleiert werde.

COUCH-LAOLA

Wenn die Fernbedienung so wenig Batterie hat, dass man jedes Mal vom Sofa aufstehen oder minutenlang drücken muss, bis der Kanal wechselt.

CUMNONETSIN (C.N.E.S.)

Cumnonetsin ist eine Infektionskrankheit, die die Speicheldrüse, das Gehirn und den Sprechapparat befällt. Sie bewirkt, dass der Erkrankte nicht mehr in der Lage ist, Gerichte auf einer Speisekarte so zu bestellen, wie sie dort beschrieben sind, sondern zwanghaft neue Kombinationen und Beilagenvarianten ordert. Besonders gefürchtet wird C.n.e.s. von Servicekräften des Gastronomiebereichs, da es nahezu unmöglich ist, den Patienten ihre Erkrankung anzusehen, was eine Überantwortung an den Zuständigkeitsbereich eines Kollegen erheblich erschwert.

Verursacher dieser Erkrankung ist das C.n.e.s.-Virus. Der Krankheitsverlauf schwankt von Fall zu Fall, anfängliche Symptome können harmlos erscheinen: »Ein Beilagensalat statt Pommes.« Ausmaß und Schweregrad der Symptome nehmen im Verlauf der Krankheit allerdings zu: »Extra Salami, dafür ohne Champignons und mit weniger Käse – welchen Käse verwenden Sie hier? Oh, dann doch doppelt Käse und Tomatenscheiben statt dem Sugo; wenn die Peperoni scharf sind, dann nur zwei, maximal drei – und es ist doch kein Oregano drauf? Doch? Dann vergessen Sie die Pizza. Ich nehme die Gnocchi – Sie machen die doch frisch hier? …« Die Medizin geht davon aus, dass es sich bei C.n.e.s., wie bei allen → gastronomischen Krankheiten, um eine genetische Disposition handelt. Die Krankheit führt in seltenen Fällen und indirekt zum Tod (gewaltsam), verursacht durch die Angehörigen und/oder das Servicepersonal.

D

DA FIDSCHI, AVOCADO
(* Suva, Fidschi, 15. Mai 1519;
† Suva, Fidschi, 3. August 1588)

Avocado da Fidschi war Maler und Anatom. Er wurde als Sohn einfacher Fischer in der Stadt Suva geboren. Ungesicherten Daten zufolge begann Avocado im Alter von fünf Jahren, mit Skizzen seine unmittelbare Umgebung zu porträtieren, und offenbarte dabei große Begabung. Mit fortschreitendem Alter kristallisierte sich seine besondere Vorliebe für Naturstudien heraus, das Studieren der Bewegungen und der

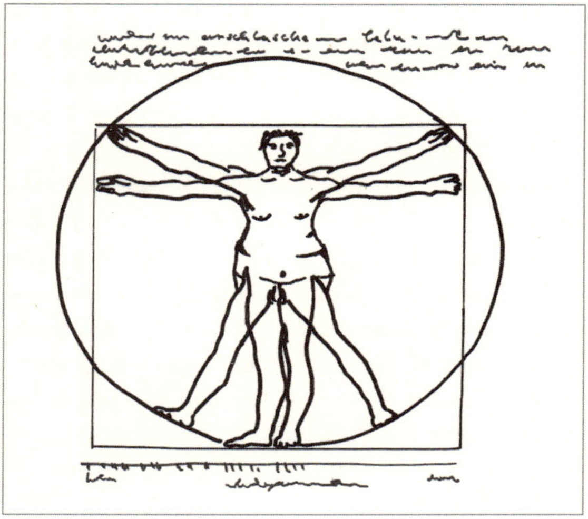

›Der avocadische Mensch‹, 1542

Anatomie des Menschen nahmen dabei eine herausragende Stellung ein. Das wohl bekannteste Werk des Künstlers ist die Proportionsstudie ›Der avocadische Mensch‹, die den Menschen im Auge des Malers zeigt.

Daimonen

[griech.: δαίμων, daimon, *Schicksalsmacht, Unheilsgeist*]

Daimonen sind paranormale Wesen, die einen geringen, aber spürbar negativen Einfluss auf die Lebensumstände eines Menschen ausüben können. Daimonen sind eng verwandt mit dem Incubus, dem männlichen Alb. Im Gegensatz zu Alben können Daimonen den Menschen nicht physisch beeinflussen. Daimonen beschränken sich daher auf das direkte Umfeld des Menschen. Aufgrund ihrer geringen Macht ist es den Menschen nicht möglich, zwischen einem unglücklichen Umstand und dem Einfluss eines Daimonen zu unterscheiden. Daimonenaktivität ist mit einem Aerometer, einem Dichtemesser für Gase, nachweisbar, da Daimonen in der Regel von einem → Möfel begleitet werden. Der Grenzwert für Möfel, der eine Daimonenaktivität indiziert, beträgt 22 %. Daimonen werden in drei Gruppen unterteilt:

1) Textildaimonen; sie sind verantwortlich für rote Kleidungsstücke in der Waschmaschine, die weißer Kochwäsche eine neue Farbnote verleihen. Es sind außerdem Daimonen bekannt, die Kleidung über Nacht enger nähen.
2) Kraftwagendaimonen; sie üben einen zerstörerischen Einfluss auf den Teil der Lichtmaschine aus, den zu erreichen die Kfz-Werkstatt nicht in der Lage ist, ohne das Fahrzeug in seine Bestandteile zu zerlegen.

3) Haushaltsdaimonen; sie entfernen Toilettenpapierrollen und sorgen so für Unpässlichkeiten nach verrichteter Notdurft. Man vermutet, dass Daimonen eine der Hauptursachen für die Entstehung von → Latriten sind.

DALL-DRALL

Unschlüssigkeit, in welches Auge man gucken soll, wenn jemand schielt.

DÄNIKEN

Eine unbekannte Person, die man nach dem Weg fragt und die diesen genau erklärt, obwohl sie keine Ahnung hat.

DEE-DEE-ERKRANKUNGEN

[engl. desired disease, *erwünschte Krankheit*]

Dee-Dee-Erkrankungen (ausgesprochen Diedie-Erkrankungen) sind pathologische Krankheiten, denen gemein ist, dass sie bei den Betroffenen keinerlei Leiden verursachen, sondern in ihrer Symptomatik durchwegs als positiv aufgenommen werden. Die Krankheiten lassen sich hierbei klassifizieren in:

1) Dee-Dee-Infektionskrankheiten; ausgelöst durch Spaßbakterien, Hurra-Viren oder Primapilze, die ein gesteigertes Wohlbefinden verursachen und extrem gute Laune zur Folge haben.
2) Dee-Dee-Erbkrankheiten; zu den Dee-Dee-Erbkrankheiten zählt die libidurale Erkrankung, die bei Männern dazu führt, dass eine Erektion über mehrere Stunden dauern kann. Bei Frauen implizieren libidurale Erkrankungen eine gesteigerte Orgasmusfähigkeit.

3) Dee-Dee-Fehlbildungen; durch Mutation hervorgerufene Veränderungen der Erbsubstanz, symptomatisch hierfür ist bei Frauen eine Physiognomie, die zu Vergleichen mit verschiedenen Obstsorten anregt. Bei Männern hingegen ist eine direkte Umwandlung von Körperfett in Muskelmasse ein Indikator.

DEFLOROBIE

Natürliche Hemmung, jungfräulichen Kuchen, Butter oder Pudding anzuschneiden.

DEMAND ROTADOR

Der Demand rotador ist ein Begriff aus der Ballett-Terminologie und bezeichnet eine tänzerische Drehbewegung, ähnlich der Pirouette. Die Basis der körperlichen Haltung ist die Vertikale und das en dehors (Auswärtsdrehung eines Beines aus dem Hüftgelenk) des Spielbeinfußes mit anschließendem Davongehen. Der Demand rotador ermöglicht es Angestellten im Servicebereich der Gastronomie, einen Blick über die Gäste schweifen zu lassen, um kurz vor einem erhobenen Arm oder verzweifelten Hilfeschwenken grazil und mit Verve abzudrehen.

DEMETRIUS

(Galiläa, Anfang des 1. Jh. n. Chr.)

Demetrius war ein Jünger Jesu und der erste Gesundheitsapostel. Einige seiner Bergluftpredigten sind bruchstückhaft in Schriften des Neuen Testaments überliefert und geben Einblick in sein Wirken und seine Lehren. Der Gesundheitsapostel Demetrius verkündete der urchristlichen Gemeinde drei Gebote, welche einzuhalten er sie stets anhielt:

1) Jeden Bissen 32-mal kauen,
2) Kreuz gerade halten beim Beten,
3) Füße waschen, Obst zweimal.
Demetrius ist der Schutzheilige der Reformhäuser und Biomärkte.

DENGEL

[griech. φλεγμονή, *Beule*]

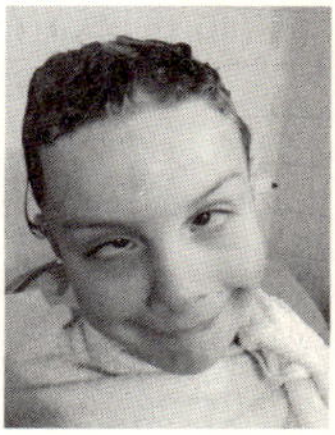

Unbekannter Dengel

Dengel bezeichnet in monotheistischen Religionen gefallene Engel. Die Dengel sind Gott als niederste Stufe der himmlischen Schöpfung in personaler Gestalt untergeordnet. Sie haben einen Licht-, Äther- oder Feuerleib und eine unbestimmte Anzahl charakteristischer blauer Flecken. Die Bibel geht zwar mithin davon aus, dass es Dengel – himmlische, mit allzu menschlichen Zügen bestrafte Geistwesen – gibt, verzichtet aber auf ihre Darstellung. Die Funktion der Dengel ist, den Menschen Gottes Wort, Gegenwart und Beistand mitzuteilen, gerade wenn mal etwas ganz anders läuft als erhofft. Dengel erscheinen in der Bibel oft einfach als »Borsten Gottes«. Prinzipiell können sie fliegen, aber meist nur in eine Richtung, nämlich nach unten, was ihnen den umgangssprachlichen Spitznamen ›gefallene Dengel‹ eingebracht hat.
Der bekannteste gefallene Dengel, Lutz, stürzte von einer Wolke in ein Verkehrsflugzeug. Religionswissenschaftler sehen in Dengeln die realistischere und glaubwürdigere Version ihrer berühmten Verwandten, den Engeln. Der Religionswissenschaftler Arnd Beppl bezeichnet die Wahrscheinlichkeit einer Existenz von Wesen, die auf Wolken herumsitzen, Harfe spielen und ausschließlich Gutes bewirken, in der von Brutalität geprägten christlichen Religion als

gering. Ebenfalls verweist er in diesem Zusammenhang auf die Studien des Nubologen Matt Owen (→ Nubologie). Die Weigerung des Vatikans, die Schriftrollen vom Toten Meer der Öffentlichkeit zugänglich zu machen, führt er auf eine Erwähnung von Dengeln in den Schriften zurück. Das Dementi des Papstes Johannes Paul II. im Jahr 1989 bezeichnet er als »Beharrungsethik«. Im Volksglauben sind die heiligen drei Dengel äußerst populär:

1) Lolithel, der Dengel, der Petrus verführte,
2) Lutz, der Dengel, der in ein Verkehrsflugzeug fiel,
3) Wickert, der Verkünder schlechter Nachrichten.

DEPPICH

Kleine Kanten am Boden, über die Personen häufig stolpern.

DERMORILLIS

[griech. δεϱμοϱιλλισ, *Wellen-, Rillenhaut*]

Dermorillis ist eine Hautkrankheit, die sich nach langem Baden durch wellenförmige Erhebungen der Haut an Fingern und Zehen zeigt. In der Regel sind ausnahmslos alle Finger und Zehen eines Patienten betroffen. Die Inkubationszeit beträgt vierzehn Mi-

Auch Mäuse leiden unter Dermorillis

nuten bei einer Badetemperatur nicht unter 33 Grad Celsius. Die Krankheit tritt bei Menschen verschiedenen Alters und Geschlechts gleichermaßen auf. Die Epidermis an den Innenseiten der letzten Finger- oder Zehenglieder legt sich in nichtsymmetrische Oberflächenwellen. Die Symptome sind auch für den Laien leicht zu erkennen, das diagnostische Vorgehen kann auf eine körperliche Untersuchung dieser Zonen beschränkt werden. Die Krankheitsgeschichte des Patienten, Röntgen/MRT, eine Analyse der Blutwerte oder anderer Körperflüssigkeiten sind nicht vonnöten.

Dermorillis ist nicht ansteckend, solange man sich nicht ebenfalls im Inneren einer Badewanne befindet. Die Heilungschancen sind gering, in der Regel verläuft die Krankheit chronisch und in Schüben. Die Behandlung stellt somit eine Linderung der Beschwerden, aber keine Heilung dar. In den meisten Fällen genügt ein Verlassen des Bades, eine deutliche Besserung tritt bereits nach fünf bis zehn Minuten ein. Alternative Heilmethoden aus dem Bereich der klassischen Homöopathie finden bei Anwendern ebenfalls großen Anklang. Das gängige Mittel ist ein Donauwellen-Globoli in der Potenzierung D12, dies entspricht einem Tropfen Donauwellen-Extrakt, aufgelöst in der Menge von etwa fünfundzwanzig olympischen Schwimmbecken. Nach der Einnahme verlassen die Betroffenen das Bad und sind nach fünf bis zehn Minuten beschwerdefrei. Prophylaktische Maßnahmen sind das Tragen von wasserdichten Handschuhen während des Bades. Erika → Haberle verweist auf die metaphorische Relevanz der Krankheit: »Die Wellen, die bei einer akuten Dermorillis an unseren Fingern entstehen, haben die gleiche Form wie die Wellen, die das Wasser auf dem Sand des Meeresbodens hinterlässt. Das Wasser hat auf uns immer noch den gleichen Einfluss wie vor Jahrmillionen, als wir noch selbst ein Teil des nassen Elements waren. Dermorillis rührt an die uralte Frage des Menschen nach dem Woher und dem Wohin. Es ist eine fast schon philosophische Krankheit.«

DEROGULM

(Veraltet:) Das Recht eines Fürsten, an ungeraden Tagen aus dem Fenster zu stuhlen. Der Brauch wurde eingeführt vom Werowingerkönig Derogulfus II., der damit gegen die Niederlage in der Schlacht von Hillenbergen und den damit verbundenen Hausarrest auf Schloss Windelbrecht demonstrierte.

DESTUITION

[von lat. de-, *herab, weg-, ab-,* intueri, *betrachten, erwägen,* Partizip Perfekt Passiv *destuitum*]

Destuitiv gewürzt

Destuition ist die Fähigkeit, in kürzester Zeit unbewusst Sachverhalte völlig falsch zu erfassen. Die auch umgangssprachlich als »Darmgefühl« bezeichnete Begabung ermöglicht es, auf Anhieb irrige Entscheidungen zu treffen. Dazu ist weder eine systematische Erörterung noch eine darauf aufbauende Schlussfolgerung vonnöten. Das Adjektiv ist destuitiv. Der Philosoph Arthur Schopenhauer beschäftigte sich eingehend mit der Destuition, ungesicherten Quellen zufolge waren die Einsichten, die er darüber erlangte, Grund für seine Zuwendung zum Irrationalismus. Als erwiesen gilt jedoch, dass er die Destuition zum Hauptbestandteil seiner Kritik an Spinoza machte: Spinozas Konzept der rationalen Erkenntnis berücksichtige nicht die angeborene Destuition des Menschen und sei somit »Humbug«, so der Philosoph in seiner Schrift ›Ueber Destuition und Spinoza‹, 1815, Artemis & Winkler (ISBN 3-3886-3618-4).

DETTERLE-METHODE

Die Detterle-Methode wurde 1987 von dem Physiker Erwin Detterle ersonnen, um Einsteins allgemeine Relativitätstheorie erstmals einer breiten Masse verständlich zu machen. Durch die Darstellung der Relativitätstheorie nach Detterle machte er es Laien möglich, Einsichten in die bedeutendste physikalische Theorie des 20. Jahrhunderts zu vermitteln. Detterle veranschaulichte den Bewegungszustand eines Körpers in Bezug zu Raum und Zeit folgendermaßen: »Es ist ganz einfach: Je schneller sich ein Körper bewegt, umso weniger altert er«, formuliert Detterle.
Dies gelte für Raumfahrer bei Lichtgeschwindigkeit, aber auch für Motorradfahrer. Auch das Gegenteil sei richtig: Je langsamer sich jemand bewegt, desto älter wird er gemeinhin. »Das ist gut am Beispiel der

Rasant und jung

Senioren, die mit 80km/h auf der linken Spur auf Autobahnen fahren, zu erkennen«, so Detterle. Veröffentlichungen: ›Von wegen E = mc². Eine Einführung in die Relativitätstheorie‹, Erwin Detterle, Verlag Springer (ISBN 3-728-69772-1).

DI, LU

(* Yixing, China, 12. Dezember 1947)

Lu Di

Lu Di ist ein chinesischer Diplomat. Nach einem Abschluss an der Hao-Druff-Universität in Nanjing begann Lu Di seine diplomatische Karriere als Mitglied des Diplomatenstabs der Kommunistischen Partei Chinas. Seit dem Jahr 2003 ist er der chinesische Botschafter des UNO-Büros in Genf. Bei einer Rede vor dem Nationalen Volkskongress bezeichnete er das Konzept der Menschenrechte als westliche Propaganda, was ihm politische Ehren in seinem Heimatland einbrachte. Auch seine These, dass nicht jeder Chinese eine eigene Meinung haben könne, da es mit 1,3 Milliarden Chinesen einfach nicht ausreichend Meinungen gebe, fand großen Anklang. Lu Di gilt als Förderer und politischer Ziehvater der berüchtigten Yāng → Jiecha. Er war maßgeblich an der Ausarbeitung der Gesetze für die innere Sicherheit beteiligt:

1) Auf kritische Äußerungen folgt Folter.
2) Auf Widerspruch folgt Zwangsarbeit.
3) Auf Einspruch folgt Menü 7 (extra scharf).

DIABOLISCHMUS

[griech. Διάβολος, Diábolos, *Verleumder, Durcheinanderwerfer*]

Als Diabolischmus bezeichnet man den Glauben an eine teuflische Macht aus Gründen der Vernunft und/oder der persönlichen Erfahrung. Allen Diabolischten ist gemein, dass sie sich vehement ungerecht behandelt fühlen und offen Andersgläubige, Nichtgläubige und die sogenannten ›Ich-glaub-schon-dass-da-irgendwas-ist‹ verhöhnen. Im Wesentlichen handelt es sich beim Diabolischmus um eine Glaubensrichtung, die sich im Laufe des 19. Jahrhunderts entwickelte und die teuflische Mächte für persönliches Versagen und Unbill verantwortlich macht. Die Anhänger des Diabolischmus gehen zwar davon aus, dass Gott die Welt erschaffen hat, nehmen aber an, dass dies nur geschah, um ihnen persönlich eins reinzudrücken. Der Versuch diabolischtender Juristen, die Schuldfrage in den Fällen ihrer Mandanten auf eine höhere, teuflische Macht zurückzuführen, scheiterte. Seitdem ist diese Vorgehensweise in gerichtlichen Verfahren nicht mehr üblich, Ausnahmen bilden hier Jan Ulrich und die amerikanische Regierung.

DICKBAUCH-LÖFFLER

[Adipositae]

Klasse:	Wasservögel
Abzeichen:	Seepferdchen
Verwandte:	Grauspeier
Stand:	ausgestorben
BMI:	45%

Der Dickbauch-Löffler ist laut IUCN (**I**nternational **U**nion for **C**onservation of **N**ature and Natural Resources) seit 1997 ausgestorben. Dickbauch-Löffler waren in Europa beheimatete Wasservögel. Im Wasser kaum von einer Stockente zu unterscheiden, waren sie an Land jedoch leicht an ihrem adipös anmutenden Bauchumfang zu erkennen. Wie

der → Grauspeier war der Dickbauch-Löffler eine Vogelart aus der Ordnung der Speivögel. Im Gegensatz zu seinem Verwandten hatte der Dickbauch-Löffler nicht den Drang, seine Nahrung wieder von sich zu geben. Im Gegenteil sind Generationen von Dickbauch-Löffler-Küken verendet, weil die Eltern sich weigerten, die einmal verschluckte Nahrung wieder hervorzuwürgen. Phylogenetischen Untersuchungen zufolge war dies jedoch nur bedingt der Grund für ihr Aussterben.
Da Dickbauch-Löffler Allesfresser sind, wurden sie mit dem Zeitalter der Industrialisierung zunehmend mit einem Überangebot an Nahrung konfrontiert. Dies führte zu vermehrter Fetteinlagerung im Bauchbereich der Vögel. Der Body-Mass-Index der Tiere stieg bis Ende der 1990er Jahre über 45 %. Der unter der Wasseroberfläche befindliche Bauch des Vogels konnte durchaus zwei- bis dreimal so groß sein wie der Vogel selbst und war Auslöser für seine Spitznamen:
1) Mopsvogel, 2) Bürzel-Bomber und 3) Calmund-Kanari.

Ein relativ schlankes Dickbauchlöffler-Paar, Radierung

Das ungewöhnlich rasche Aussterben der Tiere führen Biologen auf das Missverhältnis zwischen Auftrieb und Gewichtskraft der Vögel zurück: »Dem Überschreiten eines Körpergewichts von fünfunddreißig Kilo konnte kein entsprechender Auftrieb entgegengesetzt werden. Die Vögel sackten im Wasser einfach plötzlich ab wie Kartoffeln. Wo eben noch ein Dickbauch-Löffler war, zack, haben Sie nicht gesehen, war er abgesoffen.« Es ist das einzig bekannte Aussterben einer Tierart aufgrund einer akuten Adipositas.

DIEN-Ö-NORMSKALA

Die DIEN-Ö-Normskala ist ein international anerkanntes System zur Eichung von Skalen. Die offizielle DIEN-Ö-Ur-Skala befindet sich in einem Tresor des Internationalen Büros für Maße und Gewichte in Paris und ist als Referenzwert einzigartig. Die DIEN-Ö-Normskala: 1) Gar nichts, 2) Nur ein bisschen, 3) So lala, 4) Schon eher, mittel, aber larifari, 5) Nicht Fisch, nicht Fleisch, aber passt, 6) Definitiv ja, 7) Echt viel, 8) Sehr überbewertet, 9) Komplett, ganz, total und 10) Tierisch krass, leck mich doch, hast du nicht gesehen.

DIEZEN

Bohrender Zweifel, ob man noch beim »Sie« ist oder schon beim »Du« angekommen war.

DINARRHÖ

Galoppierender Wertverfall ausländischer Münzen, die nach der Heimreise in einer Box aufbewahrt und das ganze Leben lang nicht mehr verwendet werden können.

Diosin

[span. dios, *Gott* und sin, *ohne*]

Diosin ist eine kaum konsumierte Droge. In Deutschland gibt es weniger als zehn Abhängige (Studie von → David Herms, ›Drugs and abuse in Germany‹, Pressemitteilung vom 21. März 2008 der University of Brighton). Diosin gehört zu den nicht-halluzinogenen Drogen. Der Proband nimmt die Realität unverfälscht und in Echtzeit wahr. Es stellt sich weder ein Rauschzustand, ein Glücksgefühl, eine Leistungssteigerung noch ein sedierender Effekt ein. Die einzige wissenschaftlich belegte Wirkung von Diosin ist ein anhaltender, leicht pessimistischer Gemütszustand. Infolgedessen halten sich die gesundheitlichen Gefahren durch den Konsum sehr in Grenzen, eine Überdosierung ist nahezu unmöglich. Das Suchtpotenzial ist äußerst gering. Ein Entzug ist für den Konsumenten in keiner Weise unangenehm, die Mehrheit der Konsumenten empfindet diesen im Gegenteil als positiv, da die Droge nicht schmeckt und bei intravenösem Konsum die Einstichstelle schmerze.

Aufgrund der geringen Nebenwirkungen ist Diosin eine sehr beliebte Droge für Angehörige der konservativen Mittelschicht, die in das Berufsleben eingebunden sind und gleichzeitig die Illegalität nicht missen möchten.

Disorder Textiles

[D. T.]

Im Zuge der Erfindung der sogenannten intelligenten Textilien entstanden während des Entwicklungsprozesses auch wenig bis gar nicht intelligente Textilien. Zu diesen oftmals als Abfallprodukte bezeichneten Textilien gehören: 1) → Tore Gex: Textilie für Kleidung, die Wasser hinein-, aber nicht mehr herauslässt. Dies hat sich für die Bekleidungsindustrie als Fehlentwicklung herausgestellt. 2) Rote Textilien, die sich für kurze Zeit unsichtbar machen können, um in der Waschmaschine für weiße Kochwäsche wieder zu erscheinen.

Döff

Plötzlich auftauchender schlechter Geschmack im Mund, der keine plausible Ursache hat.

Dolani, Frank

(* Essen, 4. April 1960)

Frank Dolani, mit bürgerlichem Namen Frank Dotz, ist ein deutscher Zauberkünstler und Illusionist. Er ist der einzige deutsche Magier, der von der American Magic Association ausgezeichnet wurde. In seinen weltberühmten Vorstellungen führt er mit Sinnestäuschungen die Naturgesetze ad absurdum. Mit seinem Trick ›Der abnehmbare Daumen‹ ersann Dolani den vielleicht spektakulärsten Trick der Neuzeit.

Frank Dolani kann seinen Daumen abnehmen

Domaritis

[lat. domare, *zähmen*]

Domaritis (auch Häuschenkrankheit) ist eine durch das Bakterium *Domus tremensis* ausgelöste Infektionskrankheit und zählt zu den → Dee-Dee-Krankheiten. Sie befällt heterosexuelle Männer und tritt meist erst im Erwachsenenalter auf. Nach einem charakteristischen Beginn mit plötzlich auftretenden einfachen häuslichen Tätigkeiten wie Abspülen oder Staubsaugen treten bei den Patienten in fortgeschrittenem Stadium anfallartig Tätigkeiten wie Bettenüberziehen, Fensterputzen und Wäschewaschen auf. Eine unbehandelte Domaritis kann sogar zum völligen Verlust des Fußballinteresses führen.

Erste Symptome können das gezielte Ablegen dreckiger Wäsche in den dafür vorgesehenen Wäschekorb sein, in einem fortgeschrittenen Stadium wird diese bereits in Koch- und Buntwäsche sortiert. Auch ist eine Umstellung der Ernährungsgewohnheiten symptomatisch für die Krankheit und besteht in der Regel aus einer plötzlich auftretenden Präferenz leichter, kalorienarmer Speisen, die nicht selten selbst zubereitet werden.

Die Diagnose wird anhand der Indizien gestellt, da das Bakterium im Blut nicht nachzuweisen ist. Domaritis ist mit Penicillin behandelbar, die Heilungschancen sind bei früher Diagnose sehr gut. Die tatsächliche Heilungsrate bleibt allerdings hinter der möglichen Erfolgsquote zurück, da Angehörige der Betroffenen mitunter massiv dem Genesungsprozess entgegenwirken. Verdächtigungen, die Patienten könnten von Personen aus ihrem direkten Umfeld gezielt mit dem Erreger infiziert werden, konnten bisher nicht bewiesen werden. Zur primären Prophylaxe existiert eine gut verträgliche Impfung aus Exportbier, die mehrmals pro Woche aufgefrischt werden sollte.

VON DÖNS, PROF. ERHART

(* Karl-Marx-Stadt, 11. Mai 1953)

Prof. Erhart von Döns ist ein deutscher Etymologe. Sein Forschungsgebiet ist der Semantische Nihilismus, ein Zweig der Sprachwissenschaft, der sich mit nichtexistenten Satzbildungen der deutschen Sprache beschäftigt. Prof. Erhart von Döns teilt die entdeckten Formulierungen in drei Gruppen:

1) Lokal bedingte Sätze:
   a) »Das Hinterland von Mallorca ist ziemlich langweilig, schön sind nur die Strände um Palma.«
   b) »Also, der Cappuccino hier am Münchner Flughafen ist wirklich günstig.«
   c) »Was? Bin ich schon dran?«, in Filialen der Deutschen Post.
2) Individuell bedingte Sätze:
   a) »Harald Schmidt ist heute viel besser als früher.«
   b) »Edmund Stoiber ist ein brillanter Rhetoriker.«
3) Generell relevante Sätze:
   a) »Ich liebe die differenzierte Weltansicht des Durchschnittsamerikaners.«
   b) »Ich fahre Mofa aus Leidenschaft und besitze einen gültigen Führerschein.«

Erhart von Döns: ›Etymologisches Wörterbuch des irrealen Deutschs‹. Ungekürzte Ausgabe. Deutscher Taschenbuch Verlag, München 2005 (ISBN 30-5-3757664-0).

DORFEL, HERMANN A.

(* Castrop-Rauxel, 23. Mai 1948)

Hermann A. Dorfel ist ein deutscher Architekt. Als Schüler des Star-Architekten Klaus → Grobius gewann er früh Einblicke in die Subjektivität der Schönheit architektonischer Leistungen und deren Grenzen. Diese Grenzen zu überschreiten ist das Ziel und die Lebensaufgabe von Hermann A. Dorfel: »Jenseits von Grenzen liegt die Freiheit. Jenseits der Geschmacksgrenze liege nur ich.«

Seit Abschluss seines Studiums ist Dorfel im Auftrag einer unbekannten Organisation unterwegs, um jedem deutschen Dorf und jeder deutschen Stadt sein eigenes Schandmal zu bauen. Meist ist die Bevölkerung ahnungslos und weiß bis zur Fertigstellung des Gemeindehauses, Schwimmbades oder der neuen Schule nicht, dass Dorfel hinter ihrem Bauvorhaben steckt. Als junger Architekt bereiste Dorfel die (ehemalige) GUS und arbeitete rumänischen Städteplanern zu. Nach einem längeren Auslandsaufenthalt an der Costa del Sol ist Dorfel 2006 nach Deutschland zurückgekehrt. Das erste Projekt nach seiner Rückkehr war die Planung der neuen Botschaft der USA in Berlin. Seine wichtigsten Werke:

Ort	Gebäude/Ensemble
Beelitz, Dessau, Schweinfurt	Bahnhof
Oberhausen	Spaßbad Atlantis
Dortmund	Berufsschule
Regensburg	DonauEinkaufsZentrum
Duisburg	Innenstadt
Frankfurt/Main	Gesamtkonzept

Dorfel ist außerdem der verantwortliche Architekt für den Entwurf von städteplanerischen Details, wie vaginaförmigen Betonpflanzkübeln in Fußgängerzonen und Bremshügeln in Tempo-30-Zonen.

Double Agency Beverly

Die Double Agency Beverly ist eine Künstleragentur in Hollywood. Sie wurde 1978 von Frank und Beverly Brown gegründet und galt lange Jahre als wichtigste Agentur für Vermittlungen von Doppelgängern in Hollywood. Angeboten wurden Doppelgänger für nahezu alle inländischen und ausländischen Prominenten. Unter anderem für Charlie Chaplin, Michael Schumacher, David und Victoria Beckham, Queen Elizabeth II., Whoopy Goldberg, Bambi und die Blues Brothers.

Ende der 90er Jahre erhob die Staatsanwaltschaft Los Angeles offiziell Anklage gegen das Unternehmen. Die Ursache waren Hinweise, dass die vermittelten Doppelgänger nicht die geringste Ähnlichkeit mit ihren prominenten Vorbildern hätten. Während der Untersuchung durch die Staatsanwaltschaft stellte sich heraus, dass die Agentur ausschließlich die Agenturinhaber Frank und Beverly Brown als Doppelgänger unter Vertrag hatte. Frank und Beverly Brown wurden strafrechtlich wegen Betrugs verurteilt.

Beverly Brown als Queen Elizabeth

DOWNPOPPEN

Reflexartiges Schließen von Pop-up-Fenstern.

DRAMENWAHL

Das zweifelhafte Talent einer Person, anstatt Smalltalk zu halten nur Problemthemen anzuschneiden.

DROMOS PERIKOS

[griech. δρόμος, *Lauf*
und Περικάθαρμα, *Zeug, Plunder*]

Der Dromos Perikos war einer der olympischen Wettläufe des antiken Griechenlands. Er gilt als Vorstufe zum Staffellauf, da die Teilnehmer in Mannschaften antraten und sich beim Läuferwechsel etwas in die Hand gaben. Ursprünglich handelte es sich dabei um einen Olivenzweig. Die Läufer übergaben sich bald aber auch Karaffen mit Öl und gesottenes Schweinefleisch, um die Götter gnädig zu stimmen, indem sie die Gaben nach einem errungenen Sieg zu opfern versprachen. Erst als eine Mannschaft eine zwölfköpfige Tafel mit Wein, Fleisch und Obst über die Aschebahn transportierte, wurden die Olivenzweige im olympischen Regelwerk vorgeschrieben.

DULMEN

Als Dulmen bezeichnet man Stellsysteme aus Runensteinen, die einst die Wikinger entlang den Küsten aufstellten. Die Anordnungen ergeben mit aufrecht stehenden Trägersteinen und einer gewaltigen, tonnenschweren Steinplatte darüber einen überaus stabilen Tisch, der von der Megalithkultur bis heute kaum Gebrauchsspuren aufweist. Geschichtswissenschaftler des Fachbereichs Wikingerologie gehen aufgrund von Dulmen davon aus, dass die Wikinger sich bei der Berechnung der Tischplattenhöhe aufgrund eines Formelfehlers verrechnet haben.

Dulmentische

Duo Dinamico

Das Duo Dinamico bestand aus dem Physiker Dirk Heimerle und dem Diplom-Ingenieur Matthias Wiesinger. Gemeinam versuchten sie, eigene Erfindungen mittels Patentanmeldung kommerziell zu nutzen. Das erste eingetragene Patent der Er-

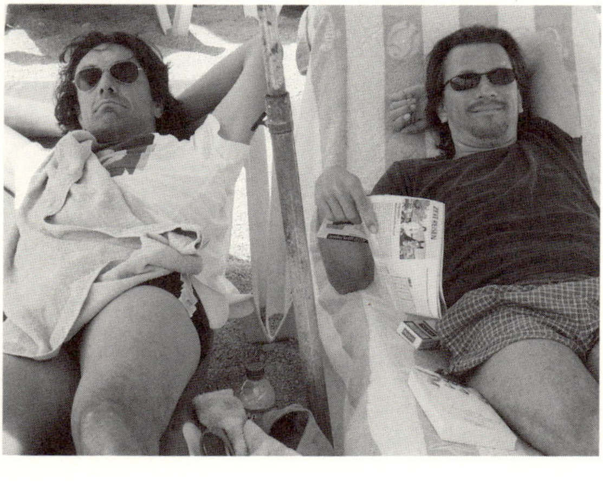

Physiker Dirk Heimerle und Diplom-Ingenieur Matthias Wiesinger finder wurde 1922 erteilt für das Verfahren zur Herstellung von braunem Toilettenpapier. Das Patent lief 1950 aus, während dieser Zeit gab es nur eine einzige Anfrage für die Erfindung, im Jahr 1932.

Weitere Patente des Duo Dinamico, wie das gelbe Taschentuch oder die buntgesprenkelten Servietten, fanden ebenfalls nicht den erhofften Anklang. Trotz des geringen kommerziellen Erfolgs des Duos inspirierten sie moderne Produktdesigner wie Leonhard → Brommer und gelten als Vorläufer der → Animosen-Entwicklung.

DÜPFEN

[v]

Ein giftiges oder ekelhaftes Tier mit einem Stock anstupsen, um zu sehen, ob es lebt.

E

Elefantenfuss

Fachbezeichnung für den Schweißabdruck unter den Achseln.

Elefantolotl

[Elephantidae pulmonis]

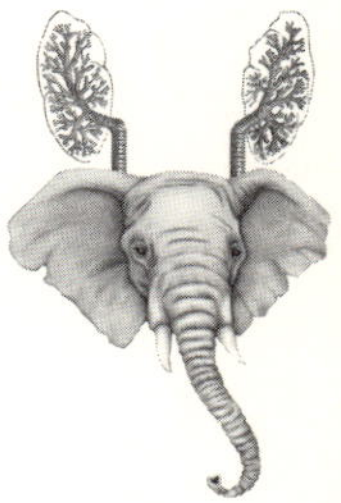

Elefantolotl, Radierung

Das Elefantolotl ist eine ausgestorbene amerikanische Elefantenart und lebte zur präkolumbianischen Zeit im Süden des heutigen Staates Mexiko. Funde von Fossilien und ein in einer Höhle mumifiziertes Exemplar weisen darauf hin, dass das Elefantolotl eine Schulterhöhe von vier Metern erreichte. Spektakulärstes Merkmal dieser Elefantenart ist die exkorporale Lungenatmung. Am breiten Kopf des Tieres, jeweils unmittelbar hinter den Ohren, waren Lungenflügel angeordnet, was das Elefantolotl zum einzigen Säugetier mit einer ausgegliederten Lungenatmung macht. Die Anfälligkeit der empfindlichen Organe sowie die Schwierigkeit, die Lungenflügel ohne eine umgebende Interkostalmuskulatur zu kontrahieren, sind die wahrscheinlichsten Gründe für das Aussterben dieser beeindruckenden Tiere.

Elegisches Naidoo

Ein elegisches Naidoo ist eine Gedichtform, die eine pessimistische bis melancholische Gemütshaltung transportiert.

Sie wird mit Musikuntermalung vorgetragen, die Kunst des elegischen Naidoos besteht darin, eine deprimierte Stimmung mit völlig sinnfreien, rhythmisch vorgetragenen Sätzen zu erzeugen. Ein typisches elegisches Naidoo aus dem 21. Jahrhundert:

Hab' mir gedacht, ich hab' gecheckt
saß auf meinem Sonnendeck.
Hab's selbst nicht sehr.
Ja, es trifft mehr,
ich bin ein Schiff eher.
Fahre mal den Seitenscheitel,
meine Sohlen sind aus Gummi.
Eitel wie Mond, Juli bis Silber,
meine Silben wie Milben.
Fühl' ich mich irgendwie und lala,
du, es trifft mehr,
ich bin bekifft sehr.

Das elfte Gebot

Das elfte Gebot wurde im März 2006 nach der Öffnung eines Geheimarchivs des Vatikans entdeckt. Es befand sich in einer einfachen Balsaholzschachtel und ist auf eine 15 × 20 cm große Steintafel geritzt. Nachdem die christliche Theologie jahrhundertelang von zehn Geboten ausgegangen war, unter anderem so populären Geboten wie nicht zu stehlen, nicht zu töten und nicht Ehe zu brechen, kam die Entdeckung einer Sensation gleich.

Bei den Schriftzeichen handelt es sich um einen sehr seltenen althebräischen Dialekt. Ein internationales Expertenteam von Übersetzern kam jedoch zu einem kongruenten Ergebnis. Das elfte Gebot lautet:

> »Du sollst nicht gebären deines nächsten Nachbarn Zeugnis.«

Die Deutung des elften Gebots ist Thema eines anhaltenden Diskurses der theologischen Fachwelt. Der Klerus hält das Gebot für eine Konkretisierung des Ehebruch-Tatbestands, säkular orientierte Parteien sehen darin eine chiffrierte Nachricht über das moderne Schulsystem.

EMMER, WOLFGANG

(* Hannover, 8. Juli 1962)

Wolfgang Emmer gilt als eine der progressivsten Figuren in der Geschichte der Konsumkritik. Nach einem Studium der Kommunikations- und Interaktionsmedien an der Universität Hannover und dem Magister in Betriebswirtschaft begann Emmer ausgedehnte Reisen nach Asien sowie Mittel- und Südamerika.

Sieht das kritisch: Wolfgang Emmer

Während einer seiner Reisen gelangte Wolfgang Emmer zu der Erkenntnis, die sein weiteres Leben und Wirken bestimmen sollte: »Es kann nicht sein, dass sogar in einem nepalesischen Bauerndorf der Konsumdruck so schwer auf den Konsumenten lastet, dass sich eine alte Bäuerin nicht mehr aus dem Haus traut, sofern sie sich nicht die aktuelle ›Take it easy‹-Fleece-Mütze in Herbstfarben (lila-aubergine) leisten kann.«

EMMINGER, NORBERT
(* Wilhelmshaven, 10. November 1920)

Norbert Emminger ist ein deutscher Komponist, dessen minimalistische Werke weltweite Popularität genießen. Erste Erfolge feierte der Musiker mit der Komposition und dem Arrangement des Freizeichens für die Deutsche Post. Seine anschließende Arbeit ›Besetzt‹ kann mit zu seinen bedeutendsten Stücken gezählt werden und erreichte eine Millionenhörerschaft. Die gemeinsame Geschichte schweißte Norbert Emminger fest an das Kommunikationsunternehmen, mit dem er bis heute eng verbunden ist. Seine ›Melodie für Faxübertragungen‹ stieß wegen ihrer deutlichen Einflüsse aus dem Modern Jazz auf sehr geteilte Meinungen.

EMO-MATHEMATIK

Emo-Mathematik, auch emotionale Mathematik genannt, ist eine junge Wissenschaftsdisziplin, die auf der Annahme basiert, dass Zahlen neben ihrem Zahlenwert immer auch eine innere Haltung transportieren würden. Emo-Mathematiker verweisen in diesem Zusammenhang auf Veränderungen der Stimmungslage, bei den zahlenbezüglichen Aussagen:
1) »Du *Null*«,
2) »Ich hab dir schon *hundert* Mal gesagt, …«,
3) »Kannst du nicht *einmal* …« und
4) »Ich zähl' bis *drei!*«
Emo-Mathematiker teilen die Zahlen in Stimmungsfamilien:
1) einsame Zahlen: 1; 0; –1, 13,
2) gebrochene Zahlen: 7¾, 57¾, 183¾,
3) hilfreiche Zahlen: 110, 112, die Zahl → Pu,
4) sinnliche Zahlen: 0190-623700, 0190-245769, 0190,

5) größenwahnsinnige Zahlen: 2×69; 6 aus 49,
6) besessene Zahlen: 666,
7) phlegmatische, indolente Zahlen: 0815, 0049.
   Häufig werden die Stimmungszahlen der Emo-Mathematik verwechselt mit den olgebraischen Zahlen (→ Olgebra), sie haben jedoch nichts mit ihnen gemein.

EMOTIONAL-GERICHTE

Emotional-Gerichte sind Speisen, die von einem bestimmten Land, einer Region oder einer Bevölkerungsgruppe besonders gerne verzehrt und geschätzt werden. Ein Überblick:

Emotional-Gericht	Land, Region
Amerikaner	Iran
Christstollen	Rom, spätantikes Rezept
Iglu-Rahmspinat	Nunavut, Arktis
Menschenauflauf	Vereinzelte Stämme im Amazonas-Gebiet
Schlupfnudeln	Ehemalige Grenzgebiete der DDR

ERSCHLENKEN

[v]

Etwas ausleihen mit dem festen Vorsatz, es nie mehr zurückzugeben.

EUROPÄISCHE ÄSTHETIKKOMMISSION

Die Europäische Ästhetikkommission ist ein länderübergreifendes, unabhängiges Komitee mit Sitz in Lausanne. Sie hat die Aufgabe, das Erscheinungsbild der Europäer als Individuum und als Gesellschaft zu prüfen und Ästhetikmissbrauch zu ahnden.
Zu ihren Zielen gehört:

- der Ausschluss Polens aus der Europäischen Union sowie ein generelles Einreiseverbot in die EU für die russische Bevölkerung,
- schärfere Zollkontrollen von Urlaubsheimkehrern in Bezug auf die Einfuhr von Zöpfchenfrisuren, Sombrero-Hüten und Wickel-Hüfttüchern,
- eine anterograde Amnesie, die 1980er Jahre betreffend.

Die Europäische Ästhetikkommission beschäftigt sich auch mit Tieren

EXISTENZMAXIMUM

[auch *Hochbedarf*]

Das Existenzmaximum bezeichnet die größtmögliche finanzielle Aufwendung, die eine Person für die alltägliche Lebensführung ausgeben kann. Das Existenzmaximum wird nach dem Preis eines repräsentativen Warenkorbs des Bundesamtes für Statistik jährlich festgelegt. Dieser Verbraucherpreis-Index errechnet sich aus fünf Komponenten:

1) einer dreißig Meter langen Motoryacht der Marke ›Dynasty Yachts‹,
2) dem Kaufpreis des führenden Fußballvereins der Champions League,
3) dem Jahresbetrag an Schmiergeldern für das Staatsoberhaupt einer ölfördernden Nation,
4) dem Wert einer Zyklon-freien Südseeinsel,
5) dem Unterhaltsmaximum für eine Ex-Gattin und eine russische Gespielin.

F

Facismus
(1900 bis 1905)

Der Facismus ist eine Kunstepoche, anzusiedeln zwischen dem ausgehenden Neobarock und dem beginnenden Kubismus. Es ist die erste Stilrichtung der Malerei, die versuchte, mit der realistischen Darstellung zu brechen. Der Facismus beruht auf dem Erscheinungsbild von Kindergesichtern nach dem Verzehr von Speiseeis. Dieses semiabstrakte Motiv erleichterte den Künstlern das Aufbrechen der Konturen der Gegenständlichkeit. Bis 1902 war es durchaus üblich, dass die Kinder nach dem Verzehr des Eises Modell saßen, die Künstler konzentrierten sich in ihrer Arbeit allerdings ausschließlich auf die Eisreste und ließen Mund und Gesicht der Kinder weg. Der Facismus versteht sich als zugleich naiv kindlich und in selbem Maße gesellschaftskritisch. Das Speiseeis versinnbildlicht das Übermaß der Dinge und prangert zugleich deren Verschwendung an. Eines der bekanntesten Zeugnisse des Facismus ist das Bild ›Schoko, Erdbeer, Vanille – eine Trilogie‹ von Robert Glacier, das im Stockholmer Görkenbröd-Museum hängt. Der Versuch des Künstlers Ulrich Schirl, mit der zeitgenössischen Adaption ›Mango, Litschi, Tiramisu – eine Trilogie‹ der Stilrichtung neues Leben einzuhauchen, scheiterte.

Falkplan-Krieg

Berühmter Grund für Auseinandersetzungen in der Liebesbeziehung, die bereits an mehreren Orten stattgefunden haben und deren Ursprung darin liegt, dass der Partner den Falkplan so zusammengefaltet hat, dass man ihn im Grunde nur noch wegschmeißen kann.

Feenomen

Erstaunliches Logikproblem in Märchen. Das Feenomen beschreibt den historischen Irrtum, dass sich Menschen, die drei Wünsche frei haben, keine tausend Freiwünsche wünschen.

Felez

[etrusk. felc, *böswillige Absicht*]

Felez: Abbildung in Originalgröße

Das Felez ist ein Organ, das ausschließlich Katzen besitzen. Es ist Teil des lymphatischen Systems und liegt in der Bauchhöhle nahe der Leber. Das Felez ist von einer schützenden Masse, der Felezpulpa (von lat. *breiige Masse*), umgeben und insgesamt zwei bis fünf Zentimeter lang. Das Organ steht in direkter Verbindung mit den Vibrissen (Schnurrhaaren) der Tiere, deren Follikel in einer Blutkapsel liegen und die Informationen senden, die das Felez auswertet. Das Felez ermöglicht es den Katzen, in einer Gruppe von Menschen einzelne Katzenhaar-Allergiker herauszufinden, woraufhin sie deren Nähe suchen. Katzen sind in der Lage, vorsätzlich und zeitlich präzise bis zu 30% ihrer Haare abzuwerfen. Der evolutionäre Nutzen, der der Existenz dieses Organs zugrunde liegt, ist Gegenstand der Forschungen einiger → Intelligence-Butter-Scientists. Der Volksmund geht von einer physischen Manifestation der charakterlichen Fragwürdigkeit der Tiere aus.

FESTNER, DAGMAR

(* Deuerling, 9. Juli 1974; † Wolfenbüttel, 27. Januar 2010)

Dagmar Festner ist eine deutsche Linguistik-Professorin mit dem Fachbereich Angewandte Sprachwissenschaft. Nach ihrem Germanistikstudium an der Humbug-Universität Berlin widmete sich Dagmar Festner der Erschaffung neuer Wörter. Sie verschrieb sich der Aufgabe, diejenigen Lücken im Wortschatz mit sprachlichen Äquivalenten zu füllen, die namenlose Gegenstände, Situationen und Gefühle dort hinterlassen. Ihre Wortschöpfungen sollten eine Alternative zu mühevollen Umschreibungen darstellen.

Ihre Sammlung in Form eines Sachwörterbuchs mit dem Titel ›Wörter, die die Welt noch braucht‹ (Droemer Verlag, ISBN 3-426-78102-6) beinhaltet unter anderem folgende Bonmots, die auf die Genialität der Autorin schließen lassen:

1) Atomic-Kitten: Dübel, die man eingipsen muss, damit sie halten,
2) Lord Helmchen: das Haarbüschel, das versucht, die Glatze zu verdecken,
3) Rehagel: umgangssprachlich für Hirschkot,
4) Sinasappelsappen: wenn man auf Verpackungen die niederländische Version der Inhalte vorliest,
5) Borchert: Gesetz, das besagt, dass es draußen vorm Café nur Kännchen gibt,
6) Schafkopfminute: Zeitspanne, bis der erste Kartenspieler am Tisch sagt: »Es gab mal einen, der hat sich totgemischt.«

Von den Redaktionen der deutschen Wörterbücher für Fachlexika wurde Dagmar Festner stets angefeindet: Keines ihrer Wörter wurde in einem der Nachschlagewerke aufgenommen, was ihr 2010 das Herz brach.

FILIARCHAT

[lat. filius, *Kind* und griech. arché, *Ursprung*]

Das Filiarchat ist eine infantische Herrschaftsstruktur. Das Filiarchat ist in den neunziger Jahren in den Industriestaaten entstanden und dominiert diese durch ihre kindzentrierte Gesellschaftsstruktur. Zu den Merkmalen des Filiarchats gehören:

1) Soziale Merkmale: Die Familie ist um das Kind geordnet und wird als Mittelpunkt des eigenen Lebens sowie des direkten und indirekten Umfelds angesehen.
2) Materielle Merkmale: Die Mehrheit der Kaufkraft der Bevölkerung geht entweder direkt von Kindern aus oder wird durch ihren Einfluss nachhaltig bestimmt (das sogenannte Ich-will-aber-Syndrom) oder ist für sie und/oder ihr Wohl bestimmt.
3) Ausrichtung der großen Modehäuser, Automobilhersteller und der Kosmetikbranche auf die infantile bzw. infantozentrische Kundschaft.

Plenarsaal während der Mittagspause

FIMO-SPAM

Sozialpädagogische Fachterminologie für selbstangefertigte Bilder und Bastelsachen, die Kinder aus den Kindergärten und Kindertagesstätten nach Hause bringen.

FINGERKASTAGNETTEN

[v]

Chiropraktischer Fachausdruck für das absichtliche Knackenlassen der Fingergelenke.

FLAPJACK-EXPERIMENT

[amerikanisch flapjack, *Pfannkuchen*]

Das Flapjack-Experiment ist ein von dem amerikanischen Physiker Malik James Owen (→ Nubologie) entwickeltes Experiment. Es soll die Entstehung des Lebens auf der Erde erklären. Owen stimmt in die Theorie ein, dass sich das erste Leben aus den in der Ursuppe enthaltenen Molekülen speiste, weicht jedoch von ihr ab, was den konkreten Moment des Lebendigwerdens der Verbindungen betrifft: »Ich sehe es als erwiesen an, dass sich aus der Ursuppe vor etwa 4,6 Milliarden Jahren Moleküle entwickelten, dann Aminosäuren, Einzeller und schließlich Mehrzeller. Daraus entwickelten sich Bakterien, Dinosaurier und Jopie Heesters. Doch wie ist damals aus Proteinen und Aminosäuren das Leben konkret entstanden? Hitze und Kälte werden als bedeutende Faktoren genannt – aber das ist, wie wenn man bei einem Gewitter Mehl, Milch und Eier vor die Tür schüttet und wartet, bis ein fertiger Pfannkuchen entsteht.« Der Physiker entwickelte daraufhin ein Experiment, bestehend aus: einer Rührschüssel, 200 Gramm Mehl, 4 Eier, 300 Milliliter Vollmilch, 100 Milliliter

Mineralwasser mit Kohlensäure, eine Prise Salz und 50 Gramm Butterschmalz. Diese Zutaten wurden von Owen bei aufziehender Gewitterfront vor seiner Haustür ausgeschüttet. Sobald er vor der Türe einen Pfannkuchen vorfinde, so Owen, sei es ein Leichtes, die Entstehung des Lebens physikalisch zu erklären. Derzeit hält er die theologische Entstehungslegende eines allgewaltigen Schöpfergottes noch für die wahrscheinlichste.

FLATULENZOLOGIE

Die Flatulenzologie ist eine Wissenschaft, die sich mit der Erforschung menschlicher Darmgase beschäftigt. Die staatlich geförderte Wissenschaft ringt derzeit noch um Anerkennung, einige renommierte wissenschaftliche Disziplinen verweigern der Darmgasforschung jegliche seriöse Legitimation; Flatulenzologen beschweren sich über das Abschieben ihrer Forschungslabors in abgelegene Nebengebäude der Hochschulen, auch würden sie nicht zu feierlichen Anlässen und Abendessen der Fakultäten geladen.

Im Rahmen interdisziplinärer Konferenzen erregen die wissenschaftlichen Vorträge der Flatulenzologen immer wieder Aufsehen und Heiterkeit. Der auf dem Gebiet führende Wissenschaftler, Dr. Rainer Pützkaul (Universität Darmstadt), kämpfte im Mai 2008 auf der Internistenkonferenz in Toronto gegen anhaltendes Gekicher, als er über den Geschlechterkonflikt bei Flatulenzvorkommen referierte. Pützkaul vertrat die Theorie, dass das Y-Chromosom für die konträren Reaktionen von Männern und Frauen verantwortlich sei. Laut Pützkaul reagieren Frauen im Allgemeinen sensitiv bis aggressiv auf Flatu-

Flatulenz-Experiment, die Schubkraft betreffend

lenzphänomene, während Männer eher eine fröhlich-belustigte Haltung an den Tag legen. Den Abschluss der Konferenz bildete Dr. Jonathan Schönleben (Hochschule Pforzheim), der in seinem Vortrag über die indirekte Proportionalität zwischen Tonalität und Geruch referierte. Er kam zu dem Ergebnis, dass die im Volksmund verbreiteten Hinweise, leise Flatulenzen verfügten über erhöhte Geruchsvolumina, wissenschaftlich nicht bewiesen werden können. Für den Geruch seien vielmehr Faktoren wie die konsumierten Speisen und Getränke verantwortlich, wie das Sprichwort »Jedes Böhnchen ein Tönchen, jede Bohne eine Kanone« nahelege.

Fleck von Bimshire

Beim Fleck von Bimshire handelt es sich um einen legendären Schmutzfleck aus dem Jahr 1972. Er tauchte erstmals auf einem Kindergeburtstag, und zwar auf dem Baumwoll-T-Shirt des damals sieben Jahre alten Joe Fleming, auf. Die erste Sichtung des Flecks wurde gemeldet, nachdem Joe Fleming ein

Stück Schokoladentorte und ein Tutti-Frutti verspeist, einen frisch gestrichenen Zaun erklettert hatte und anschließend auf einem Ölfleck in der elterlichen Garagenauffahrt ausgerutscht war. Ebenfalls Teil des Flecks sind circa 0,2 Liter Rotwein, den die Mutter von Joe Fleming, Monica Fleming, vor Schreck darauf verschüttete. Bis heute hat sich der Fleck von Bimshire allen Reinigungsversuchen gegenüber als resistent erwiesen. Experimentelle Gemische verschiedener flüssiger, gelartiger oder pulverförmiger Reinigungssubstanzen zeigten nicht die gewünschte Wirkung. Hygieneexperten legten das Baumwoll-T-Shirt von Joe Fleming für 24 Stunden in ein Bad aus hochwirksamem Allzweckreiniger, was zur Folge hatte, dass der Fleck seitdem frei von Baumwolle isoliert besteht. Der Fleck von Bimshire ist eines der ungelösten Rätsel der Neuzeit.

FLENSHUDER BUSSREFORM

Die Flenshuder Bußreform ist ein Additiv zur Bußgeldkatalogverordnung. In Kraft getreten am 1. Januar 2008, korrigiert die Reform die Verordnung über die Erteilung einer Verwarnung, Regelsätze für Geldbußen und die Anordnung eines Fahrverbots wegen Ordnungswidrigkeiten im Straßenverkehr. Die neu hinzugekommenen bundeseinheitlich geltenden Regelsätze in tabellarischer Form:

Bußgeldkatalog für Motorräder	
Vergehen	Strafe
Fahrer ist über fünfzig Jahre alt und hat sich erst in den letzten Jahren ein Motorrad gekauft	125 Euro

Bußgeldkatalog für Motorräder	
Vergehen	**Strafe**
Das Tragen von Lederjacken mit Aufnähern sowie Lederjacken mit Fransen und Oberwäsche mit dem Schriftzug »Harley-Davidson« sowie Tragen von Stirnbändern	3500 Euro, 1 Punkt
In der Öffentlichkeit den Eindruck vermitteln, man würde einer Rockervereinigung angehören, wenn: 1) nicht mindestens 43% der Körperfläche tätowiert sind, 2) nicht mindestens 7 Vorstrafen vorliegen (davon zwei mit Gefängnisstrafe), 3) man bei einer Versicherung oder im öffentlichen Dienst tätig ist	Höchststrafe, Weiterleiten der persönlichen Daten an den zuständigen Motorcycle-Club

Bußgeldkatalog für Pkw	
Vergehen	**Strafe**
Leon-an-Bord-Aufkleber	40 Euro
Wackel-Elvis auf dem Armaturenbrett	50 Euro
Aufkleber in Form eines Arschgeweihs auf der Rückscheibe	180 Euro
Sylt-Aufkleber	2500 Euro und drei Monate Fahrverbot

Bußgeldkatalog für Lkw	
Vergehen	**Strafe**
Durch die Innenstadt fahren	200 Euro
›Meiner ist 18 Meter lang‹-Aufkleber	1000 Euro, 3 Punkte
Das Reinigen der Fußnägel während der Fahrt	8000 Euro, 12 Punkte
Auf der mittleren/linken Spur fahren	Lebenslanges Fahrverbot

FLUBSCH

Moment, in dem eine Person den tollen Traum vergisst, den sie nach dem Aufstehen unbedingt jemandem erzählen wollte.

Flug LH61

Boeing 720–030B, Kennzeichen D-LOBK

Der Flug LH61 war ein Linienflug der Fluggesellschaft Lufthansa von Frankfurt nach Berlin. Die regulär am 5. Mai 1962 um 09.15 Uhr gestartete Maschine wurde sechsundvierzig Jahre lang vermisst und landete völlig überraschend am 5. Mai 2008 um 10.05 Uhr Ortszeit auf dem Flughafen Berlin-Schönefeld. Das Flugzeug war kurz vor dem Landeanflug vom Radarschirm verschwunden und war seitdem als vermisst gemeldet. An Bord der Maschine befanden sich 96 Passagiere und fünf Besatzungsmitglieder. »Wir fanden schon, dass der Flug unverhältnismäßig lange gedauert hat«, so einer der Passagiere in einem Interview mit der Nachrichtenagentur dpa. Die Fluglotsen des Towers in Berlin-Schönefeld berichteten außerdem von Hinweisen, dass der im Landeanflug befindliche Pilot womöglich aus der Übung gekommen war: »Auf unsere Frage nach seiner aktuellen Höhe und Position antwortete er (der Pilot): ›Ich bin 1,80 und sitze vorne links!‹« Die Maschine landete ohne weitere Zwischenfälle.

Flug LH61: überraschende Landung nach sechsundvierzig Jahren

FMIEB

Apnoe-medizinischer Fachausdruck für den im Entstehen abgestorbenen Nieser.

FMUM

[auch Fmuham]

Apnoe-medizinischer Terminus für einen unterdrückten Gähner.

FOGELBROD, VINZENZ

(* Stockholm, 13. Juli 1850; † Paris, 5. Januar 1926)

Vinzenz Fogelbrod war ein schwedischer Maler und gilt als Vorreiter und Begründer der naiven Malerei. Trotz seiner Begeisterung für die Malerei schlug er zunächst eine bürgerliche Berufslaufbahn ein. Er hörte jedoch währenddessen nie auf zu malen. Erst im Alter von 37 Jahren wurde er von dem deutschen Kunstwissenschaftler Ernst Ude (1842 bis 1913) entdeckt. Ude war zu diesem Zeitpunkt im Haus von Vinzenz Fogelbrod und wurde auf einige Werke in dessen Notizblock aufmerksam. Er wurde zum Mentor und Sammler Fogelbrods. Der schwedische Künstler war ein Autodidakt. Sein heute als Klassiker bekanntes naives Werk ›Blumen‹ entstand während eines Telefonats mit seiner Schwester. Ude konnte die Arbeit aus dem Kontext lösen und sah darin die typische evozierte Idylle, die die Stilrichtung prägen sollte. Die einfache und unbekümmerte Entwicklungsserie des Werks ›Haus vom Nikolaus‹ gilt als Eckstein der naiven Kunst, als Downsizer der Gegenständlichkeit. Der Zyklus entstand während eines Telefonats mit einem Freund des Malers. In seinen komplexen späteren Arbeiten ist die Vielfalt an Bildthemen innerhalb

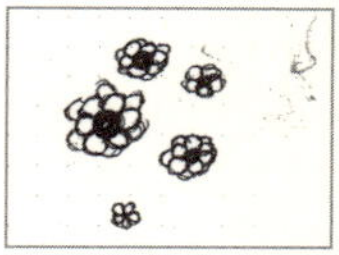

Vinzenz Fogelbrod: ›Blumen‹, Detailansicht

eines einzigen Werks auffällig. Vinzenz Fogelbrod starb im Alter von 76 Jahren während der Vorbereitung einer Ausstellung in Paris.

Vinzenz Fogelbrod: ›Haus vom Nikolaus‹, Bleistiftzeichnung

FRANZÖSISCH-DONGALI

Französisch-Dongali ist ein Land in Westafrika. Es wurde 1995 von einem französischen Verwaltungsangestellten wiederentdeckt, als dieser die Akten früherer französischer Kolonien ordnete. Es ist das einzig bekannte Land, das von seinen Kolonialherren vergessen wurde. Die Wiederentdeckung brachte eine Welle der Nostalgie über Frankreich, dessen Außenminister Jaques Chevalier eine Erklärung über die Gründe für die Erinnerungslücke, Dongali betreffend, abgab: »Wir waren auch ziemlich mit der Gründung neuer Partnerschaften be-

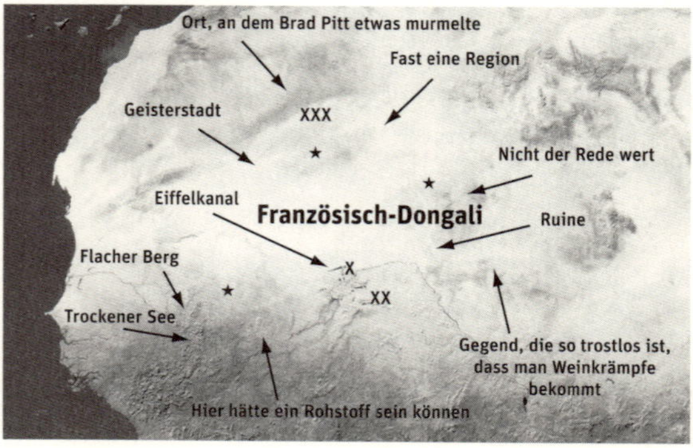

★ Keine Sehenswürdigkeit
☐ Sandwüste/Sandkasten
X Kind, das von Madonna adoptiert wurde
XX Kind, das von Bono adoptiert wurde
XXX Kinder, die nicht von Brad Pitt und Angelina Jolie adoptiert wurden (vgl. Farbtafelteil)

schäftigt und wurden von Deutschland abgelenkt.« Der Staatspräsident Jean-Jieularc Plaques versprach in seiner Rede an die Nation, Französisch-Dongali nie mehr zu vergessen, und berief eine Expertenkommission mit dem Auftrag nachzusehen, was Frankreich noch so liegengelassen hat.

Entdeckung & Besetzung
Im Jahr 1498 durch eine Truppe der Communauté française, die in Dongali einmarschierte und es auf der anderen Seite sofort wieder verließ.
Im Jahr 1995 wiederentdeckt von dem Verwaltungsangestellten Gerard Labouche.

Wirtschaft
./.

Umwelt
Französisch-Dongali ist das Land, welches das Kyoto-Protokoll zum Spaß unterschrieben hat.

Bevölkerung
Die Volkszählung von 1999 wird derzeit noch ausgewertet.

Markttag in Französisch-Dongali

FRATELLI

Gastronomische Fachbezeichnung für den kleinen Sonnenschirm auf üppigen Eisbechern – benannt nach dem berühmten italienischen Eis-Zubereiter Giovanni ›Toni‹ Fratelli.

FREIWILLIGES ASOZIALES JAHR

[FAJ]

Das freiwillige asoziale Jahr ist ein Dienst über die Dauer von zwölf Monaten, den Schulabgänger, die das 27. Lebensjahr noch nicht vollendet haben, in einer asozialen Einrichtung leisten können. Das FAJ ist geeignet für Menschen, die sich beruflich umorientieren möchten oder die in einen asozialen Beruf hineinschnuppern möchten. Das Testen der eigenen asozialen Fähigkeiten ermöglicht es, die eigene Eignung zu testen, und kann eine wichtige Zusatzqualifikation darstellen. Voraussetzungen dafür sind:

1) Die Vollzeitschulpflicht ist erfüllt,
2) das 27. Lebensjahr ist nicht vollendet,
3) Freude am asozialen Umgang mit Menschen.

Das freiwillige asoziale Jahr wird von überregionalen Trägern organisiert. Der Dachverband koordiniert die möglichen Einsatzbereiche und ist für die administrative Organisation zuständig. Das freiwillige asoziale Jahr kann unter anderem in den folgenden Einsatzstellen abgeleistet werden:

1) Prostitution,
2) Drogenhandel,
3) Vereinigung Deutscher Makler,
4) Hedgefonds,
5) Unheilsarmee und
6) Doppelte Malteser.

Frohlocken

Medizinisch-kosmetische Fachbezeichnung für die Frisur nach dem Geschlechtsverkehr.

Frotz

Lebensmitteltechnische Bezeichnung für den letzten Schluck, der den Tetrapak beim Zusammenfalten mit einem furzenden Geräusch verlässt.

FSD

[engl. Final Straight Disorder]

FSD ist eine Essstörung, die es den Betroffenen unmöglich macht, den eigenen Mund zuverlässig zu treffen. Das in der Hand befindliche Essen wird so

FSD: eine unschöne Essstörung

auch auf mundfernen Gesichtspartien wie Kinn, Stirn, Wangen und Nase verteilt. Im Gegensatz zu anderen Essstörungen, wie etwa der Magersucht (Anorexia nervosa), ist das FSD rein physischer Natur. Zu den äußerlichen Merkmalen der unter FSD leidenden Patienten gehört eine auffällige Schokoladen-, Eis- oder Spinatzeichnung im Gesicht. Essenspartikel können auch den Fußboden und bis zu einer Distanz von zwei Metern die Wände erreichen. Am häufigsten betroffen von der Krankheit sind Kinder bis zu fünf Jahren, in der Regel sind die Symptome der Störung um das dritte Lebensjahr am stärksten wahrnehmbar. In den meisten Fällen klingt das FSD von selbst ab. Aber nicht in allen.

FUNDA

Funda ist eine Sammlung von Richtlinien für die Produktion von Kinofilmen. Sie entstand aus der konsequenten Weiterentwicklung der DOGMA-Filme. Nach Funda-Regeln produzierte Filme verzichten nicht nur auf Spezialeffekte oder Filmmusik, sondern führen die Aktion gegen Wirklichkeitsentfremdung zu ihrem logischen Schluss. Regisseure von Funda-Filmen verzichten auf den Schnitt, wodurch jede gedrehte Szene zu sehen ist. Diese mitunter hundertfachen Wiederholungen und der Umstand, dass die Szenen nur selten in einer chronologischen oder logischen Reihenfolge angeordnet sind, können beim Betrachter zu Verwirrung führen. Dies gilt als Teil der innovativen und provokanten Charakteristik der Filme. »Verwirrend wie das Leben selbst«, kommentierte Funda-Regisseur Martin → Brandl. Der Verzicht auf ein Sujet, eine inszenierte Handlung und letztendlich sogar der Verzicht auf

Schauspieler krönen den kreativen Prozess. Die Befreiung durch Selbstbeschränkung als Absage an die kommerzielle Filmmaschinerie brachte dem Funda-Film ›Bahnfahrt von Zwiesel nach Steckau‹ den Europäischen Filmfestpreis 2008 ein.

In Funda-Filmen müssen auch Superhelden die Toilette reinigen

FÜNFUNDDREISSIGJÄHRIGER KRIEG

Widersprüchlichkeiten in einigen Aufzeichnungen der Geschichtswissenschaft führten Anfang der 1990er Jahre zu einer grundsätzlichen Auseinandersetzung mit dem sogenannten Fünfunddreißigjährigen Krieg. Historiker wiesen im Zuge ihrer Untersuchungen nach, dass der Fünfunddreißigjährige Krieg, entgegen seiner Namensgebung, lediglich drei Tage dauerte. Rückblickend betrachtet, handelte es sich auch nicht um kriegerische Handlungen zweier Länder, sondern um eine Grenzstreitigkeit zwischen zwei, mutmaßlich betrunkenen, Grenzbeamten. Mit großer Wahrscheinlichkeit wurde diese Streitigkeit im Spätmittelalter von dem deutschen Historiker Harald Barth in seiner Bedeutung hochgejazzt, der an der Waldmar-Bergmeier-

Universität Oldesloh eine Dissertation zum Thema »Der Fünfunddreißigjährige Krieg – Scheidepunkt der europäischen Geschichte« schrieb.

Fünfunddreißigjähriger Krieg: Rekonstruktion nach H. Barth

FURCHTBRILLCHEN
Soziologischer Fachterminus für das weitgehend nutzlose Verhalten, einen Horrorfilm vorsichtshalber durch zwei Finger anzugucken, weil er dann weniger gruselig sei.

G

Galan-Graben

Sozio-behavioristischer Fachbegriff für den schmalen Grat zwischen Kompliment und Lüge.

Galilei, Salvatore

(* Perugia, um 1525; † Pisa, 4. Juni 1594)

Salvatore Galilei war ein italienischer Mathematiker und Physiker und der bedeutendste Naturwissenschaftler seiner Zeit. Er untersuchte die Erde und deren Oberflächenstruktur sowie den Himmel und die Sterne. Bei seinem misslungenen Versuch, die Sonne mit einem Eimer Wasser zu löschen, gelangte er zu dem Schluss, dass diese nicht aus Flammen bestehen könne. Ebenfalls herausragende Beobachtungen machte er über die Sterne: Nachdem diese ausschließlich nachts zu sehen waren, ging er von fluoreszierenden Aufklebern aus, ähnlich denen seiner Kinder, die diese über ihren Betten angebracht hatten. Seine Beobachtungen definierten ein neues Weltbild und ermöglichten es erstmals einer breiten Öffentlichkeit, sich eine Vorstellung vom Kosmos und von dessen physikalischen Gesetzen zu machen. Um zu beweisen, dass die Welt eine Scheibe ist, reiste er an das Ende der Welt (zum Brennerpass). In seiner Schrift ›Die Welt‹ beschrieb er das Universum: »Unser Universum ist vergleichbar mit meinem Haus. Die Erde ist der Teppich, die Sonne ist die Lampe, Gott wohnt in der abgehängten Decke. Der Weg in andere Welten führt entweder durch den Flur oder über die Küche.« Er fertigte im Jahr 1582 die erste Weltkarte:

Weltkarte nach Salvatore Galilei

Garantinien

[Järäntiniö]

Die Garantinien gehören, wie ihre nächsten Verwandten, die → Nulpen, zu den Mieselzwiebeln. Die Pflanzen kommen ausschließlich als Topfpflanzen vor und können bis zu drei Jahre lang in voller Blüte in einem schwedischen Möbelhaus überleben. Wird die Garantinie von dort abtransportiert, stirbt sie innerhalb von 24 Stunden.

GASHÜPFER

Gastro-pyrotechnische Terminologie für die kurze Stichflamme beim Entzünden des Gasherds.

GASTRONOMISCHE KRANKHEITEN

Gastronomische Krankheiten sind Erkrankungen, die unmittelbar mit einem gastronomischen Betrieb in Verbindung stehen und nur dort auftreten.

1) Der N.e.B.-Virus (Noch-ein-Bier-Virus); der N.e.B.-Virus befällt vornehmlich Männer, die in einer festen Beziehung leben. Er breitet sich in der Nach-Hause-Geh-Rinde des Großhirns aus

Gastronomische Krankheit N.e.B. wird von vielen Bürgern immer noch nicht als Virus-Erkrankung anerkannt.

und hält den Betroffenen davon ab, den Heimweg anzutreten. Der schwerste Fall einer Infektion mit dem N.e.B.-Virus trat in Nordrhein-Westfalen auf: Der 46-jährige Ernst Brack verblieb nach dem Ausbruch der Krankheit zwölf Jahre und zwei Monate in der Gaststätte ›Uschi's Stüberl‹.

2) K.F.N. (Kerzen-Fummel-Nervosität); K.F.N. ist eine heimtückische Viruserkrankung, während der Betroffene zwanghaft mit den Fingern am Wachskörper von brennenden Kerzen nesteln und deren oberen Rand in Richtung der Flamme biegen. K.F.N. kann Freunde und Angehörige an den Rand der Verzweiflung bringen. Die Krankheit schien besiegt, als Ende der 1980er Jahren die Kerzen von den Kneipentischen verschwanden. Es stellte sich allerdings heraus, dass der K.F.N.-Virus mutierte und auf Bierflaschen-Etiketten weiterexistieren konnte.
3) Speculati-Infektion (Spiegelsucht); die Speculati-Infektion ist eine Infektion, bei der die Betroffenen in kurzen Abständen ihr eigenes Konterfei in der Spiegelfläche hinter dem Tresen beobachten. Vermutungen, der deutsche Bierdeckel-Installationskünstler Bernd → Müller könnte an einer gastronomischen Krankheit leiden, weist dieser vehement von sich.

Gauck

Psycho-kommunikationswissenschaftlicher Fachausdruck für den Moment kurz nach dem Abschicken einer Mail oder SMS, in dem eine Person merkt, dass sie gerade eine sehr prekäre Nachricht an die komplett falsche Person gesendet hat.

GEDULDSFADEN

[fadus patientiae]

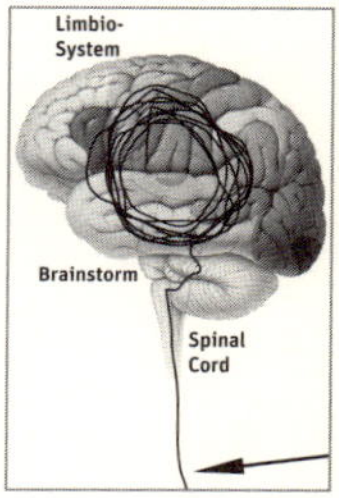

Geduldsfaden unter dem Mikroskop, Bildausschnitt: 600 × 400 µm

Der Geduldsfaden ist ein Bündel parallel verlaufender Nervenfasern und Teil des zentralen Nervensystems. Er verläuft unmittelbar unter der Hirnhaut (lat. dura mater) und kommt ausschließlich bei Frauen vor. Die Entwicklung des Geduldsfadens beginnt mit einsetzender Pubertät und ist in der Regel bis zur Vollendung des 20. Lebensjahres voll ausgebildet. Der Geduldsfaden ist der flexibelste Part des weiblichen Organismus. Er ist hochelastisch wie Spinnenseide und entspricht in seiner vollen Länge dem doppelten Erdumfang. Die Axone dieses Nervs (in der Abbildung schwarz eingefärbt) verbinden das Zentralnervensytem direkt mit dem limbischen System und beeinflussen so die Verarbeitung von Emotionen und Triebverhalten.

Der Geduldsfaden kann durch Fremdeinwirkung belastet werden, eine Überbelastung kann einen Nervenriss zur Folge haben. Um zu verhindern, dass eine Mutter ihr Kind abstößt, hat die Natur vorgesehen, dass der potenzielle Vater den Nerv vorbeugend auf seine maximale Belastbarkeitsgrenze hin trainiert. Dies geschieht völlig instinktiv und wird vom Mann nicht bewusst wahrgenommen.

Die angewandten Strategien sind:

1) das Ablegen getragener Kleidung an nicht dafür vorgesehenen Orten,
2) die konsequente Weigerung, Klopapierrollen nach deren Aufbrauchen gegen neue auszutauschen,
3) das Vergessen von Geburtstagen, Jubiläen und hoch und heilig gegebenen Versprechen.

GELOLOGIE

[altgriech. gelos, *Gelächter*]

Die Gelologie ist eine medizinische Disziplin, die sich mit der Heilwirkung des Frohsinns beschäftigt. Gelologen setzen sich für die Erhöhung des Fröhlichkeitsfaktors in der behandelnden Medizin ein. Dem zugrunde liegt eine Studie der Hartford-Universität, die eine Beschleunigung von Heilungsprozessen durch Gelächter nachgewiesen hat. Gemäß dem volksmündlichen Sprichwort »Lachen ist die beste Medizin« hat tägliches Lachen einen positiven Einfluss auf den Organismus und wirkt sich auf das Wohlbefinden aus. Das bestätigt auch Klinikarzt Dr. Völker von der Universitätsklinik Regensburg, der die Heilkraft des Humors in die tägliche Arbeit einfließen lässt: »Besonders bei Patienten mit chronischen Leiden und Behinderungen lache ich schon mal laut los«, so Dr. Völker. »Es wirkt entspannend auf die Muskeln, erhöht den Adrenalinausstoß und fördert meine Durchblutung.«

GENDER-REFLEXZONEN

[gender foot reflexology]

Die amerikanische Ärztin Anne Scott entdeckte zu Beginn des 21. Jahrhunderts, dass die Erkenntnisse bezüglich der Fußreflexzonen ausschließlich auf maskulinen Parametern beruhten. Laut Anne Scott orientierte sich der Pionier der neuen Reflexzonenmassage, der Arzt William Fitzgerald (1872 bis 1942), an Kenntnissen aus Indien und China, »wo man schon von selbst draufkommen müsste, dass die eine patriarchalische Medizin betreiben«, so Anne Scott. Basierend auf den grundlegenden Unterschieden der Anatomie der Geschlechter,

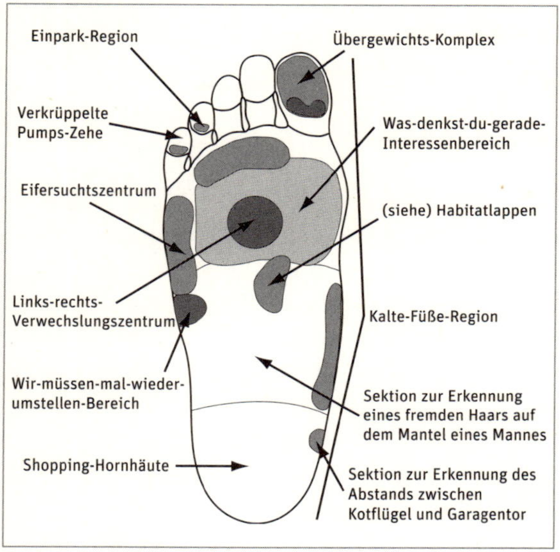

Gender-Reflexzonen: Venusmodell (weiblich)

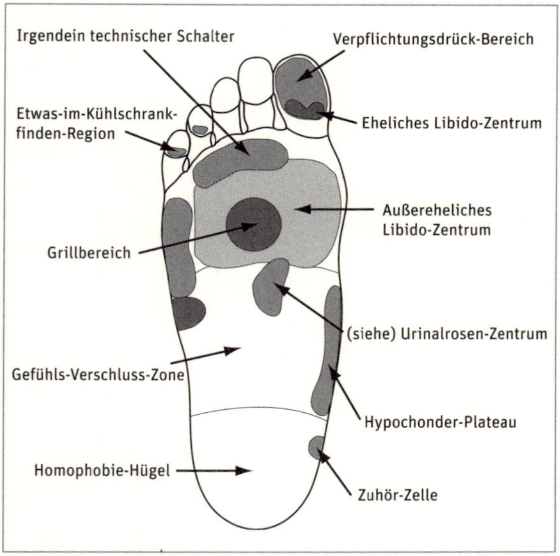

Gender-Reflexzonen: Rambomodell (männlich)

revolutionierte sie die Geschichte der Reflexzonen. Sie teilte als Erste die Nervenendpunkte am Fuß dem Sexus entsprechend zu.

GENTECHNISCH VERÄNDERTE NUTZTIERE
[GVNT]

Gentechnisch veränderte Nutztiere zählen zu den GVOs, den Organismen, deren Erbanlagen gentechnisch verändert wurden. Dies geschieht aus Gründen der Optimierung des Nutzfaktors. Dabei wird unter Laborbedingungen artfremdes Erbgut in embryonale Stammzellen transferiert, die im Blastozytenstadium in ein Muttertier eingesetzt werden. Erste Versuche hinsichtlich der Genveränderung durch die moderne Biotechnologie fanden Ende der siebziger Jahre statt, seitdem ist die Regenerierung von transgenen Tieren ein wichtiger Baustein der Landwirtschaft. Die häufigsten gentechnisch veränderten Nutztiere sind: 1) der Filetfisch, 2) die Bruststreifenpute, 3) der Basilikumtomatenwasserbüffel, 4) die Halalsau und 5) der Gummibär.

GIMPELSCHRANZEN

Coiffeur-kosmetischer Fachausdruck für lange, sichtbare Nasenhaare.

GLACIERFISCH
[Pisci glaciae]

Der Glacierfisch ist ein mit dem klassischen Goldfisch verwandter Zierfisch. Er gehört zu den wechselwarmen Tieren. Im Gegensatz zu anderen Tieren, deren Körpertemperatur sich an die Umgebung anpasst, handelt es sich jedoch bei der Kältestarre des Glacierfischs um eine irreversible Kältestarre. Fällt die Temperatur unter den kritischen Wert von zwei Grad, stellt der Fisch seine Körperfunktionen ein. Vermutlich in dem Glauben, dass diese mit einer steigenden Umgebungstemperatur wieder in Funktion treten würden. Aufgrund eines äußerst geringen Glucosegehalts im Blut ist dies jedoch nicht möglich, und der Glacierfisch kristalliert. Die einmal gefrorenen Fische sinken zu Boden und stellen eine leichte Beute dar. In der Gastronomie finden sie als dekorative Elemente Verwendung, beispielsweise als originelle Alternative zum gängigen Eiswürfel.

GLANZHAARICH
[Phoenicolopteridae]

Klasse:	Vögel
Familie:	Pechvögel
Farben:	Orangerot, Scharlachrot, Zinnoberrot, Permanentrot, Feuerrot
Geschmack:	Zitronenhühnchen
Natürliche Feinde:	Zahlreich

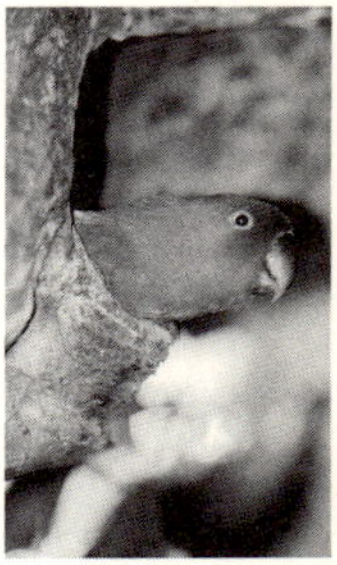

Glanzhaarich: sich unsichtbar wähnend (vgl. Farbtafelteil)

Der Glanzhaarich gehört zur Familie der Pechvögel. Im Gegensatz zum Flamingo kann der Glanzhaarich nicht fliegen. Der Glanzhaarich gilt im Tierreich als ausgesuchter Leckerbissen, sein Fleisch ähnelt im Geschmack dem des Haushuhns und besitzt eine zarte Zitrusnote. Sein auffälliges, weit sichtbares, strahlend rotes Federkleid macht ihn für seine natürlichen Feinde gut sichtbar. Gleichzeitig leidet er an einer angeborenen Rot-Grün-Schwäche, so flüchtet sich der Glanzhaarich in gefährlichen Situationen oft in leicht einsehbare Verstecke, in denen er sich unsichtbar wähnt. Der Glanzhaarich ist vom Aussterben bedroht.

GLITZER, HEINRICH

(* Wiesloch, 16. Februar 1950; † Melbourne, 1. September 2008)

Heinrich Glitzer war ein fränkischer Seefahrer und Entdecker. Schon mit zweiundzwanzig Jahren entdeckte er den Kontinent Amerika und benannte ihn nach dessen Ureinwohnern, den Indianern, Indien. »Ich landete im Hafen von New York«, so Glitzer über seine Amerika-Entdeckung. Kaum dreizehn Jahre später, 1985, folgte seine Entdeckung Australiens, das er ›Neufranken‹ nannte. Er begann, das Land zu kolonisieren, indem er eine Zweizimmerwohnung mit Bad in Melbourne bezog. Noch im selben Jahr folgte seine größte Entdeckung, der Panama-Kanal: »Es ist eine große Ehre für mich, solch ein monumentales Bauwerk zu entdecken«, so der aufgelöste Heinrich Glitzer in einem ersten Interview. Glitzer zog sich nach dem Rummel um seine Person von der Öffentlichkeit zurück. Er widmete sich kleineren Forschungsreisen, im Zuge derer er im Jahr 2002 Sinzing und Kleinprüfening auf seiner Suche nach Regensburg entdeckte. Er starb bei den Vorbereitungen zu seiner nächsten großen Entdeckungsfahrt.

GLOBAL-LEADER-STATUS

Der Global-Leader-Status ist der höchste Status des Vielfliegerprogramms Miles & More der Fluggesellschaft Lufthansa. Der Status des Global Leader ist bei einer Ansammlung von mindestens zehn Millionen Statusmeilen innerhalb eines Jahres erreicht. Vorteile und Verwendungszweck des höheren Status sind die Umwandlung von Prämienmeilen in Serviceprämien. So kann ein Besitzer der Global-Leader-Karte beanspruchen, dass sein Koffer zu Hause von einem Angestellten der Lufthansa gepackt, gebügelt und abgeholt wird. Auch Annehmlichkeiten wie die freie Auswahl der betreuenden Stewardessen stärken die Kundenbindung an die Fluggesellschaft. Größter Vorteil des Global-Leader-Status ist die Freiheit des GL-Members, sich im Flugzeug spontan für ein beliebiges Reiseziel entscheiden zu können.

GLOCKEN-KUBO

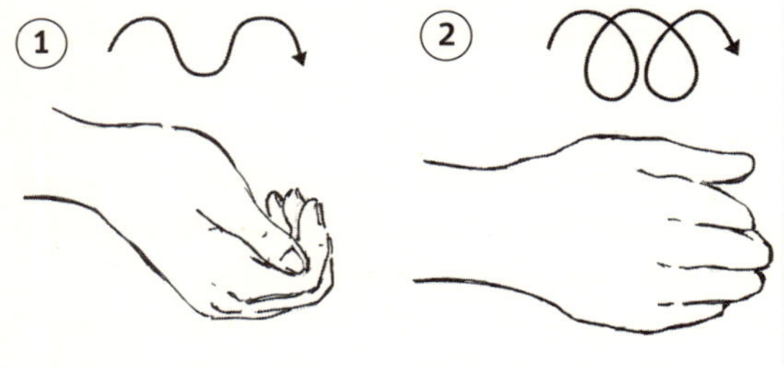

Glocken-Kubo: der ›Hula-Hup‹ Glocken-Kubo: der ›Shake‹

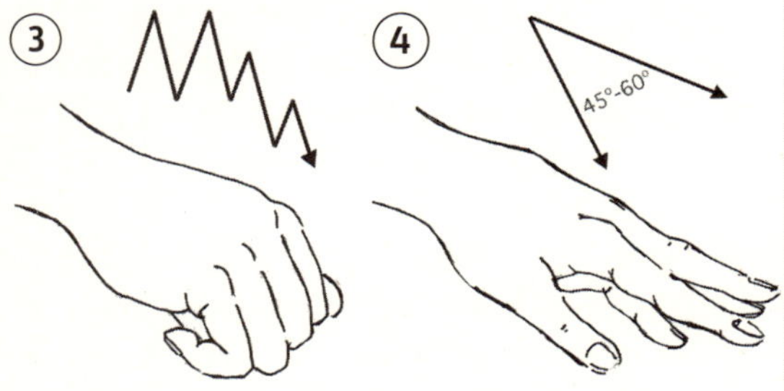

Glocken-Kubo: der ›Knocker‹ Glocken-Kubo: der ›Let go‹

Glocken-Kubo ist eine professionelle Würfeltechnik für Spielwürfel. Glocken-Kubo ist bei allen Spielen, die den Gebrauch eines oder mehrerer Spielwürfel beinhalten, anwendbar. Benannt nach seinem Schweizer Erfinder Johann von Glocke, findet die Technik heutzutage Anwendung bei Spielern in der ganzen Welt. Die Methode besteht aus zwei vertikalen (›Hula-Hup‹) und zwei horizontalen (›Shake‹) Rotationsbewegungen, die das Handgelenk des Spielers lockern. Darauf folgt der ›Knocker‹, eine klopfende Bewegung mit der geschlossenen Faust. Aufgelöst wird durch den sogenannten ›Let go‹. Glocken-Kubo kann auch zweihändig betrieben werden, dazu schließen sich zwei Hände des gleichen Spielers um den oder die Würfel und vollführen so die Figuren eins bis vier. Ergänzt wird das Würfeln nach Glocke durch ein simultanes Raunen von Beschwörungsformeln. Dabei ist der Wortlaut nicht festgelegt und bleibt dem Spieler überlassen. Die häufigsten Formeln während eines Glocken-Kubos sind:

1) »Komm schon, komm schon, komm schon, komm schon!«
2) »Bitte, bitte, bitte, bitte!«
3) »Hopp, du/ihr Saudrecks-/Mistwürfel.«

Professionelle Glocken-Kubo-Würfler kann man beim Training an öffentlichen Waschbecken beobachten, wenn die Handtücher fehlen.

Goosen, Franz

(* Schwesing, 2. Juli 1951)

Franz Goosen war 27 Jahre lang Vorstandsmitglied der Eisenbahner-Gewerkschaft ›Transbahn‹. Er wurde populär durch seine selbstbewussten Forderungen im Tarifstreit mit der Deutschen Bahn sowie durch die Art und Weise seiner Argumentation. So beantragte Goosen, dass die Bezahlung von Lokführern höher zu sein habe als die der Piloten. Denn, so Goosen: »Schließlich trügen beide gleich viel

Verantwortung, im Zug seien jedoch noch deutlich mehr Passagiere.« Nachdem die Deutsche Bahn die von Goosen geforderte 279-prozentige Gehaltserhöhung abgelehnt hatte, folgten die Streikjahre von 1983 bis 2007. Der von Goosen vorgebrachte Verhandlungsvorschlag, die Gehälter an die der Formel-1-Piloten anzugleichen, »denn ICE-Lokführer fahren auch nicht wesentlich langsamer«, scheiterte ebenfalls. In einem letzten Spitzengespräch in seiner Villa am Bodensee ließ Goosen verlauten, Fußballspieler dürften nicht mehr verdienen als Lokführer, weil sie nur 90 Minuten in der Woche arbeiten und Lokführer 35 Stunden.

Goschen-Hymen

Medizinischer Fachbegriff für das kleine Stück Lippenhaut, das am Zigarettenfilter hängen bleibt und beim Rauchen schmerzhaft abreißt.

Göttinger Kornkreis

Der Göttinger Kornkreis tauchte völlig überraschend im August 2006 in der Nähe von Göttingen auf. Seither trifft sich der gleichnamige Stammtisch jeden Sonntag in der Kneipe ›Bräuhaus‹.

Acker unweit des ›Bräuhaus‹, in dem sich der Göttinger Kornkreis seit 2006 trifft

GRÄSSLICHER GOLLUM

Altromanischer Ausdruck für die Überzeugung, dass es niemanden auf der Welt gibt, der einen versteht, mag oder attraktiv findet.

GRAUSPEIER

[lat. Ardea vomitea]

Grauspeier: neigen zu Kannibalismus

Klasse:	Speivögel
Ordnung:	Reiher
Unterordnung:	Göbelgeier
Familie:	Würfelwürger
Gattung:	Exkorporal
Art:	Brechbratze

Der Grauspeier ist eine Vogelart aus der Klasse der Speivögel und der Ordnung der Reiher. Anders als seine Artgenossen würgt er nicht ausschließlich zur Fütterung des Nachwuchses seine Nahrung hervor, sondern tut dies auch ohne erkennbare Notwendigkeit. Grauspeier leiden unter einer Körperschemastörung und nehmen daher ihren Körper als zu korpulent wahr. Mit dem gängigen Schönheitsideal ihrer Artgenossen können sich die Grauspeier nicht identifizieren. Sie selektieren die Nahrung nach Nährwert und Kaloriengehalt. So vermeiden Grauspeier die Aufnahme von Würmern und Insekten aufgrund des hohen Fettgehalts dieser Nahrung. Der Grauspeier hat ein grün-graues Federkleid, steht aufrecht und hat drei große Standzehen, von denen die mittlere die längste ist. Er wird bis zu 70 Zentimeter groß. Zum Speien biegt er seinen langen Hals mit Pinzettenschnabel leicht nach vorne. Eigentlich ein Standvogel, ist der Grauspeier sofort an einem leichten Schwanken zu erkennen, was auf eine gewisse Kraftlosigkeit zurückzuführen ist. Diese mag auch schuld an seiner Flugunfähigkeit sein. Zur Fortbewegung geht der Grauspeier auf seinen sehr dünnen Beinen und wankt dabei leicht zur Seite. Vermutlich seiner Gangart hat er es zu verdanken, dass der Grauspeier lange Zeit als Maskottchen der Spirituosenindustrie galt. Grauspeier neigen dazu, spontan zu speien, weshalb sie in den meisten Zoos wieder abgeschafft wurden. Weshalb der Grauspeier bis heute nicht ausgestorben ist, ist ein Rätsel. Die Forschung vermutet, dass der flugunfähige, nur langsam sich fortbewegende Vogel zu wenig auf den Rippen hat, um auf dem Speisezettel zahlreicher Fleischfresser eine Rolle zu spielen.

GRIESHÄMCHEN
[Grismorkotiae]

Klasse:	Vögel
Familie:	Igitts
Verwandte:	Phönix
Geruch:	Angebrannt
Besonderheit:	Zählt zu den biologischen Waffen

Junges Grieshämchen

Das Grieshämchen gehört zu den Igittartigen. Sein Ursprung ist weitgehend unbekannt, es gibt Vermutungen, das Grieshämchen stamme von einer → Nulpe ab, andere Theorien besagen, dass das Grieshämchen eng mit dem mythischen Vogel Phönix (altgriech. phoinix) verwandt ist. Während dieser sich nach spontaner Selbstentzündung aus der eigenen Asche erhebt, setzt sich das Grieshämchen der Theorie nach aus den Überresten des alten Vogels Phönix zusammen. Anhänger der These sehen dies durch das miesepetrige Wesen, die graue

Farbe und einen angekokelt anmutenden Eigengeruch der Tiere bestärkt. Das Grieshämchen ist vollständig mit einem struppigen, fellähnlichen Gefieder bedeckt. Der Anblick eines rasierten Grieshämchens ist für den Menschen schockierend. Japan setzte rasierte Grieshämchen im zweiten Japanisch-Chinesischen Krieg als Biowaffe ein, ließ aber schließlich davon ab, da die Verluste in den eigenen Reihen zu hoch waren. Mit dem Abschluss der Biowaffenkonvention der Vereinten Nationen 1971 wurde der Einsatz der Grieshämchen als Methode der Kriegsführung verboten. Das Grieshämchen wurde am 3. Oktober 1995 in die Liste der aussterbenden Arten aufgenommen, und gleichzeitig wurde die Jagdsaison erweitert.

GRIMASSE, FRANÇOIS

(* Lyon, Frankreich, 8. Dezember 1878;
† Paris, 1956)

François Grimasse war ein französischer Schauspieler und Autor. Als Kind einfacher Arbeiter geboren, lernte er im zarten Alter von vier Jahren Antoinette Mercier kennen, die ihm zur Begrüßung die Zunge rausgestreckt haben soll und die seine Muse werden sollte. Gemeinsam mit ihr entwickelte der junge François Grimasse über 800 unterschiedliche mimische Expressionen. Diese hielt er in seinem Werk ›Mes Grimasses‹ (in deutscher Übersetzung 1908 unter ›Meine Fresse‹, Fuckelträger, erschienen) fest. Darunter finden sich die Klassiker ›Der lustige Chinese‹, ›Kamelkopf mit Triefaugen‹ und die legendäre ›Arschnase zwo vier‹. 1919 heiratete er Antoinette Mercier, ihr gemeinsamer Sohn Herbert Grimasse wurde am 3. Dezember 1921 geboren. Herbert trat früh in die Fußstapfen seines Vaters und konnte im Alter von acht Jahren zwei Fäuste in seinen Mund einführen. Ebenso wenig schreckte er vor dem komplizierten Mienenspiel ›Froschmaul mit vier Fingern in der Nase und doppelter Ohrenklappe‹ zurück. 1956 führte der Duden als Hommage an den großartigen Künstler François Grimasse erstmals die Bezeichnung ›Grimasse‹ für einen gelungenen, absichtlich merkwürdigen Gesichtsausdruck ein.

François Grimasse mit ›Arschnase zwo vier‹

GROBIUS, KLAUS

(* Hannover, 21. März 1915; † Hannover, 7. Januar 2000)

Klaus Grobius war ein deutscher Architekt. Bereits im Kindesalter zeigte er eine Affinität zu einer funktionalen, schmucklosen Bauweise. Fachhistoriker begründen dies mit seinem einzigen Spielzeug, einer Kiste mit Holzklötzchen, die sein Leben für immer prägen sollte. Während seines Architektur-Studiums an der Fachhochschule Hannover belegte er die Fachrichtung ›Mauern und Walle‹, seine Praktika absolvierte er in China und Israel. Nach erfolgrei-

Klaus Grobius während einer Bauabnahme

chem Abschluss seines Studiums begab sich Klaus Grobius in ein Angestelltenverhältnis für die Stadt Hannover. Sein Tätigkeitsfeld umfasste die Planung und Bauaufsicht diverser Tierparks, Erziehungseinrichtungen und Haftanstalten, bis er 1961 für einen Großauftrag nach Berlin übersiedelte. Es war ausgerechnet die Zerstörung seines Meisterwerks, das vielen Menschen in Deutschland die Freiheit brachte, sowie 100 Mark und neue Versicherungsverträge. Mit der Berliner Mauer schuf Grobius das vielleicht prägnanteste Beispiel für die Bauhaus-Philosophie ›Form follows function‹. Klaus Grobius blieb lebenslang klaren, festen Formen treu. Im Alter von 85 Jahren lenkte er erstmals in einem Interview über sein Meisterwerk ein: »Ein Fenster wäre schon gut gewesen, damals. Oder eine Tür vielleicht.«

Groll

[lat. grollus, -i]

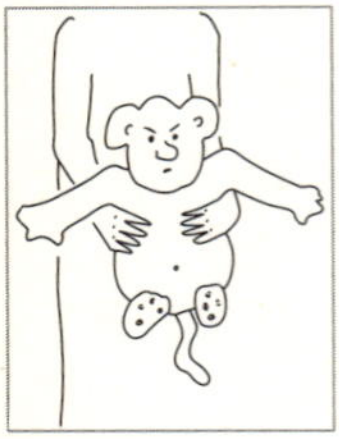

Groll: Replikat eines keltischen Grolls

Grolle sind eine heute ausgestorbene Gattung domestizierter Säugetiere (Mammania). Sie ähnelten in ihrem Erscheinungsbild dem europäischen Hausmeerschweinchen. Ihre erste Erwähnung finden sie 450 v. Chr. in der keltischen Hochkultur. Ihren Namen haben die Grolle vermutlich von dem keltischen Wort mieselgrôl, was im Keltischen »Montagmorgen« heißt. Von den heute ausgestorbenen Grollen stammen, einer nicht belegbaren Theorie zufolge, die Igittartigen ab und somit das heute bekannte → Grieshämchen. Fossile Funde lassen darauf schließen, dass die Grolle als Haustiere gehalten wurden und im täglichen Leben Verwendung fanden.

Der Etymologe Karl → Bomm verwies auf die Zusammenhänge zwischen den Tierchen und den heute noch gängigen Redewendungen, die erst durch die Existenz der Tiere ihren Sinn offenbaren: 1) ›Einen Groll haben‹, 2) ›Einen Groll hegen‹, 3) ›Einen Groll gegen jemanden haben‹. Der Grund für ihr Aussterben ist nicht bekannt, es wird jedoch vermutet, dass ihr übellauniger Charakter einen nicht unwesentlichen Faktor darstellt.

Grüner Hohn

[lat. Gramen intelligenzis]

Der Grüne Hohn ist eine Grassorte und gehört zu den intelligenten Pflanzen. Ursprünglich stammt der Grüne Hohn vom → Wirrsing ab. Der grüne Hohn wächst bevorzugt auf gepflegten Rasenflä-

So hoch wird selbst der Grüne Hohn selten

chen als solitärer Halm, der deutlich länger ist als die restlichen Grashalme. Nähert sich ein Rasenmäher oder ein anderes Gerät mit dem Zweck des Beschnitts, legt sich der Halm flach auf den Boden und stellt sich erst wieder auf, wenn die Gefahr vorüber ist. Zur Gruppe der intelligenten Pflanzen zählen auch der Spargel, der holzig wird, sobald man versucht, ihn zu verspeisen, die geschmacklose Tomate und der selbstklumpende Reis.

GRUWEL

Psychologische Terminologie für das Gefühl beim Betreten des Büros des Chefs auf dessen ausdrücklichen Wunsch hin.

GUERRA, JAMES ›HITMAN‹

(* Tampa, Florida, USA, 2. Juli 1958)

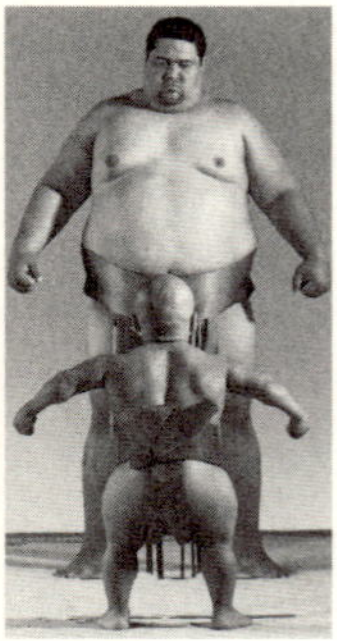

James Guerra gilt als unfairer Kämpfer

James Guerra, besser bekannt unter seinem Ringnamen ›Hitman‹, ist ein US-amerikanischer Wrestler. James Guerra begann bereits während seiner Collegezeit mit dem Bodybuilding und verbuchte als Kapitän der Ringermannschaft größere Erfolge. Aufgrund seiner herausragenden Wettkämpfe wurde die Wrestling-Liga WWE (World Wrestling Entertainment) auf ihn aufmerksam und verpflichtete ihn Anfang März 2003. Im April 2003 debütierte James ›Hitman‹ Guerra in einem Kampf mit dem Wrestler Ricardo ›The Wizard‹ Scott und tötete diesen mit einem Sprung vom obersten Seil des Rings auf dessen Nacken. In seiner Stellungnahme beteuerte James Guerra, er sei über den Showcharakter des Kampfes vorher nicht informiert gewesen. Guerra sitzt heute in einem Hochsicherheitsgefängnis in Kalifornien eine 1478-jährige Freiheitsstrafe ab.

Guggenweile

Sozio-temporaler Terminus für die Zeiteinheit, wie lange man in einem Museum ein Kunstwerk anstarren muss, um nicht augenblicklich als Idiot identifiziert zu werden. Die Zeiteinheit wurde vom Paderborner Museumsdirektor Ulrich Guggen festgesetzt, der bei seinen Vernissagen außerdem auf einem leichten Nicken und wissenden Murmeln bestand.

Guzzi-Gram

Verkehrspsychologische Emotion, die man empfindet, wenn man endlich einen freien Parkplatz entdeckt und beim Reinfahren feststellt, dass ein Motorrad darin parkt.

GVNP

[gentechnisch veränderte Nutzpflanzen]

Aufgrund der großen Erfolge mit transgenen Mais- und Sojapflanzen lockerte das Bundesamt für Verbraucherschutz und Lebensmittelsicherheit im Jahr 2003 die Auflagen für einen Erprobungsanbau von drei gentechnisch veränderten Nutzpflanzen. Dabei handelte es sich um:

1) den harnneutralen Spargel,
2) die Schokobanane und
3) die Basilikummozzarellatomate.

Nach anhaltenden Protesten in der Bevölkerung wurde der Anbau noch im selben Jahr gestoppt. Durch Übernahme der EU-Richtlinie ADC 335/66 im Jahr 2005 war dem kommerziellen Anbau von GVNP jedoch der Weg geebnet, im selben Jahr scheiterte der Antrag auf Anbauverbote der Umweltschutzorganisation Greenpeace. Diese protestierte besonders gegen die transgenen Züchtungen von Schinkenmelonen und argumentierte mit dem Tierschutzgesetz. Das Verwaltungsgericht Braunschweig folgte einem Eilantrag der Umweltschützer und verhängte ein Anbauverbot. Das Urteil begründete sich auf die ethnische Unvertretbarkeit, gänzlich artfremde Organismen zu vermischen. Die grundsätzliche Veränderung pflanzentypischer Eigenschaften wird dabei nicht unter Strafe gestellt, weshalb sich neue Patente, wie die Nacktnuss, durchsetzen konnten.

GYSIE

Gysie ist eine Sammelbezeichnung für alle diejenigen, die Unrecht haben, einem aber leider rhetorisch überlegen sind.

H

Haberle, Erika

(* Sauerlach, 12. August 1924)

Erika Haberle

Erika Haberle ist eine deutsche Reinigungskraft, spezialisiert auf den Bereich ›öffentliche Toiletten‹. Seit über 50 Jahren ist sie für die Sauberkeit der Toiletten auf dem Autobahnrastplatz ›Holledau West‹ an der A9 (bis 1974 als A3 bezeichnet) zuständig. Erika Haberle stieß auf großes Medieninteresse, als sie 1990 ihre erste Abhandlung zur Sozialphilosophie veröffentlichte. Ihr Aufsatz mit dem Titel ›Tellerchen-Mentalität‹ wurde in Kritikerkreisen als progressiv und innovativ gelobt.
Sie ist trotz ihres Erfolges weiterhin für die Autobahnraststätte ›Holledau West‹ tätig, laut eigener Aussage habe sie dort »so schön viel Zeit zum Nachdenken«.

Hachblumen

Hachblumen sind Pflanzen, die aufgrund ihrer Inhaltsstoffe zur Genesung von Krankheiten oder zur Zubereitung von schmackhaften Speisen geeignet sind:

Pflanze	Geschmack/Wirkung
Munze	Salzig bitter, nach Aspirin, das schon mehrere Tage im Glas ist

Pflanze	Geschmack/Wirkung
Ranze	Käsig bis erdig
Gewürz 147	Extra scharf, exotisch
Weidemöschen	Wohltuend nach Meeresfrüchten
Gemeiner Bettlegerich	Stark beruhigendes Kraut
Buddhablume	Beruhigende Wirkung, fader Nachgeschmack
Petra	Erotisierend, nachtragend
Shitlauch	Einschläfernd, löst Durst aus
Kapuzinerfresse	Selig machend
Dipl-Ingwer	Pflanze ohne jegliche Wirkung
Bärhauch	Leichtes Wild-Aroma
Lümmel	Anregend
Kringelblume	Abführende Wirkung

HADWIGER, LOTHAR

(* Nürnberg, 19. März 1950)

Lothar Hadwiger ist Deutschlehrer am Albertus-Magnus-Gymnasium in Nürnberg. Seit dem Jahr 2005 tritt er vermehrt als Schriftsteller in den Vordergrund. Lothar Hadwiger konnte sich trotz seines Erfolges nie des Verdachts erwehren, seine Werke an bestehende literarische Publikationen angelehnt zu haben. Sein historischer Roman ›Frieden und Krieg‹ konnte diese Vorwürfe nicht entkräften. Kritiker bemängelten, auch Grundzüge seiner Werke ›Ulüsses‹ und ›Budenbrocks‹ kämen ihnen bekannt vor.

HÄHNLEIN, PETER

(* Hannover, 12. Mai 1943)

Peter Hähnlein ist ein deutscher Publizist, Journalist und Schriftsteller. Bis zum Jahr 1972 veröffentlichte Peter Hähnlein 27 Bücher und über hundert

Essays, im Januar 1973 übernahm er die Leitung der Feuilleton-Redaktion der ›Frankfurter Allgemeinen Zeitung‹. Seine Arbeit über den Popdiskurs und die Auseinandersetzung mit der modernen Publizität und der konstruktivistischen Weltsicht eines Menschen, der immer auch ein Mensch bleibt, löste eine literaturredaktionelle Diskussion aus. Sein Œuvre erschien im März 2007 bei Kiepenheuer & Witsch als Anthologie. Der Chefherausgeber dieser Zeitung, Herbert Willich, äußerte dazu: »Es kann sein, dass es absolut genial ist, was er geschrieben hat, es kann aber auch der totale Käse sein. Niemand weiß das genau.«

HAIDERRABATT

→ Klagenfurt

HALBPFEIFER, MARKUS

(* Hamburg, 28. März 1959)

Markus Halbpfeifer ist ein deutscher Autor, dessen autobiographischer Debütroman ›Bier ist meine Bionade‹ ein Bestseller wurde. Kritisiert wurde Halbpfeifer ob der Trivialität und dünnen Handlung des Buches, der Erfolg sei ausschließlich der, wenn auch köstlichen, Albernheit des Buchtitels zu verdanken. Markus Halbpfeifer veröffentlichte seitdem im Rowohlt Taschenbuch Verlag: 1) ›Mac ist mein PC‹, 2) ›Dr. Oetker ist mein Italiener‹ und 3) ›Dativ ist mein Genitiv‹.
Seine Kurzgeschichtensammlung ›Hand ist mein Mädchen‹ wurde von Michael → Sost filmisch umgesetzt.

Hân, Yo

(* China, um 300 v. Chr.)

Der Chinese Yo Hân gilt als Erfinder des Tees. Es ist überliefert, dass er zeit seines Lebens unbelebte Gegenstände in heißes Wasser warf. Auf seiner Suche nach einem stärkenden Erfrischungsgetränk kochte Yo Hân verschiedene vor seinem Haus befindliche Steine aus, siedete die Überreste seiner verstorbenen Ziege und erhitzte eine Baumwoll-Lauge. Erste Erfolge stellten sich jedoch erst mit seiner Sockenbouillon ein, deren würziger Geschmack jedoch nicht alle Geschmäcker gleichsam erfreute. Auch seine Haarsuppe und der Zucchini-Guss konnten sich nicht durchsetzen. Nachdem sich seine Experimente mit der Fermentation von Finger- und Zehennägeln als kulinarische Sackgasse herausstellten, schmiss Yo Hân dann ebenso zufällig wie missmutig ein paar Blätter der Teepflanze ins heiße Wasser.

Hanoi

Sozialpsychologischer Fachbegriff für den Ort, an den man zurückkehren muss, um sich wieder daran zu erinnern, was man eigentlich machen wollte.

Harifari

Harifari ist eine weltweit verbreitete Heilserwartungsreligion. Sie basiert auf dem Glauben an die Erfüllung der ›Gotta-be-allride-Prophezeiung‹ ihres Gründers Haile Haile Segen. Das beständige Warten auf die Erfüllung beansprucht einen Großteil der Zeit der Gläubigen und wird ernsthaft und gewissenhaft praktiziert. Die heilige Schrift der Harifari ist eine Sammlung loser Blätter, die im Jahr

1973 in der Herberge des Propheten Jamaia verloren ging. Es ist bis heute nicht gelungen, die Schriften wiederzufinden, vornehmlich, da der Glaubensgemeinschaft nicht bekannt ist, wo sich die Herberge von Jamaia befindet. Jamaia selbst ist die genaue Lage seiner Bleibe seit einem Besuch bei Freunden ebenfalls unklar, der heute 77-Jährige beteiligt sich ununterbrochen an der Suche. Auch mehrere Reisen Jamaias nach → Hanoi haben zu keiner Klärung der offenen Frage geführt.

HARLANDER, FRITZ

(* Amsterdam, 3. Juli 1952)

Fritz Harlander ist ein niederländischer Schriftsteller und Produzent. Er schreibt Kinderbücher und Romane. Bekanntheit erlangte er mit seinen Kriminalromanen und deren Hauptfigur, dem misanthropischen Kommissar Lavendel. Die Fälle von Lavendel zeichnen sich dadurch aus, dass sie ausgesprochen kompliziert und teilweise unlösbar sind. In seinem Buch ›Tod ohne Zeugen‹ gelingt es Kommissar Lavendel 430 Seiten lang nicht, eine schlüssige Theorie zur Aufdeckung des Verbrechens zu finden, gibt jedoch einen großzügigen Einblick in die Seelenwelt seiner Charaktere. In ›Das perfekte Alibi‹ verzichtet Harlander von Beginn an auf einen Verdächtigen sowie auf ein Opfer. In dritten Teil der Kriminalserie ›Die heile Welt‹ fehlt, in konsequenter Fortführung seines Stils, die Straftat. Heiner Dietrich von der ›Süddeutschen Zeitung‹ bezeichnet die Bücher von Harlander deshalb als »erstaunlich beschwerlich und extrem unspannend für einen Krimi« und rückte die Romane in die Nähe der literarischen Werke des Autoren Franz → Lander: »Die

Werke erinnern in ihrer lavalampenartigen Ereignislosigkeit an die Kopien der Telefonbücher im Stil Franz Landers.«

HARNMOSEN

Fiskalisch-administrativer Terminus für den freiwilligen Betrag, der für das Benutzen einer Toilette entrichtet wird; über dessen Bezahlung allerdings die Toilettenfrau mit Argusaugen wacht.

HARNMOSENDILEMMA

Sozialpsychologischer Ausdruck für das verschämte Gefühl, wenn man an einer Toilettenfrau vorbeigeht, ohne etwas aufs Tellerchen zu legen.

HARTWICH, ROBERT
(* Paderborn, 30. Dezember 1948)

Robert Hartwich ist ein Ehrenmitglied der Deutschen Vereinigung für Hochbegabte (DVH e.V.). Er gilt als Experte in allen bekannten Naturwissenschaften sowie den Geisteswissenschaften, Sozialwissenschaften und den Formalwissenschaften. Er erfand zusätzlich eine eigene Wissenschaft, die er jedoch nicht veröffentlichte. Er soll zudem über eine herausragende Kreativität und als einziger Mensch über einen IQ von 200 verfügen. Robert Hartwich gilt als Genie, was ihn in eine Reihe rückt mit Ausnahmeerscheinungen wie Albert Einstein, William Shakespeare, Immanuel Kant und Isaac Newton. Die Begabungen des ›Paderborner Genius‹, wie Hartwich in seiner Heimatstadt genannt wird, finden bisher keine praktische Anwendung, da Robert Hartwich körperlichen sowie geistigen Anstrengungen indifferent bis ablehnend gegenübersteht. Eine ausgeprägte Tendenz zu kontemplativem Verhalten schlägt sich auch in seiner Lebensweise nieder. So berichtete Robert Hartwich einem deutschen Boulevard-Magazin, dass er zu Hause nicht selten seinen Kaffee aus Eierbechern trinke, um den Abwasch noch eine weitere Woche hinauszuzögern. Eine Verehrergemeinde von Hartwich will darin ein Zeichen seiner Genialität sehen, seine Mutter Gertrud Hartwich hingegen meint: »Wenn das so ist, dann kenn ich da noch ein paar Genies.«

HARTWIG, PHILIPP
(* Rothenburg ob der Tauber, 19. März 1929)

Philipp Hartwig ist ein deutscher Ethnologe und stellvertretender Direktor des Völkerkundemuseums in Berlin. Nach einem Studium am Oxford Institute of Social Anthropology widmete sich Hartwig der Erforschung soziologischer Phänomene multiethnischer Gruppen. Philipp Hartwig unternahm beispielsweise ausgedehnte Expeditionen in die Region Oberbayern.

Seine Aufzeichnungen gelten als Standardwerk bei der Erforschung der Sozialstruktur der dortigen Kultur. Auszüge aus ›Naturvölker im Rausch‹ von Philipp Hartwig:

… so ist jährlich gegen Ende des Sommers ein besonderes Spektakel zu beobachten. Tausende paarungsbereiter Männer und Frauen finden in zeltartigen Behausungen zusammen und nehmen in ritueller Weise eine gelb schäumende Flüssigkeit zu sich. Stämmige Weibchen tragen die kindsgroßen Glaskrüge gegorenen Hefesafts an die Tische und stellen die Gläser während des Weges, offenbar um Kraft zu sparen, auf ihren Brüsten ab. Darauf folgt eine

traditionelle Übergabe von Metallstückchen oder bedruckten Papierzetteln – man kann davon ausgehen, dass es sich hier um eine Form der Ehrerbietung den Krug-Brust-Virtuosinnen gegenüber handelt. Die Gefäße werden nun regelmäßig gen Himmel gehoben, was auf eine Art Erntedank an die Götter schließen lässt, und anschließend gegeneinandergestoßen. Das Aneinanderstoßen scheint eine ritualisierte Aggression zu sein, vergleichbar mit den Scheingefechten der Auerochsen. Das Stoßen der anderen Gläser wird begleitet von dem Kampfausruf »Prost!« und kann auch als Aufforderung zum Glasstoßen verstanden werden. Diese Aufforderung wird regelmäßig von einer Art Ältestenrat wiederholt, der reich geschmückt auf einem Podest in Metallröhren bläst. Häufig werden die Anwesenden vom Ältestenrat zu einem »Prosit der Gemütlichkeit« aufgerufen. ›Gemütlichkeit‹ bedeutet in diesem Fall den Aufenthalt in einem verrauchten Zelt, während man grölt und Rauschdrogen zu sich nimmt. Ungefähr jeder Zehnte der Anwesenden nimmt über die Nase ein dunkelbraunes Pulver vom Handrücken auf, um daraufhin missvergnügt das Gesicht zu verziehen und einen Großteil der Substanz mit Nasensekret vermischt in ein Taschentuch zu schneuzen. Dazu werden gebratene Hennen zerrissen und unmittelbar in den Mund geschoben. Die Esskultur lässt uns auf ein sehr geringes Zivilisationsniveau schließen. Während musikalischer Vorträge werden die Oberkörper nebeneinandersitzender Artgenossen rhythmisch nach links und rechts bewegt. Dieser typisierte Balztanz dient offenbar der Kontaktaufnahme zwischen den Geschlechtern. Diese legen eine hohe Paarungsbereitschaft an den

Tag, wie wir sie bislang nur bei nymphoman-polygamen Naturvölkern auf den Hybriden kennenlernen durften. Hinter den Zelt-Tempeln kann man zu später Stunde beobachten, wie ein Teil der Gemeinschaft den Hefesaft an die Mutter Erde zurückgibt, was uns auf ein demütiges und gottesfürchtiges Volk schließen lässt. Das erklärt auch einige neben den Zelten befindliche Bauten, in denen körperliches Leid erduldet wird, vermutlich um die Götter friedvoll zu stimmen. Aus vielen dieser Foltergeschäfte dringen angsterfüllte Schreie. Als besonders qualvoll muss die Teilnahme an einer Fahrt durch einen mehrstöckigen Bau gelten, der mit kleinen Wägelchen befahren wird. Menschliche Skelette, teilweise nur noch die hohlen Fratzen, baumeln dort ausgestellt von der Decke. Ich konnte beobachten, dass sich viele der Teilnehmer vor der Fahrt eine Art naives Herzsymbol um den Hals hängten, das sie wohl schützen sollte. Erwähnenswert ist auch eine Zone mit dem Namen ›Auto-Skooter‹, ein abgegrenzter Bereich, in dem halb ausgewachsene Männchen in kleinen Fahrzeugen umherfahren. Trotz eingehender Betrachtung konnte ich keine Systematik in den Bewegungen erkennen, es scheint eine Art Paarungstanz zu sein, der allerdings noch wesentlich komplexer ist als der Schwänzeltanz der Honigbienen. Ihn können offenbar nur die halbwüchsigen Weibchen richtig deuten, die den Tanz mit grell bemalten Gesichtern beobachten …

Philipp Hartwig erhielt in Anerkennung seiner besonderen Verdienste im Fachbereich Strukturalismus 2007 den Fritzchen-Feuerstein-Preis der Universität Bonn verliehen.

Hasentattoo

Kosmetischer Fachbegriff für den Abdruck an den Waden, wenn man am Abend die Socken abzieht.

Hassonische Liebe

Der deutsche Philosoph und Lebemann Hasso Morgenstern erfand und prägte die im 16. Jahrhundert entstandene ›hassonische Liebe‹. Er sah diese als längst überfälliges Pendant zur bekannten platonischen Liebe. Die hassonische Liebe basiert ausschließlich auf der subjektiven Gefühlsströmung der Sinnesfreudigkeit, spielerischen und erotischen Elementen sowie der geringen Bedeutung geistiger Verbundenheit. Die Vermeidung jeglicher verbalen Kommunikation ist laut Hasso Morgenstern die Grundvoraussetzung zur Vervollkommnung oder ›Göttlichkeit‹ dieser höheren Form der Liebe. Die Aufzeichnungen der hassonischen Dialoge dokumentieren den Beginn der hassonischen Beziehung des Philosophen und einer Gespielin: »Servus, ich bin Hasso, hast du Bock auf Sex?« Eine hassonische Beziehung kann viele Monate andauern, wobei das Streben nach einem Austausch außerhalb der körperlichen Ebene bewusst versagt bleibt. Einzelne Worte, wie »Ja« oder »Ich komme«, stehen der sinnlichen Zuneigung laut Hasso jedoch nicht im Wege.

Hausfraunhofer

Biochemischer Terminus für Lebensmittel, die man so lange im Kühlschrank vergessen hat, dass sie ein Forschungsprojekt geworden sind.

HEBRÄER

Kommunikationslinguistischer Fachbegriff für Grunzlaute von Gewichthebern.

HECHT, FRITZ

(* Waldkraiburg, 23. März 1970)

Fritz Hecht erfand Sarkozys Lallen

Fritz Hecht ist ein deutscher Journalist und Redenschreiber. Nach langjähriger Tätigkeit als freier Journalist besuchte Fritz Hecht die Akademie für Management-Kommunikation in Stuttgart und arbeitet seitdem als freiberuflicher Redenschreiber. Fritz Hecht ging bei der Erstellung seiner Redenmanuskripte gänzlich neue Wege. Dies stellte er in seiner legendären Arbeit für den Fußballtrainer Giovanni Trappattoni eindrucksvoll unter Beweis. Inhaltliche und stilistische Neuheiten in der Rede stießen in der Öffentlichkeit auf außergewöhnliches Interesse.

»Natürlich spricht Herr Trappattoni fließend Deutsch, aber hätte er dadurch dieselbe Aufmerksamkeit erreicht wie mit seiner ›Flasche-leer‹-Rede? Das bezweifle ich«, so Fritz Hecht in einem Interview. Einen besonderen Stellenwert in seinen Reden hat der Wiedererkennungswert. Dafür müssen, laut Hecht, auch seine Auftraggeber an die Grenze ihrer rhetorischen Fähigkeiten gehen.

»Der ehemalige Ministerpräsident Edmund Stoiber zum Beispiel – der konnte zu Anfang gar kein ›äh‹, das mussten wir erst mal üben. Bis zur formal vortragsreifen Rede über den Transrapid haben wir drei Rednercoachs verschlissen.« Den Vorwurf des Plagiats von Boris Beckers Redenschreiber Ernst Kümmel weist er von sich. Die Stilmittel werden dem Auftraggeber entsprechend individuell angepasst.

»Dem französischen Staatspräsidenten Nicolas Sarkozy in etwa hätte man kein Stottern abgenommen, dass er einen über den Durst trinkt und Grimassen zieht, hingegen schon.« Fritz Hecht lebt heute in den USA, wo er von 2001 bis 2009 auch beruflich tätig war.

HEISENBERGBRILLE

Die Heisenbergbrille ist eine Brille, die sich in ihrem Äußeren durch nichts von einer normalen Brille unterscheidet. Merkmal der Heisenbergbrille ist eine leichte, kaum wahrnehmbare Unschärfe, ähnlich der altersbedingten Makula-Degeneration, die dem Träger der Brille ein gemeinhin positiveres Weltbild ermöglicht. Hervorgerufen wird der Effekt durch den Schliff der Gläser, die eine Unregelmäßigkeit im stereoskopischen Halbbild verursachen, wodurch der Blick des Betrachters einer semantischen Subjektivität ausgesetzt ist.

HELLWIND, ANZGER

(* Sunsvall, Schweden, 8. April 1702; † Stockholm, 1785)

Anzger Hellwind, 1702 bis 1785

Anzger Hellwind war ein begnadeter schwedischer Erfinder und Unternehmer. Die von Hellwind entwickelten Produkte fanden durch mangelnden praktischen Nutzen zu dessen Lebzeiten nicht den erhofften Anklang. Kurz vor seinem Tod hatte er insgesamt 630 Patente angemeldet. Seine bedeutendsten Erfindungen waren: Toaster, Stromkabel mit Stecker, Föhn und der Dolby-Surround-Kopfhörer. Erst nach seinem Tod und mit der Erfindung des elektrischen Stroms wurde der Öffentlichkeit die Genialität seiner Erfindungen bewusst. Anzger Hellwind starb 1785 verarmt und obdachlos in Stockholm.

HERBST DES SEINS

›Herbst des Seins‹ ist der Name des ersten Kunstwerks, das offiziell als Vollbunz deklariert wurde. Die Installation ist als Initialzündung der heutigen Kunst-am-Bau-Vollbunz-Regelung zu sehen. Das Werk besteht aus vier einfachen geometrischen Grundelementen aus verrostetem Stahl, die scheinbar zufällig auf der Rasenfläche vor dem Gebäude angeordnet sind. Der renommierte Architekt Hermann A. → Dorfel erläutert ›Herbst des Seins‹ folgendermaßen: »Der massive Stahl versinnbildlicht Kraft und Konzentration, die Anordnung steht für das Unregelmäßige, die Störung, das Chaos. Demgegenüber symbolisiert die strenge Geometrie die Ruhe und Kontemplation, während das Grün der Rasenfläche für Energie und Kraft steht.« Zum Skandal kam es im Jahr 1974, als der damalige Vorarbeiter der Baustelle behauptete, die vier Stahlträger seien einfach übrig gewesen und die Bauleitung habe nicht gewusst, was sie damit anfangen sollte. Die Idee, es gäbe so etwas wie ›Kunst am Bau‹, war in einer Bierlaune während der Mittagspause entstanden, und niemand hätte ernsthaft an die Realisierbarkeit der Idee geglaubt.

HERMS, DAVID

(* Heidelberg, 30. September 1955)

David Herms

David Herms ist ein deutscher Psychoanalytiker und Autor zahlreicher Fachbücher zu den Themen Drogen und Abhängigkeit. Seit Oktober 2004 ist er als Professor für Psychoanalytik an der Universität in Brighton, England, tätig. David Herms veröffentlichte in der renommierten Fachzeitschrift ›National Science‹ erstmals eine Rangfolge der tatsächlichen Abhängigkeiten in der Bundesrepublik Deutschland. Darin bezog er all jene Wirkstoffe in die Studie mit ein, welche die Gesetzgebung noch nicht als verbotene Substanz anerkannt hat, die in der Öffentlichkeit jedoch ein hohes Suchtpotenzial zeigen.

Rang	Droge	Score [max. 9]
1	Auf das Handy starren, sobald man mehr als drei Sekunden alleine ist	8,32
2	Sich selbst googeln	7,9
3	Ex-Freunde/Ex-Freundinnen googeln	7,2
4	Kommentare unter Online-Artikel schreiben	6,5
5	Krimis aus Skandinavien	5,8
6	Nachsehen, ob die sexy Fotos von Betty per MMS wirklich sexy sind	5,2
7	Vor dem Essen »Sodele Nudele« sagen	4,3
8	Alkohol	3,1
9	Heroin	2,4
10	Tabak	1,9
11	LSD, Ecstasy	0,8
12	Tic-Tac	0,4
13	→ Diosin	0,001

Aufgrund dieser Rangliste bezeichnet David Herms das bestehende Drogengesetz als unzureichend und überholt. In seinen Veröffentlichungen fordert er die Verantwortlichen auf, sich den Problemen zu stellen: »Besonders die Leute, die auf ihr Handy starren, sobald sie mehr als drei Sekunden alleine sind, dürften vom Staat nicht alleingelassen werden«, so David Herms.

HEROLOGIE

[aus dem lat. heros, *Held*
und dem griech. λόγος, logos, *Lehre*]

Herologiekongress

Die Herologie ist die Wissenschaft der Superhelden. Sie befasst sich mit naturalistischen Betrachtungen, Artzugehörigkeit, Genetik und physischen Eigenschaften der Superhelden.
Durch die Berücksichtigung soziokultureller sowie philosophischer Ansätze ist die Herologie bemüht, ein ganzheitliches Bild der Superhelden darzustellen. Kerngebiet und Hauptaufgabe ist das Erfassen des Individuums Superheld mittels tabellarisch angelegter Attributsanzeigen, die durch Befragung der Individuen gewonnen werden. Die Ergebnisse der Studien werden regelmäßig in der Fachzeitschrift ›Herologie Heute‹ veröffentlicht.
Beispiel einer Untersuchung aus dem Jahr 2009:

Held	Hobbys	Kulinarische Vorliebe	Affinitäten	Aversionen
Batman	Robin	Blutwurst	Johann Strauß	Canasta, Rommé
Catwoman	Ornithologie	Nigiri-Sushi ohne Reis	Cat Stevens	Siegfried & Roy
Spiderman	Stricken, Häkeln, einfach so rumhängen	Luftgetrockneter Schinken	Spider Murphy Gang	Raumsprays
Superman	Reiten, Lasern, Schwimmen	Merci	Alles von Bono und Bob Geldof	Zugverspätungen
The Hulk	Nähen	Popcorn	Greenday	Stretchhosen, Aufzüge
Wolverine	Spazierengehen, Frisbee, Ballspielen	Wild, Geflügel	Boomer, der Streuner	Trillerpfeifen, Böller

Ebenfalls verzeichnet werden die Wahrnehmungen der Wissenschaftler bezüglich der einzelnen Superhelden, wie in etwa die olfaktorische Note:

Held	Odeur
Batman	Latex, Umkleidekabine, Obsession by Kelvin Klein, Catwoman, Robin
Catwoman	Thunfisch, Maus, Baldrian
Spiderman	Polyester, Fassadenreiniger, Taubenkot
Superman	Brisk, Garnier Fructies, Superpups, Lois Lane
The Hulk	Pistazie, Minze, Waldmeister

Die Erkenntnisse über olfaktorische Aromata in Prozent von Superhelden wurden im Trabel Verlag veröffentlicht (›Erkenntnisse über olfaktorische Aromata von Superhelden‹, Trabel Verlag, ISBN 978-3-11-477601-0).

HERPELES

Herpeles ist in der griechischen Mythologie der jüngere Bruder des Herkules, Sohn des Zeus und der Alkmene. Obwohl von hagerer Gestalt und hasenhaftem Gemüt, strebte der junge Herpeles nach ebendem Ruhm, der schon seinem Bruder Herkules vergönnt war. Um ebenso in den göttlichen Olymp einziehen zu dürfen, befragte Herpeles das Orakel von Delphi. Das Orakel hatte indes von den Göttern den Auftrag, Herpeles den Weg zum Olymp zu verwehren, und stellte ihm zehn Aufgaben, die er zu bewältigen hatte:

1) das Ausrotten des Ziegenbarts,
2) die Erlegung der Diddlmaus,
3) das Pflücken der goldenen Äpfel von Beyoncé,
4) das Ausmisten des Dschungelcamps,
5) die Zähmung der Ritalinzwerge,
6) mit Flip-Flops rennen,
7) das Heraufbringen des Wachhundes Marcel Reich-Ranicki an die Oberwelt,
8) die Entfernung der Cellophanfolie von CD-Packungen,
9) die Durchstellung ins Studio bei 9Live,
10) die korrekte Anwendung des elektronischen Formulars für die Erklärung von in der Bundesrepublik Deutschland steuerlich Veranlagten.

Wie von den Göttern vorausgesehen, scheiterte Herpeles an seinen Aufgaben und wurde weitgehend vergessen.

HILLIBILLY

Medizinisch-orthopädischer Fachbegriff für das Gefühl in den Beinen, wenn man die Skischuhe wieder auszieht. (Auch: wenn man nicht weiß, in welche Richtung sich das Kondom abrollt.)

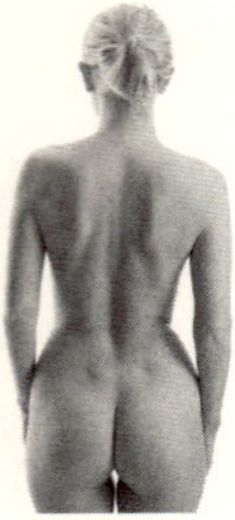

Hinterseer: Der Bildredakteur bestand auf diesem Bild, obwohl gar kein Hinterseer zu sehen ist

Hinterseer

Medizinisch-kosmetischer Fachbegriff für die Feuchtigkeit, die sich nach dem Sport in der Poritze sammelt.

Hirnfürzchen

Fachausdruck aus dem Response-Responder-Kommunikationsmodell von Dr. Marko Lottner. Es bezeichnet einen Gedanken, der wahnsinnig klug und intelligent ist, solange er noch als Gedanke im Kopf ist, aber plötzlich wahnsinnig dämlich wird in dem Moment, in dem er verbal kommuniziert wird. Die meisten Hirnfürzchen entstehen traditionell während der Bundestagsversammlungen zum Thema Gesundheitsreform.

Hmjajas

Phänomen aus der kommunikationslinguistischen Psychologie. Hmjajas bezeichnet Gespräche, bei denen Fremdwörter vorkommen, die man nicht kennt, aber so tut, als hätte man alles verstanden.

Hobbit

Ringe, die, einmal an den Finger gesteckt, niemals wieder abgehen.

Hobel, Horst

(* Nürnberg, 16. Februar 1684; † Fürth, 13. Mai 1742)

Horst Hobel war ein deutscher Alchemist. Er beschäftigte sich in seiner Jugend mit Mathematik und Vulkanologie, bis er auf die Alchemie stieß, die ihn nicht mehr loslassen sollte. 1706 traf er seinen bedeutenden Kollegen Johann Friedrich Böttger und ließ sich von dessen Streben nach der Umwandlung von unedlen Metallen zu Gold anstecken. Er forschte bis zu seinem Tode. Obwohl ihm der erhoffte Erfolg versagt blieb, entdeckte er doch nebenbei viele andere Dinge: das Altglas, künstliche Hundehaufen, ein Jammertal und 37 Wege in die Insolvenz.

HOHENZOLLERN

Ökonomisches Phänomen: Man kauft etwas im Duty-free-Shop, um dann festzustellen, dass es zu Hause viel billiger gewesen wäre.

HOLLER, THEOBALD

(* Bonn, 26. Dezember 1962)

Theobald Holler

Theobald Holler ist der bekannteste Mitarbeiter der Deutschen Telekom AG und für die Hotline des Telekommunikationsunternehmens tätig. Theobald Holler war maßgeblich für den knapp verhinderten Bürgerkrieg von 1996 verantwortlich. Er provozierte damals mit seinem zur Legende gewordenen Satz »Können Sie bitte eine Sekunde dranbleiben« einen Volksaufstand. Der Untersuchungskommission der Telekom zufolge haben das anschließende Entlassen der Kunden in die Warteschleife sowie das Verlassen des Arbeitsplatzes in die Mittagspause die Situation eskalieren lassen. Der Lehrsatz der Abteilung für

Kurz vor den Betriebsferien sagte Theobald Holler: »Bitte bleiben Sie dran, ich bin in wenigen Sekunden wieder für Sie da.«

Problemsituationen »Da sind wir nicht zuständig« trug ebenfalls nicht zur Entspannung der Krise bei. Als »undiplomatisch« wurden auch die Aussagen »Dann verzichten Sie doch mal ein paar Tage aufs Internet« und »Genießen Sie doch die Ruhe ohne Telefon« bewertet. Eine Katastrophe konnte nur verhindert werden, da der aufgewühlte Pöbel in den Arbeitsräumen der Service-Hotline keinen der Angestellten antraf. Theobald Holler wurde nach Aussage der Deutschen Telekom AG im Jahr 2008 an das konkurrierende Unternehmen O_2 verliehen.

HOLLRICH, JAN

(* Rothenburg ob der Tauber, 2. Februar 1975)

Jan Hollrich beim Training

Jan Hollrich ist ein deutscher Profi-Radrennfahrer. Laut dem Deutschen Radsportverband (DRV) ist Hollrich der einzige bekannte Radsportler, der auf die Zuhilfenahme verbotener Substanzen oder Methoden völlig verzichtet. Das Institut für Dopinganalytik in Dresden bestätigt diese Aussage. Sein wichtigster Erfolg bislang ist der 196. Rang der Einzelwertung bei einer Tagesetappe der Allgäu-Rundfahrt. Jan Hollrich hofft eigenen Aussagen zufolge, in naher Zukunft einen oder mehrere Sponsoren zu finden, die ihm eine angemessene medizinische Betreuung zukommen lassen.

HOMO FERE

Der Homo fere ist der von Evolutionsbiologen lange gesuchte ›Missing Link‹ zwischen dem Menschenaffen und dem Homo sapiens. Die Rekonstruktion der Verwandtschaftslinien stützt sich auf Fossilfunde und ist eine Übergangsform in der Hominiden-Evolution.

In der Reihe der Vorfahren des Menschen, gelistet nach morphologischer Ähnlichkeit, gliedert sich der Homo fere wie folgt ein:
1) Homo erectus,
2) Homo heidelbergensis,
3) Homo fere und
4) Homo neanderthalensis.
Paläoanthropologen weltweit sehen im Homo fere die erste Form der Menschenartigen, die den Einsatz von Werkzeugen konsequent in ihren Alltag integriert hatten.

Lebendrekonstruktion des Homo fere

Homopathie

[griech. ὅμοιος, hómoios; *das Gleiche, Gleichartige* und griech. πάθος, páthos, *das Leid, die Krankheit*]

Die Homopathie ist eine Behandlungsmethode der Alternativmedizin, die von dem französischen Arzt Jean-Luc Pommerac erfunden wurde. Zentraler Grundsatz der Heilmethode ist das Ähnlichkeitsprinzip: »Ähnliche Geschlechter werden durch ähnliche Geschlechter geheilt.« Gemäß diesem Grundgedanken geht man in der Homopathie davon aus, dass der Austausch von Körperflüssigkeiten zwischen gleichgeschlechtlichen Patienten

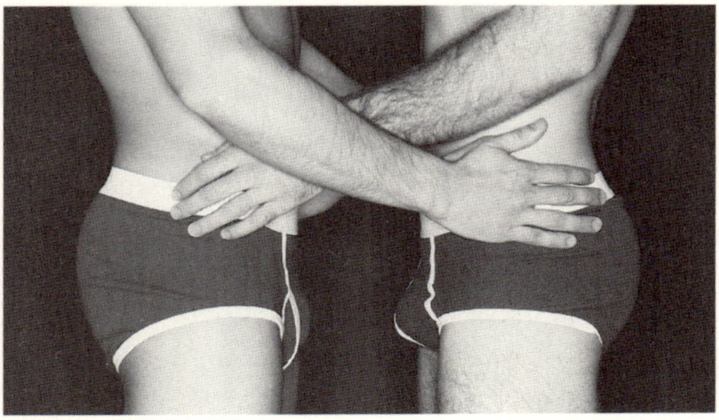

Homopathische Anamnese

die Rekonvaleszenz fördert. Der Patient, so erklärte Pommerac, bekomme die Medizin in hochpotenter Form dargebracht. Die Medikamente werden nicht nur als Tabletten gereicht, sondern auch mittels kleiner Kugeln aus Zucker, die mit homopathischer Lösung imprägniert sind und vom Partner oder Arzt eingeführt werden. Die Homopathie gilt seit ihrer Entstehung als äußerst umstritten. Bis heute konnte in zahlreichen wissenschaftlichen Studien mit randomisierten Doppelblindversuchen keine Wirkung nachgewiesen werden. Kritiker behaupten, Pommerac habe die Homopathie erfunden, um seiner Neigung nachzugehen.

HUBERSCHES MANIFEST

Das Hubersche Manifest ist ein Manifest des Bürgers Wolfgang Huber. Huber verfasste das Manifest während seiner Haftzeit in der Justizvollzugsanstalt Eberlohe. Er verbüßte dort eine zweijährige Haftstrafe wegen schwerer Körperverletzung an dem Gastronomen Klaus Putz, da dieser von ihm 4,50 Euro für eine Apfelschorle verlangt hatte.

Das Hubersche Manifest

1) Es ist hiermit untersagt, mehr als das Fünffache des Einkaufspreises zu verlangen.
2) Die Toilettentüren dürfen nicht von Bugsi → Collins beschriftet werden, sondern derart, dass jeder weiß, welche für Frauen und welche für Männer ist.
3) Bildschöne, aber unfähige Studentinnen werden künftig nicht mehr eingestellt.
4) Ein Schichtwechsel ist kein Grund, mitten im Essen belästigt zu werden.
5) Wein, der im Einkauf weniger als 30 Cent pro Liter kostet, darf nicht als Hauswein ausgeschenkt werden.

6) Der Wirt muss auf die Garderobe aufpassen.
7) Der Barkeeper-Schönling darf sich nicht beim Mixen die Haare aus dem Gesicht blasen.
8) Die Speisekarte soll von drei unabhängigen Personen auf orthographische Fehler überprüft werden.
9) Zu Schnitzelgerichten wird unaufgefordert Ketchup gereicht.
10) Die Papierhandtücher auf der Toilette dürfen nicht immer aus sein.
11) Es kann nicht sein, dass man viel für Getränke und Essen hinlegt und dann vor der Toilette auch noch zur Zahlung von Kleingeld aufgefordert wird (nichts für ungut, Frau Erika → Haberle).

HUN-ZEN

[jap. 女性漫画, *strenge Zunge*]

Meisterin des Hun-zen: Mimi Ling

Hun-zen ist die japanische Kunst der Beleidigung. Erfunden wurde sie um das Jahr 900 n. Chr. von jenen Samurai, deren körperliche Verfassung eine kriegerische Auseinandersetzung nicht zuließ. Das Hun-zen lehrt die vier Stufen (Huis) des Affronts. Ihre vollständige Anwendung in dieser Reihenfolge auch Hui-Buh oder die Vier-Stufen-Affront-Gesichtsverlusts-Technik genannt, kann für einen Japaner tödliche Folgen haben. Die vier Huis:

1. Ich glaube, Ihr Scheitel sitzt nicht ganz richtig.
2. Bin ich Ihnen nah, kommt mir mein Deo in den Sinn.
3. Ich weiß nicht ausschließlich Positives von Ihrem Hemd zu sagen.
4. Jetzt hätte ich Sie beinahe für einen Chinesen gehalten.

Der Sprecher fügt in der Regel aufgrund persönlichen Unwohlseins den Appendix »Aber ich kann mich auch täuschen« an den Affront.

HÜRLIBIMS

Das einzige Wort, das sich selbst definiert, die Wahrheit, das Gegenteil und alles dazwischen.

HUTIENI, FRANCK

(* Budapest, Ungarn, 24. März 1812; † Potsdam, 10. November 1873)

Franck Hutieni war ein ungarischer Zauber- und Performancekünstler. Sein größter Erfolg war ein Befreiungstrick, bei dem er neun Monate ohne Sauerstoff in absoluter Dunkelheit verbrachte – um plötzlich aufzutauchen. Er konnte jedoch diesen ersten Erfolg nach seiner Geburt nicht mehr erreichen.

HYAX

Das Hyax gehört zur Familie der gefährlichen Sofa-Möbel. Es ernährt sich von Energiereserven, die es seinem Opfer durch die Wirbelsäule entzieht. Es legt weiche Kissen, Fernbedienungen oder Salzstangen als Köder aus, und sobald ein ahnungsloses Opfer auf ihm Platz genommen hat, schlägt es zu. Das Opfer bemerkt zunächst eine wachsende Trägheit, die sich zu einer Lähmung des ganzen Organismus ausweiten kann.

I

ICFTP

[International Conference for the People]

Berufs-, konfessions- und länderübergreifende Konferenz, die jährlich abwechselnd in Venedig, Stockholm und Bangkok stattfindet. Die ICFTP richtet sich insbesondere an Personen, die sonst zu keiner Konferenz eingeladen werden und dennoch Spesen beim Arbeitgeber oder beim Finanzamt geltend machen wollen.

Identitätsamt

Das Identitätsamt ist eine Behörde mit Anlaufstellen auf öffentlichen Plätzen in Deutschland. Die Einrichtung ist organisiert im Rahmen dezentraler Auskunftsstellen. Diese bestehen aus Arbeitsgruppen, die der Bevölkerung unter dem Zeichen des Identitätsamtes zur Verfügung stehen. Das Identitätsamt ist zuständig für die Identifikation und Klassifikation unbestimmbarer Gegenstände und ist somit eine Dienstleistung des Staates gegenüber dem Bürger. Laut Statistik des Identitätsamts handelt es sich bei den Anfragen fast immer um Multifunktionsgeräte aus dem privaten Küchen- und Haushaltsgeräte-Bereich. Diese lägen oft jahrzehntelang in abgelegenen Fächern der Küche, und niemand habe Kenntnis darüber, welchen Verwendungszweck sie besitzen.

Offizielles Zeichen des Identitätsamtes

IKSUZ

[Internationale Klimavereinbarungen, Sonderberichte und Zusatzabkommen]

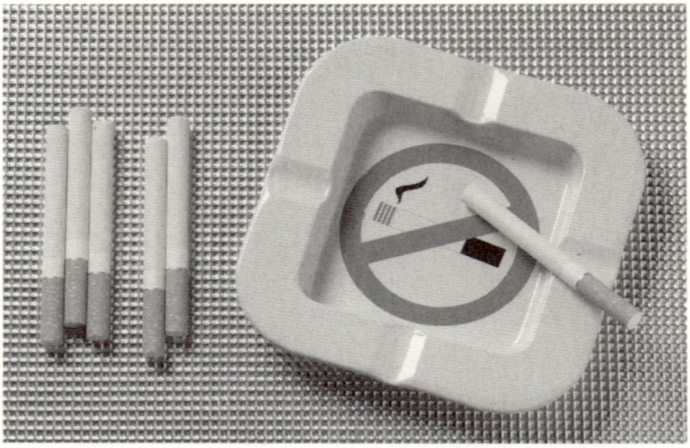

IKSUZ: toller Verhandlungserfolg von Rio 1967

Die IKSUZ fasst alle Beschlüsse, Vereinbarungen und Abkommen zusammen, die während der sogenannten Klimaschutzgipfel beschlossen werden. Seit Beginn der internationalen Bemühungen um eine Reduktion der anthropogenen Emissionen im Jahr 1967 werden im IKSUZ die verabschiedeten Klimaschutzbestimmungen festgehalten. Die Regierungschefs der wichtigsten Industrie- und Schwellenländer der globalen Gemeinschaft haben sich im Kampf gegen den Klimawandel seit ihrer ersten Zusammenkunft auf einen wegweisenden Fünf-Punkte-Plan einigen können:

1) Vertrag von Rio 1967: Während der Veranstaltung darf nicht geraucht werden.
2) Konferenz von Kopenhagen 2005: Die Regierungschefs kommen erstmals mit der Bahn zur Konferenz (vom nahe gelegenen Helikopterlandeplatz).
3) Absichtserklärung von Oslo 2007: Bis 2099 soll der CO_2-Verbrauch um 6,4 % gesenkt werden.

4) Abschluss von Stockholm 2009: Die Fenster bleiben geschlossen.
5) Zusatzabkommen von Stockholm 2010 ZZ: Bei der Anreise machen sämtliche 120 Motorräder der Eskorte der Regierungschefs an der Ampel den Motor aus.

INFERNALE

Die Infernalen sind eine klerikale und randsoziale Religionsgemeinschaft. Sie wurde im Jahr 13 n. Chr. von dem hebräischen Hausmeister Jakub Infernstein gegründet. Die infernale Religion gilt als die strengste und am meisten reglementierte Religion weltweit. Der Konfession der Infernalen liegen zwei Prämissen zugrunde:
1) Nichts ist erlaubt.
2) Alles ist verboten.
Diese Gesetzesvorschriften beziehen sich, anders als bei anderen Religionen, nicht nur auf Dinge, die dem Gläubigen Freude bereiten. Sie treffen auch auf die Gesamtheit der Dinge zu, die keinen Spaß machen, langweilen, sich bewegen, einen Geschmack besitzen oder Dekorationszwecken dienen.
Bei den Infernalen existiert das Bild einer Unterwelt, die ›Hölle‹ genannt wird. Diese Unterwelt ist jedoch nicht im Sinne einer angstauslösenden Metapher zu verstehen, sondern als reale, diesseitige Option. Die ›Hölle‹, in die Gläubige wegen geringster Vergehen geraten können, ist die Ursache für das nächtliche Einnässen bis ins hohe Alter der Glaubensanhänger, was als Zeichen tiefer Gläubigkeit gilt. Einmalig unter den klerikalen Glaubensgemeinschaften ist die Abwesenheit eines positiven Pendants zur ›Hölle‹.

Die heilige Schrift der Infernalen, eine rund 40000 Seiten umfassende Schriftensammlung, beinhaltet das komplexe Regelwerk der Konfession. Dort finden sich detaillierte Anleitungen, die Art des Atmens, des Kauens und des Herunterschluckens betreffend. Ferner geben die Schriften Aufschluss über die korrekte Körperhaltung zur Überwindung von Strecken, wobei unterschieden wird zwischen häuslichen Strecken, wie: Küche – Schrank, Schlafzimmer – Bad und Küche – Flur, und extrahäuslichen Strecken, wie: Kirche – Arbeit, Garten – Kindergarten und Pfarramt – Biomarkt.
Die Infernalen befolgen eine vanische Ernährungsweise, die auf Hülsenfrüchten beruht und deren einziger Bestandteil sie sind. Ebenfalls in der heiligen Schrift festgehalten sind die ›5 Gebote‹, die als Weisungen für Glaubensgemeinschaften der Infernalen weltweit gültig sind:
1) Du sollst nicht!
2) Es ist strengstens verboten!
3) Kartons immer klein machen!
4) Runter vom Rasen!
5) Das ist kein Radweg!
Die Infernalen gelten in der Religionswissenschaft als Antonym der → Harifari.

INGWAR

Bezeichnung für die letzte Schraube, die fehlt, um ein IKEA-Möbel fertig aufzubauen.

INKONTINENT

Der Inkontinent ist ein Begriff aus der Geologie und bezeichnet eine geschlossene Festlandmasse, deren Wasserhaushalt negativ ist.

INKRUTIUM

Inkrutium (Hölle) ist die semiwissenschaftliche Bezeichnung für einen omnireligiösen, nicht irdischen Ort, an dem die Verdammten nach ihrem Tod Qualen und Leid erfahren. Das auch als Unterwelt bezeichnete Inkrutium soll Aufenthaltsort eines Teufels und verschiedener Dämonen sein. Diese überlieferte Vermutung hat sich als falsch oder zumindest nicht ganz korrekt erwiesen, da das Inkrutium neuen Erkenntnissen zufolge in Köln-Rodenkirchen, in der Theodor-Heuss-Straße 45, direkt unter der Wohnung der Familie Wolfgang P., liegt.
Ein spezialisiertes Team aus Theologen, Historikern, Archäologen und Kriminologen sowie eine Delegation nationaler und internationaler Medien folgten einem anonymen Hinweis und untersuchten das Inkrutium im Februar 2005 vor Ort. Die Fahrt zum Inkrutium erfolgte dabei über einen älteren, aber gutgewarteten Aufzug der Marke Schmidt & Söhne, ist aber auch über das Treppenhaus erreichbar. Die Delegation entdeckte während ihrer Inspektion: zwei Kisten Reißdorf Kölsch, 20 × 0,5 Liter, achtundreißig Kartoffeln, ein weinrotes Damenfahrrad der Marke Stadler, einen einteiligen, hellblauen Skioverall Größe 44, eine Werkzeugkiste mit einem Schraubknarrengriff, einen Bithalter, sieben HSS-Bohrer 2–10 Millimeter, fünf Holzbohrer 4–10 Millimeter, 5 Steinbohrer 4–10Millimeter, ein Schrauben- und Dübelsortiment, ein Gabel-Ringschlüssel 14 Millimeter und zwei Schraubzwingen 50 × 150 Millimeter. Das Werkzeug stellte sich nicht als Eigentum des Teufels, sondern des Mieters Wolfgang P. heraus, so wie auch alle weiteren Funde.
Die Entdeckung des Inkrutiums ließ Gläubige welt-

weit aufatmen, zumal Wolfgang P. laut eigenen Angaben nicht als Teufel in Frage kommt und auch während des fünfundzwanzig Jahre andauernden Mietverhältnisses weder einen Teufel noch Dämonen antraf. Das Inkrutium wird einmal im Monat von Herrn P. gründlich gefegt.

INTELLIGENCE-BUTTER-SCIENTISTS

Horst Bommel und Klaus Erpl

Die Intelligence-Butter-Scientists ist eine Neigungsgruppe arbeitsloser Wissenschaftler, die sich mit der Analyse evolutionärer Fehlentwicklungen beschäftigt. Gegründet wurde die Vereinigung höchstqualifizierter Fachkräfte von Dr. med. phil. Horst Bommel und Dr. Dr. h. c. mult. Klaus Erpl. Seit ihrer Gründung widmen sich die Intelligence-Butter-Scientists der Vereinbarkeit des hohen technischen Fortschritts in der Raumfahrt und der scheinbaren Unmöglichkeit, streichfähige Butter herzustellen. Ungeachtet dessen, dass dieses Mysterium nie geklärt wurde, kamen im Laufe des Bestehens der Neigungsgruppe neue Fragen auf:

1) Was steckt hinter dem Phänomen der Einkaufswagen, die ständig um eine Kurve fahren?
2) Gibt es einen Aggregatzustand von Milchdöschen zwischen *geschlossen* und *spritzt?*
3) Sind Milchdöschen-Erkenntnisse auch auf Ketchup- und Senftüten anwendbar?
4) Existiert eine reelle Möglichkeit, Rolltreppen-Handläufe herzustellen, die genauso schnell laufen wie die Rolltreppe selbst?

Die Intelligence-Butter-Scientists sind mittlerweile eine hochspezialisierte, interdisziplinäre Forschergruppe. Im Rahmen ihrer Forschungen bezüglich evolutionärer Fehlentwicklungen befassen sich die

Biologen unter den Intelligence-Butter-Scientists mit der offensichtlichen Diskrepanz zwischen der Darwinschen Evolutionstheorie und der Existenz des ›Musikantenstadls‹. Die Splittergruppe Zoologie hingegen geht Intelligence-Butter-Phänomenen im Tierreich nach. Bedeutende Forschungsansätze sind hier:

1) Warum bleiben Rehe und Hasen über hundert Jahre nach Erfindung des Automobils angesichts eines auf sie zukommenden Autos im Lichtkegel stehen?
2) Die Lernfähigkeit von Schnecken, ihre Fühler nicht auszufahren, wenn sie bei jedem derartigen Versuch einen leichten Schlag auf selbige bekommen (Experiment läuft seit 1992 ununterbrochen mit demselben Versuchstier).
3) Warum Vögel nach ihrer langen Evolutionsgeschichte vom Wasser über den Schlamm auf die Bäume in die Lüfte es nicht lernen, Panoramascheiben zu meiden?

IRRGARTEN VON DIETIKON

Der Irrgarten von Dietikon ist eine quadratische Anlage mit einer Seitenlänge von 250 Metern. Darin befindet sich ein kompliziertes Wegesystem, in dem der Besucher leicht die Orientierung verliert. Der Irrgarten besteht aus einem Zielweg mit abzweigenden Sackgassen, die wiederum untereinander verzweigt sind. Durch geschickte Täuschung entsteht der Eindruck eines unendlichen Labyrinths mit unendlich vielen Kreuzungen. Durch die blickdichten Begrenzungen entsteht ein Gefühl des Gefangenseins. Die Wegschleifen machen einen Rückweg zum Ausgangspunkt nahezu unmöglich und zwingen den Besucher zum Abschreiten der gesamten Anlage. Im Zentrum des Irrgartens befindet sich eine Schankwirtschaft, die ›Köttbullar‹ verkauft, was verschiedene Landschaftsgärtner zu der Vermutung veranlasst, es handle sich nicht um einen Irrgarten, sondern um eine gewöhnliche IKEA-Filiale.

Ismaelsburg

Flagge	Ursprünglich eine Trikolore mit der Darstellung eines Löwen. Seit 1975 vermisst und als gestohlen gemeldet.
Stadtgliederung	Sieben Verwaltungsbezirke, sogenannte *Pistoleros*
Bürgermeister	Pseudonym: John Doe
Fluchtmöglichkeiten	Flughafen Ismaelsburg
Offizielle Website	www.kino.to
Partnerstädte	Rio de Janeiro, Neapel

Die Stadt Ismaelsburg ist bekannt wegen ihrer außergewöhnlich hohen Kriminalitätsrate. Die häufigste Todesursache in der Provinz von Ismaelsburg ist Mord, gefolgt von Totschlag und Körperverletzung mit Todesfolge. Dem folgen natürliche Todesursachen wie Überfälle und Autounfälle. Der Weg zum Supermarkt gilt in der pulsierenden Metropole riskanter als Operationen am offenen Herzen. Ausgebildete Nahkämpfer haben sich daher auf Dienstleistungen wie Einkaufen, Friedhofsbesuche oder Spaziergänge spezialisiert. Auch können sie als Stellvertreter für gesellschaftliche Ereignisse, wie Hochzeiten, ein Picknick oder Besuche bei Freunden, engagiert werden.

Der öffentliche Personennahverkehr in Ismaelsburg basiert auf einem weltweit einzigartigen, semiöffentlichen System: Die Passagiere warten an Ver-

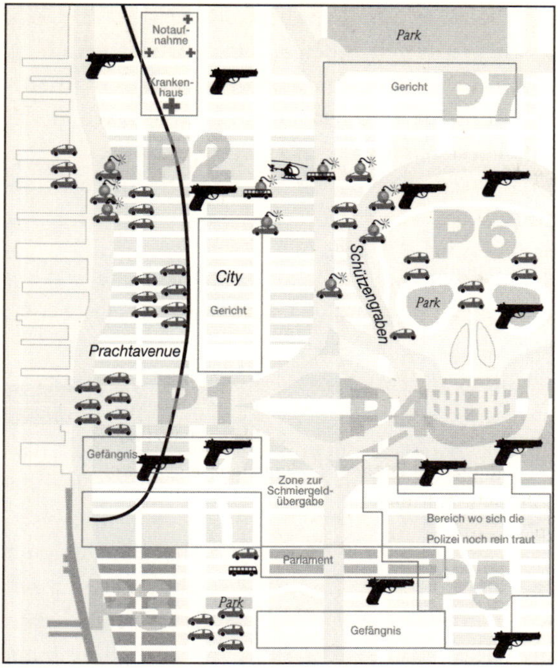

Ismaelsburg: Stadtplan (vgl. Farbtafelteil)

kehrsampeln, wo sie während einer Rotphase mit vorgehaltener Waffe in einen Pkw ihrer Wahl einsteigen. So kann jeder Bürger zum ›Taxifahrer‹ werden. Das Problem der Verspätungen im Nahverkehr konnte so vollständig behoben werden.

Autofahrer, die auf diese Form der Fahrgemeinschaft verzichten wollen, sind daher dazu angehalten, Rotlicht von Verkehrsampeln zu ignorieren sowie die Geschwindigkeitsgrenze von 50 km/h deutlich zu überschreiten. Dies senkt gleichzeitig die Wahrscheinlichkeit, von Heckenschützen getroffen zu werden.

Einer der wichtigsten Wirtschaftsfaktoren der Stadt ist der Tourismus. Touristen lassen bei einem Aufenthalt in Ismaelsburg oft ein Mehrfaches an Geld, als sie ursprünglich bereit waren auszugeben. Dies hängt nicht selten mit Lösegeldzahlungen zusammen. Touristen wird daher empfohlen, stets eine ungesicherte Waffe bei sich zu führen und diese sofort abzufeuern, sobald sich ein Verdachtsmoment ergibt. Dazu zählen Reifenpannen an abgelegenen Stellen oder Vororten sowie Polizeikontrollen, bei denen Uniformierte mit Kellen am Straßenrand stehen. Die Verwaltungsbezirke (Pistoleros) von Ismaelsburg:

Pistolero 1: P1 umfasst die Innenstadt von Ismaelsburg mit seiner Prachtstraße, auch die *Robbery Street* genannt, wo man Zeuge, eventuell auch Teilnehmer eines Banküberfalls, einer Geiselnahme oder eines der beliebten Drive-by-Shootings werden kann. Mit der Nummer 15 gekennzeichnet der älteste der *geplünderten Bereiche* der Stadt, der seit seiner Entstehung im Jahr 1987 erhalten geblieben ist. Direkt dahinter der Park von Ismaelsburg, ein Ort für Vergewaltigungen und einen stetig wachsenden Drogenhandel.

Pistolero 2: P2 ist eine typische Wohngegend, hauptsächlich besiedelt von Hooligans, Faschisten und Geisteskranken. Das Zentrum für religiöse Eiferer (13) ist Mittelpunkt des kulturellen Lebens von Ismaelsburg. Auch in P2 mit der Nummer 15 gekennzeichnet ein anspruchsvoller *geplünderter Bereich* sowie auf der gegenüberliegenden Seite ein beliebter Sammelpunkt für Ausschreitungen gegenüber Ausländern (12). Dieser ist vorteilhaft am Hafenbecken der Stadt gelegen und trägt damit wesentlich zur Entsorgung von Opfern bei.

Pistolero 3: Dieses Viertel ist ausschließlich den

Strafvollzugsanstalten vorbehalten, im Norden angrenzend das unspektakuläre Ghetto für unbescholtene Bürger (14).
Pistolero 4: P4 ist ein aufstrebendes Gefängnisviertel, das durch seine klare Architektur besticht. Der *Majorplatz* (6) ist einer der geschichtsträchtigsten Plätze der Stadt, auf ihm wurde 1920 der erste Polizeipräsident erschossen – so wie jeder seiner Nachfolger.
Pistolero 5: P5 ist ein kleines und eher unbedeutendes Viertel, das von der örtlichen Polizei kontrolliert wird, ausgenommen ein Großteil des Parlamentsgebäudes.
Pistolero 6: Der ehemalige Vorort P6 ist inzwischen voll in die Stadt eingegliedert und durch die Schützengräben und die Ringstraßen mit ihr verbunden. Er besitzt einen eigenen *geplünderten Bereich* (15) und einen der schönsten Hehlermärkte (16) der Stadt und ist ein Geheimtipp für Kidnapping und willkürliche Schießereien.
Pistolero 7: P7 ist ein beliebtes Ausflugsziel für Familien, auch wegen seiner direkten Nähe zu den Notaufnahmen des nahe gelegenen Klinikums.

ITALIANA

Der Orden der Italiana ist eine römisch-katholische Ordensgemeinschaft für Frauen. Die Kongregation geht auf den Orden der ›Styler Anbetungsschwestern‹ zurück und zeichnet sich durch ihren praxisorientierten Dienst am Menschen aus. Die Tracht der Italiana besteht aus hochhackigen Pumps, um Gott näher zu sein, wobei der Absatz des Schuhs fünfzehn Zentimeter nicht unterschreiten darf. Ihre Kleidung ist schwarz, die liturgische Trauerfarbe, sie ist stets bescheiden und vom Verzicht auf Material geprägt. Als Zeichen des Gehorsams und der

Demut tragen sie enganliegende Hundehalsbänder, Fußkettchen und eine Reitgerte zur Selbst- und Fremdkasteiung.
Die Ordensschwestern der Italiana verehren den menschlichen Körper als Ebenbild Gottes, dem sie die höchste Ehrerbietung erweisen. Um das Wort Gottes zu verbreiten, besuchen sie Zentren des gemeinschaftlichen Lebens wie Diskotheken, Mottopartys und Gangbangs in ihrer Region. Den Klostern der Italia steht jeweils eine ältere Priorin oder Äbtissin vor, die sich um die weltlichen und finanziellen Belange des Ordens kümmert. Zum Orden der Italiana zählen folgende Ordensgemeinschaften im Bundesgebiet:
1) Amantes de la Cruz,
2) Barmherzige Samariterinnen,
3) Dienerinnen des Fleisches,
4) Dominikanerinnen,
5) Erlöserinnen,
6) Helfende Hände,
7) Lehrschwestern der heiligen Gerte,
8) Schwestern des Allerheiligsten,
9) Zureiterinnen des Heiligen Geistes.

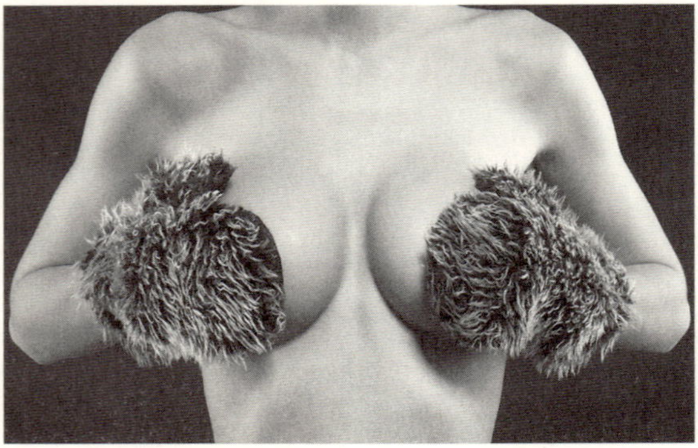

Italiana: helfende Hände

J

Jamundson-Expedition

Die Jamundson-Expedition ist eine von dem norwegischen Polarforscher Peer Jamundson durchgeführte Antarktisexpedition. Jamundson durchquerte das ewige Eis im Winter 2002 mit einem fünfköpfigen Team. Seine Route führte von der Station San Martin im Nordwesten über den Südpol zur amerikanischen Station McMurdo im Süden. Nachdem die Antarktis im Vorfeld bereits mehrere hundert Mal durchquert worden war, wagte Peer Jamundson als Erster die Durchquerung mit kurzer Hose und einem Paar auch als ›Adilette‹ bekannten

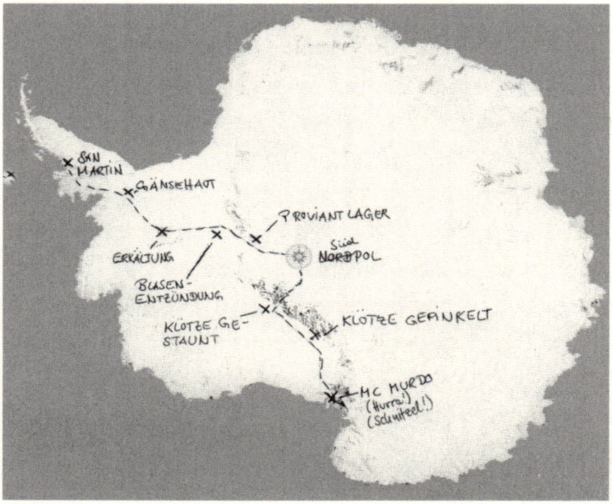

Original Jamundson-Karte, Naturwissenschaftliches Museum in Oslo (vgl. Farbtafelteil)

Badesandalen. Seine Aufzeichnungen, welche die berühmte ›Jamundson-Karte‹ beinhalten, die der Abenteurer während seiner Expedition verwendete und die heute noch zahlreichen Antarktisforschern zur Orientierung dient, sind im Naturwissenschaftlichen Museum in Oslo zu sehen. Nach einem erfolgreichen Ausgang der Expedition folgte im Jahr darauf seine erste komplette Nacktdurchquerung.

Nach den aufsehenerregenden Expeditionen in das ewige Eis stellt sich Peer Jamundson neuen Herausforderungen und will im Jahr 2012 in einer dreiwöchigen Expedition mit einem Bobbycar über die Anden fahren.

JANOSCHWEG

Als Janoschweg (span. Camino de Janoscho) wird der Pilgerweg zum Haus des Schriftstellers Horst Eckert (Künstlername Janosch) in Spanien bezeichnet. Die Entstehung dieser Route fällt in ihrem auch heute begangenen Verlauf in die erste Hälfte des Jahres 1980. Im allgemeinen Sprachgebrauch wird der Begriff Janoschweg auch für andere historisch nachgewiesene Routen von Janoschpilgern in Europa verwendet. Seit ›Post für den Tiger‹ hat die Pilgerschaft auf dem Janoschweg einen großen Aufschwung erlebt. 1982 riefen PR-Mitarbeiter der spanischen Provinz Cadiz de la Luz aus Mangel an anderen Sehenswürdigkeiten den Janoschweg aus, in der Hoffnung, ein paar Senioren und Sinnsucher anzulocken. Wurden 1982 gut 3000 Pilger pro Jahr registriert, waren es im Jahr 2003 über 74000 aus allen Ländern der Erde, vorwiegend allerdings aus Panama. 2004 kamen 179932. Sie haben entweder den ganzen Weg oder mindestens aber die letzten zwei Kilometer der Strecke, zu Fuß, per Fahrrad oder montiert auf einem Holzbrett, das jemand anders hinter sich herzieht, zurückzulegen. Äußerste Popularität wurde dem Janoschweg in der nahen Vergangenheit zuteil, als der berühmte Entertainer Hape Kerkeling in dem Buch ›Die Wanderhure‹ seine Erfahrungen auf dem Janoschweg veröffentlichte.

JEANS-TWIST

Ungelenke Bewegung beim Versuch, in eine etwas zu enge Hose zu schlüpfen. Variationen sind: einbeiniges Hüpfen mit wechselndem Standbein und Sprünge mit beiden Beinen bei gleichzeitigem Ziehen am Hosenbund in Richtung Gürtellinie. Durch mangelnde Beinfreiheit kann ein Radius von vier bis fünf Metern nötig werden.

JERUSALEM-TANZ

Als Jerusalem-Tanz werden all jene Bewegungen bezeichnet, die Mitglieder einer Tafel aufführen, um neben der Person zu sitzen, neben der sie sitzen wollen, und nicht am Ende des Tischs, bei Oma Hermine.

JIECHA, YĀNG

(chin. 杨洁篪; * Taoyuan, China, 13. Mai 1950)

Yāng Jiecha ist eine Politikerin der Volksrepublik China im Bereich Inneres. Jiecha studierte Wirtschafts- und Rechtswissenschaften in Shanghai und begann 1978 eine Karriere im nationalen Staatsrat als Beraterin für Tibetfragen. Aufgrund ihrer Unnachgiebigkeit erlangte Yāng Jiecha im internationalen Staatenbund Bekanntheit. Seit ihrem Amtsantritt ist sie verantwortlich für die Unterdrückung spiritueller und religiöser Gruppen sowie für die Durchsetzung territorialer Ansprüche. Die Anzahl der Todesurteile stieg während ihrer Amtszeit um das Dreifache, die Zahl der vermissten Personen bewegt sich auf einem Höchststand. Menschenrechtsorganisationen weltweit machen Yāng Jiecha als Vorstand des Gerichtshofs verantwortlich für Langzeitinhaftierungen und Verurteilungen aufgrund unfairer Gerichtsverfahren.

Yāng Jiecha während eines Besuchs des tibetischen Gefängnisses in Peking 1989

JIMBO

Eurokasischer Paartanz, den Männer meist im Umfeld geschäftlicher Beziehungen darbieten, wenn sie durch eine Türe gehen, der anderen Person jedoch den Vortritt gewähren möchten. Ein vollendeter Jimbo kann bis zu einer Stunde dauern und von dem Paar vor jeder neuen Tür wiederholt werden.

JIPPEX

Befriedigendes Gefühl, das sich einstellt, wenn man erfährt, wie schlecht es dem Ex-Partner mittlerweile geht, der einen so schmählich verlassen hat. Jippex ist das Gegenteil von → Schittex.

JULIANIS FASHION STRIKE

Die Boutiquen-Kette der Juliani-Brüder Angelo und Brottoni Juliani ›Julianis Fashion Strike‹ ging in die Geschichte der Modewelt als Paradebeispiel für progressives, zeitgenössisches Bekleidungsmanagement ein. Als erstes Modelabel setzten sie konsequent das minimalistische Konzept im Einzelhandel um. Nach der Reduzierung des Angebots auf vier bis fünf Modelle pro Geschäft ließen sie Anfang 2008 in ihren Boutiquen, die zu den bedeutendsten weltweit gehören, gar keine Kleidungsstücke mehr ausstellen. »Wir haben jetzt auch viel mehr Zeit für andere Dinge«, so Angelo und Brottoni in einem Gespräch mit ›Vogue‹-Journalistin Emma Tartana.

Jupitermission Rapallo 7

Die Jupitermission Rapallo 7 war ein gemeinschaftliches Projekt der US-amerikanischen Weltraumbehörde NASA und der europäischen Raumfahrtagentur ESA. Sie hatte den ersten bemannten Raumflug zum Planeten Jupiter zum Ziel. Geplant waren vor Ort die Erprobung neuer Technologien, die Rückführung von Gasproben vom Jupiter auf die Erde und die Suche nach Spuren von Leben. Der Start von Rapallo 7 wurde nach zwölfjähriger Vorbereitungsphase und 312 Testflügen auf den 15. Juli 2005 festgelegt, vom Stützpunkt der Cape Nerd Air Force Station (CNAFS), Florida, aus. Die Besatzung bestand aus zwölf Astronauten, die für diese Mission eine Spezialausbildung erhalten hatten. Die geplante Dauer des Fluges betrug 14600 Tage (40 Jahre) und sollte der längste bemannte Raumflug der Geschichte werden. Die Entfernung des größten Planeten des Sonnensystems von 778 Millionen Kilometern machte diesen zeitlichen Aufwand unumgänglich. Der mit der Schwerelosigkeit einhergehende Knochen- und Muskelschwund sollte mittels einer Fitness-Station an Bord der Raumfähre begrenzt werden.

Die Raumfähre hob um 14.28 MEZ vom Startkomplex LK-2 der CNAFS ab und wurde von rund

400 Millionen Menschen weltweit vor dem Fernseher verfolgt. Die Jupitermission brach ihren Flug vorzeitig ab und kehrte nach achtundzwanzig Tagen nach Cape Nerd zurück. Ein Sprecher der NASA erklärte, die Komplexität der aufwendigen Vorbereitungen für die Mission habe zu einem organisatorischen Fehler im Verpflegungsbereich geführt. »Wir hatten nur Essen für zwei Monate dabei«, präzisierte der Astronaut Keith Nelson.

JZL

[Japanisches Zentralarchiv Lager]

Das JZL ist eine Abteilung des japanischen Verteidigungsministeriums. Im Lager dieses Archivs werden digitale Informationen über andere Staaten gesammelt mit dem Ziel, das gezielte Wissen im Kriegsfall gegen diese einsetzen zu können. Die Datenbank des JZL verfügt Schätzungen zufolge über ausführliche fotodokumentarische Informationen aus allen europäischen Städten. Durchschnittlich gebe es von jedem EU-Bürger im JZL 8,3 Fotografien, so der Sprecher von Interpol. Europäische Denkmäler und Kulturstätten seien bis auf den letzten Klostein detailgenau erfasst. Die verschiedenen Winkel der Aufnahmen ermöglichten eine Rekonstruktion aller europäischen Altstädte in 3-D; »Google Street View ist ein Scheißdreck dagegen«, so das Fazit der Generalversammlung von Interpol 2009.

Mitarbeiter des Japanischen Zentralarchivs invasieren ganzjährig in kleinen Gruppen die Städte und halten mit ihrer hochspezialisierten Kameraausrüstung jeden Meter potenzieller Einsatzorte fest.

K

Kabul

Gesellschafts-anthroposophischer Terminus für das Leitungswirrwarr unterm Schreibtisch.

Kalaustromanie

Fachbegriff für eine verbreitete psychosoziale Erkrankung. Es handelt sich um die zwanghafte Wortwitzsuche von Werbetextern in ihrer Freizeit. Wie etwa ein aufmunterndes »Erbrechen lohnt sich nicht« für Bulimiker.

Karamische Sprache

[*luġa al-karâ*]

Die karamische Sprache ist die am meisten verbreitete Sprache der albano-polnischen Sprachfamilie. Durch Überfälle, Raubzüge und Besetzung gelangte die Sprache nach Europa. Dank der Umstände ihrer Verbreitung galt sie lange als die Sprache der Auseinandersetzung, des Streits und der Zwietracht. Über Jahrhunderte hinweg war die Bevölkerung der Überzeugung, die karamische Sprache bestände ausschließlich aus dualen Sätzen wie:
1) »Raus hier«, 2) »Gib her« und 3) »Bück dich«.
Tatsächlich beinhaltet das Karamische einen erheblich größeren Wortschatz und eine ausgefeiltere Grammatik als die von Linguisten als Alt- oder

Hochkaramisch bezeichnete Urform der Sprache. Der heutige Satzbau der karamischen Sprache folgt den Regeln der Syntax und besteht aus mehreren Wörtern oder Wortgruppen: 1) »Ich reiße Ihrem Vater die Nase ab«, 2) »Meine Axt passt gut in Ihren Hals«, 3) »Steigen Sie bitte in diesen Kofferraum!« Lehrbuch: Wolfdietrich Hasel, Otto Japs: ›Setzen, sechs!‹ Lehrgang für die karamische Schriftsprache der Gegenwart. 5. Auflage. Wiesbaden 1996.

Karies-Filet

Dentalhygienischer Begriff für die Ausbeute nach dem Benutzen von Zahnseide.

Das Karlsruher Supermarkturteil

Das als Karlsruher Supermarkturteil bekannte Gesetz bezeichnet eine Entscheidung des Bundesverfassungsgerichts vom März 2004, dem zufolge man sich mit sechs Äpfeln nicht in die Express-Schlange (maximal fünf Produkte) des Supermarktes stellen darf, es sei denn, die Äpfel befinden sich in einer verschlossenen Verpackung.

Karottenkupfergelb

Farbe, die die Haut nach dem Auftragen eines Selbstbräuners annimmt, obwohl auf der Packung als Produktversprechen die Kolorierung »Bronze« angegeben ist.

Kaurim

[lat. kauriliae]

Kaurim ist eine bakterielle Infektionskrankheit bei Menschen. Sie zählt zu den seltensten Infektionskrankheiten weltweit. Dies liegt an dem äußerst komplexen Ansteckungsmechanismus: Eine Ansteckung mit dem Bakterium ›Anaphak Ester‹ kann nur dann auftreten, wenn Linkshänder eine schlampig angelegte Bluttransfusion empfangen. Selbst dann ist eine Ansteckung äußerst unwahrscheinlich, da die Bakterien nur Sekundenbruchteile an der Luft überleben und auch nur, wenn die Atmosphäre im Raum Wärme und Harmonie ausstrahlt. Das Krankheitsbild ist schwer zu definieren, da das subjektive Befinden der an Kaurim erkrankten Menschen kaum gestört ist. Das Leitsymptom ist ein leichtes Jucken oder Kribbeln in der Nase, das mit Niesen einhergehen kann, aber nicht muss.

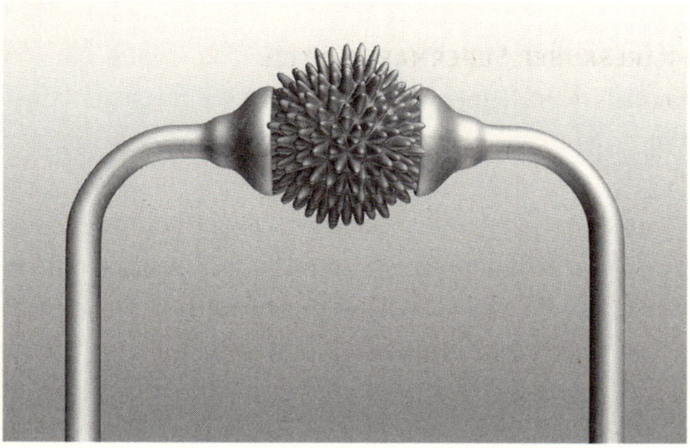

Kaurim: ungeschicktes Bakterium geschnappt

KERN, MATTHIAS

(* München, 30. April 1962)

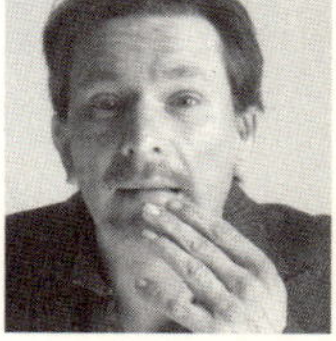

Matthias Kern

Matthias Kern ist ein Angestellter des öffentlichen Dienstes und der einzige bekannte Mensch, der seinen Schutzengel umgebracht hat. Es handelte sich hierbei um einen Unfall in der Untergrundbahn der Linie 5, in München-Neuperlach. »Ich bin in letzter Minute in die U-Bahn gesprungen und habe nicht gesehen, dass er hinter mir war«, erklärte Matthias

Kern. »Außerdem habe ich auch noch nie so recht an das Gerede über Schutzengel geglaubt.« Dass der Schutzengel, der sich als Jelihel vom Chor der Seraphim herausstellte, in der Tür der Untergrundbahn eingeklemmt wurde und zu Tode kam, bezeichnete Kern als »tragisch« und »äußerst bedauerlich«.

KICKOLIZISMUS

Der Kickolizismus ist eine weltweit verbreitete, monotheistische Religion. Sie ist regional unterschiedlich stark vertreten und beruht auf dem Glauben, dass es zwei konkurrierende Himmelreiche gibt. Diese können nur erreicht werden, indem man sich halbwegs fair und den kickolizistischen Regeln entsprechend verhält. Dazu gehört, dass man fast niemanden verletzt, zu Fall bringt oder beschimpft. Auch darf man den Heiligen Geist nicht ins Abseits befördern. Zumindest nicht ins aktive Abseits.

Zwei Mannschaften mit jeweils elf Jüngern versuchen, das Himmelreich zu erreichen, indem sie den Heiligen Geist häufiger in das gegnerische Himmelreich befördern als die andere Mannschaft. Jeder Gottesdienst wird von einem schwarz, neuerdings auch gelb oder grün gekleideten Geistlichen mit zwei Ministranten geleitet, der auch Sünden ahndet. Schwere Sünden können dazu führen, dass einzelne Jünger nicht mehr teilnehmen dürfen und die Messe verlassen müssen. Mitunter ist ihnen die Teilnahme im nächsten Leben untersagt.

Da die Anzahl der Gläubigen das Fassungsvermögen herkömmlicher Gotteshäuser bei weitem übersteigt, werden die Messen in großen Stadien abgehalten. Nicht selten skandieren die Gläubigen bei diesen

Zusammenkünften verschiedene Psalmen und Lobgesänge. Einen herausragenden Platz nimmt hierbei der Psalm des Rudi Völler ein, der in stetiger Wiederholung auf dessen Singularität hinweist.
Eine kickolizistische Weisheit lautet: »Nach dem Gottesdienst ist vor dem Gottesdienst.« Darin ähneln sie dem buddhistischen Konzept der ewigen Wiederkehr. Im Kickolizismus gibt es zwar keine Hölle im eigentlichen Sinne, sehr wohl aber den Abstieg in eine andere Liga, wie sie aus dem hinduistischen Kastensystem bekannt ist. Alle vier Jahre wird eine große Synode veranstaltet, die Milliarden Gläubige auf der ganzen Welt mit großer Ehrfurcht beobachten. Hier kann eine Erlösung für vier Jahre erreicht werden.

Praktizierende orthodoxe Kickolizisten

KILKENNY-BUCH DER DURCHSCHNITTLICHKEIT

Bei dem Kilkenny-Buch der Durchschnittlichkeit handelt es sich um die größte Sammlung durchschnittlicher Daten weltweit. Enthalten sind alle gängigen Mittelmaße, Durchschnitte, Standards und Normen. Das Buch ist eingeteilt in die Sparten:

1) Natur (z.B. Auflistung der gängigsten Nadelbäume)
2) Menschlicher Körper (z.B.: Wie lange ist die durchschnittliche Wimper?)
3) Wissenschaft & Architektur (z.B. Statikmittelwerte von Kellern weltweit)
4) Kunst (z.B. alle gängigen Postergrößen)
5) Politik (z.B. die Dauer einer herkömmlichen Neujahrsrede)
6) Sport (z.B. die Mittelwerte der Bundesjugendspiele von 1951 bis heute).

Angelegt war das Buch als Konkurrenz zu dem seit 1955 bestehenden ›Guinness-Buch der Rekorde‹, verkaufte sich jedoch wesentlich schlechter.

KING'S RED CROSS

King's Red Cross ist der Name der permanenten Station des Roten Kreuzes im Londoner Bahnhof King's Cross. Die Einrichtung wurde notwendig, nachdem seit dem Jahr 1997 die Anzahl der Kopfverletzungen auf dem Gleis 9 des Bahnhofs sprunghaft anstieg. »Wie die Bekloppten rennen die Leute hier mit dem Kopf gegen die Ziegelwand«, so der Pressesprecher des Roten Kreuzes, Michael Howards.

KISTE

Kiste ist, im Vergleich zu den althergebrachten Tierkreiszeichen, ein relativ junges Sternzeichen. Mit der Entdeckung der Zahl → Seuben am 3. Januar 2009 erweiterte sich die Zahl der Tierkreiszeichen von zwölf auf dreizehn. Kiste befindet sich zwischen den Sternzeichen Krebs und Löwe und ist das

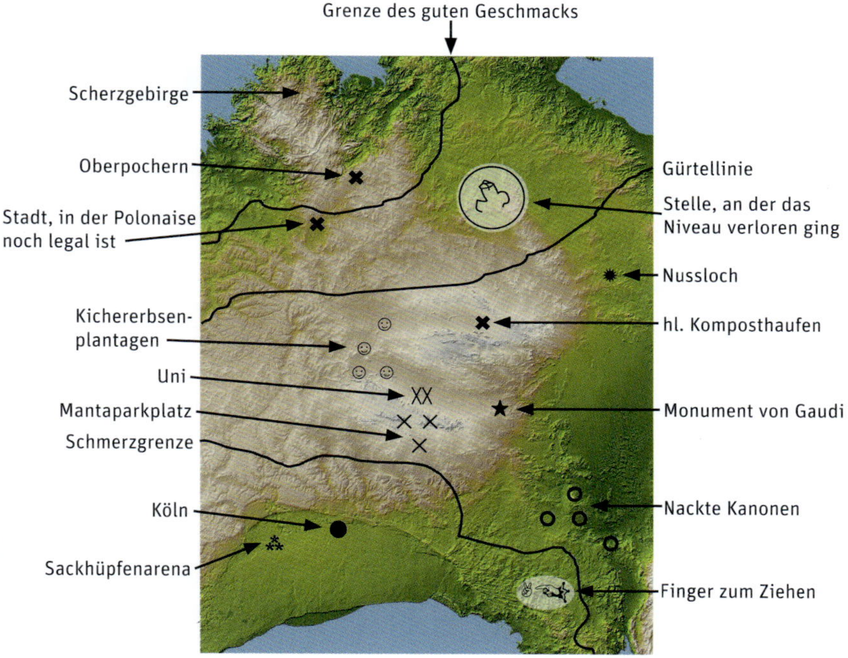
Grenze des guten Geschmacks
Scherzgebirge
Oberpochern
Stadt, in der Polonaise noch legal ist
Kichererbsen-plantagen
Uni
Mantaparkplatz
Schmerzgrenze
Köln
Sackhüpfenarena
Gürtellinie
Stelle, an der das Niveau verloren ging
Nussloch
hl. Komposthaufen
Monument von Gaudi
Nackte Kanonen
Finger zum Ziehen

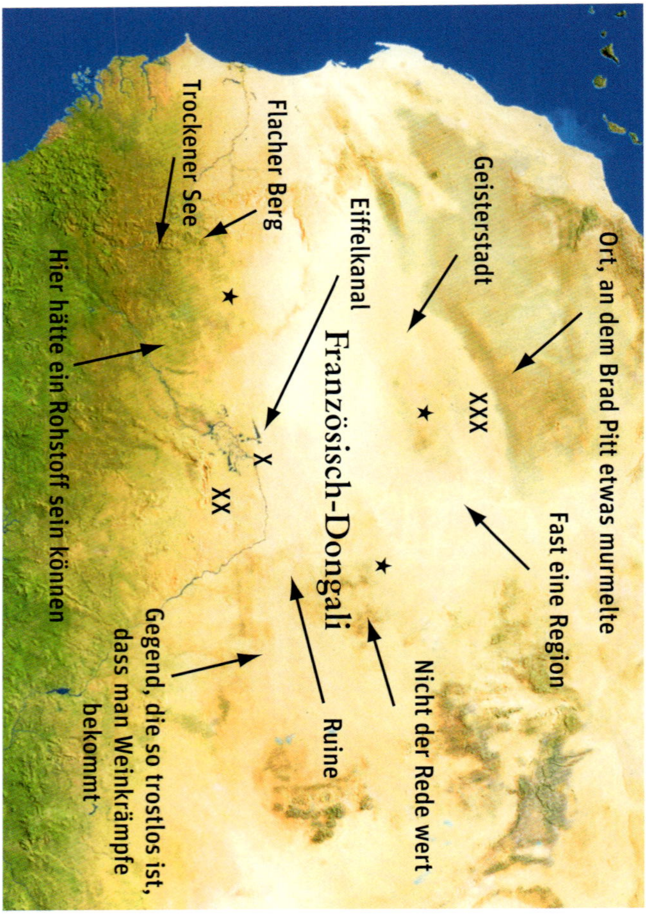
Ort, an dem Brad Pitt etwas murmelte
Fast eine Region
Geisterstadt
XXX
Eiffelkanal
Französisch-Dongali
Nicht der Rede wert
Ruine
Flacher Berg
Trockener See
X
XX
Hier hätte ein Rohstoff sein können
Gegend, die so trostlos ist, dass man Weinkrämpfe bekommt

Der vom Aussterben bedrohte Glanzhaarich: sich unsichtbar wähnend

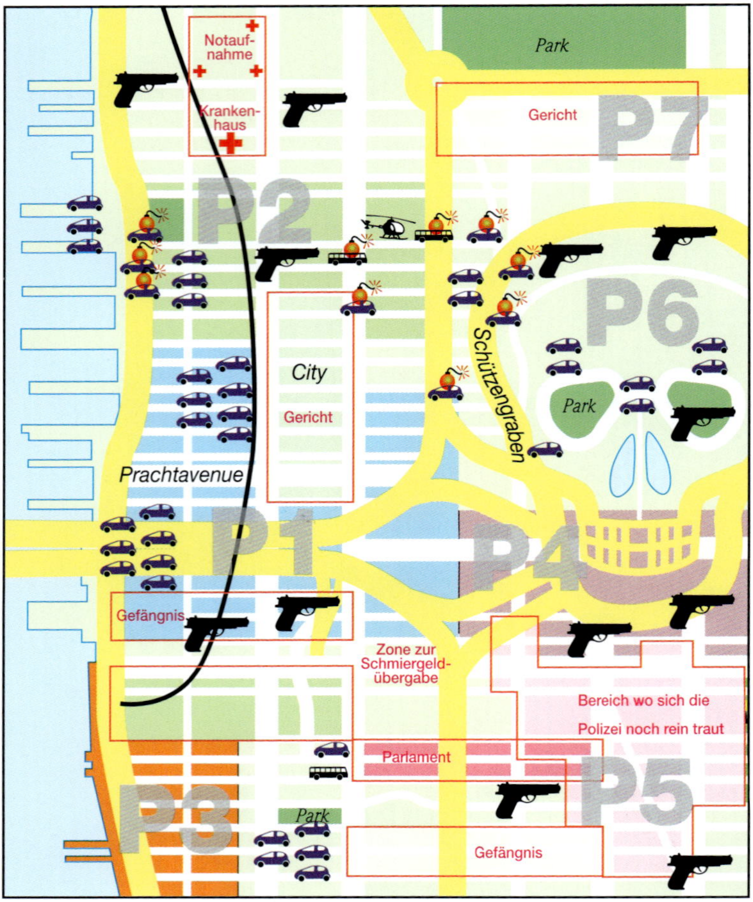
Park
Notaufnahme
Krankenhaus
Gericht
P7
P2
P6
City
Gericht
Schützengraben
Park
Prachtavenue
P1
P4
Gefängnis
Zone zur Schmiergeldübergabe
Bereich wo sich die
Polizei noch rein traut
Parlament
P5
P3
Park
Gefängnis

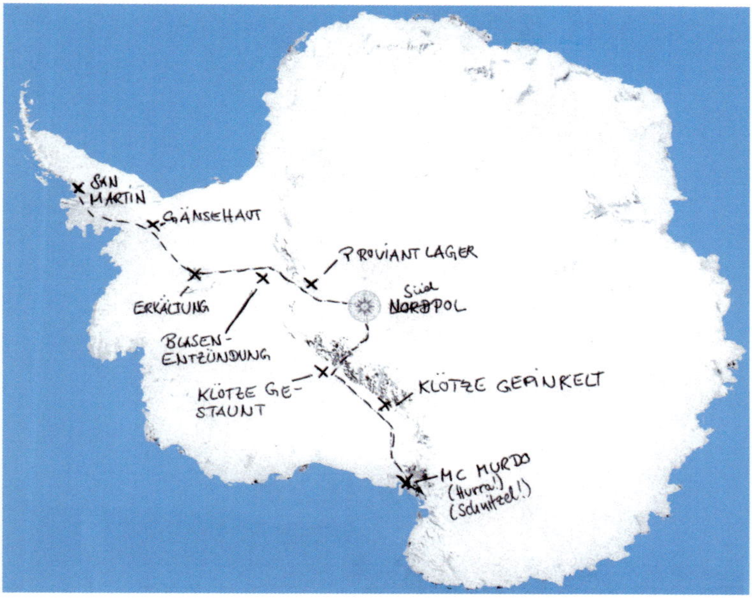
SAN MARTIN
GÄNSEHAUT
PROVIANT LAGER
ERKÄLTUNG
Süd
~~NORD~~POL
BLASEN-ENTZÜNDUNG
KLÖTZE GE-STAUNT
KLÖTZE GEPINKELT
MC MURDO
(Hurra!)
(Schnitzel!)

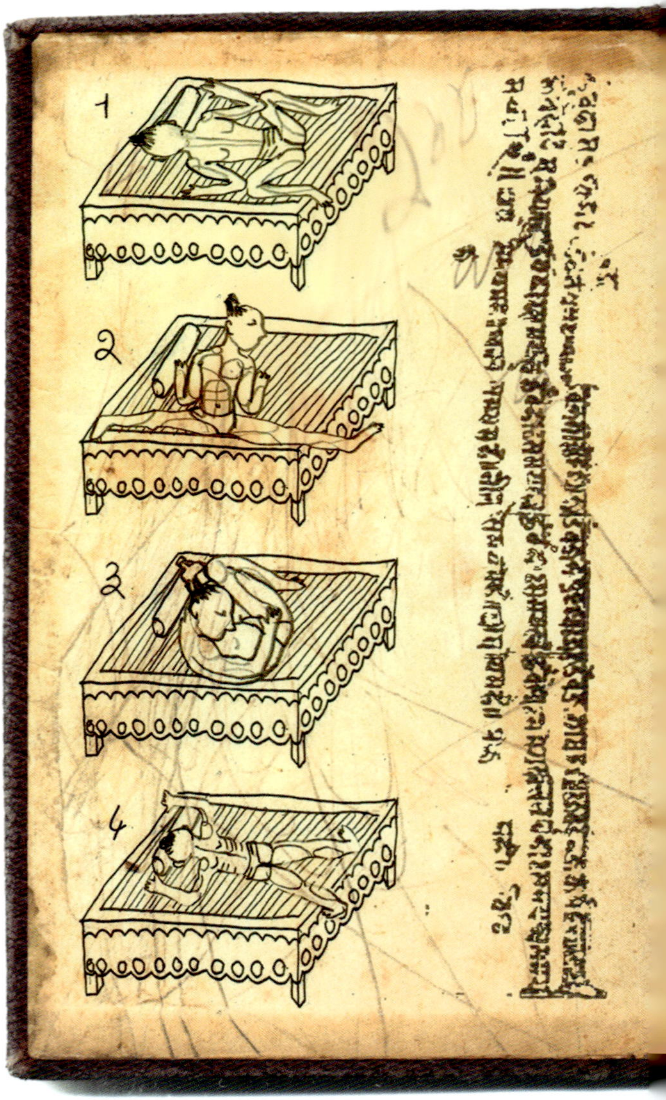
1
2
3
4

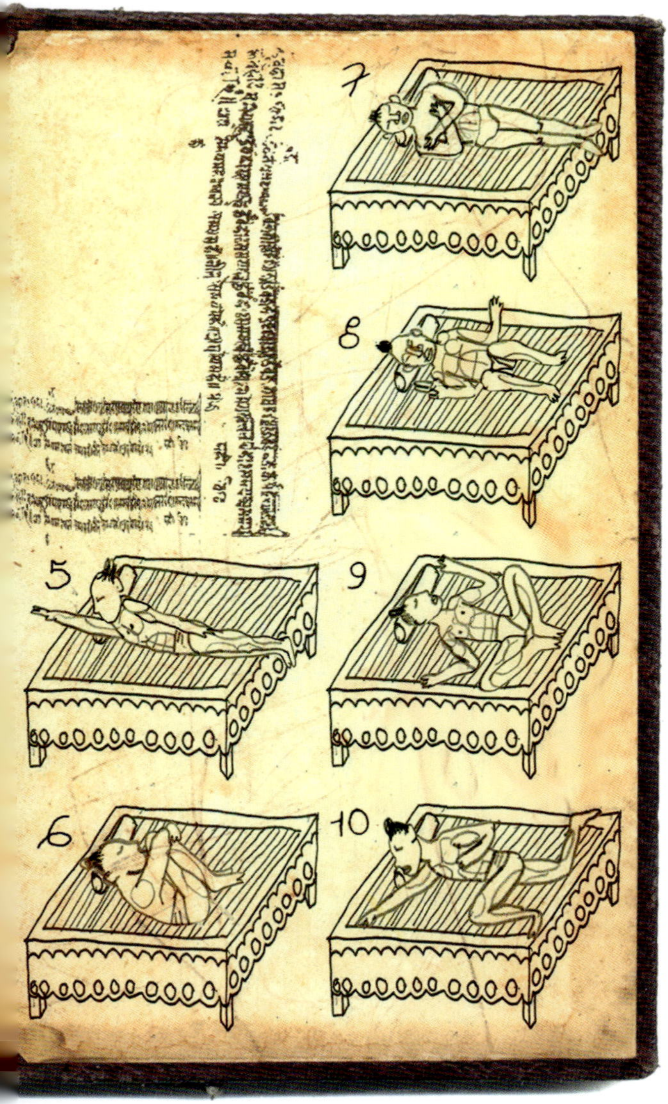
7
8
5
9
6
10

1	2	3	4	5	6	7
Luft	Do	Eier	Blut	Marmor	Luft-getrocknet	Uschi
Wasser	Re	Milch	Schweiß	Stein	Geföhnt	Urs
Mond	Mi	Senf	Urin	Eisen	Geknetet	Strelizien
Sterne	Fa	Käse	A-A	Apple	Lauwarm	Tokio Hotel
Schuppen	So	Wurst		Heiden-reich	Yoga	Service Point
Matussek	La	Nutella	Mario Barth	Wikipedia	Yes we can	Viva
	Si	iPod	Kult	Bionade	Lonely Planet	Nicht-raucher

Sternzeichen der zwischen dem 14. und dem 18. Juli Geborenen. Der Name Kiste begründet sich durch die Sternenkonstellation vierer Fixsterne, die zwischen dem Sternbild des Löwen und des Krebses liegen und einer Kiste ähneln. Über die Deutung von Kiste anhand der Position dieser Sterne aus geozentrischer Sicht besteht in der Astrologie Einigkeit:
Sie wünschen sich, dass andere Leute Sie mögen und bewundern, und dennoch tendieren Sie zu einer kritischen Meinung gegenüber sich selbst. Sie haben zwar ein paar Schwächen in Ihrer Persönlichkeit, können diese aber im Allgemeinen ausgleichen. Sie verfügen über erhebliches Potenzial, das Sie bisher noch nicht zu Ihrem Vorteil genutzt haben. Nach außen hin wirken Sie diszipliniert und selbstbewusst, jedoch sind Sie innerlich beunruhigt und unsicher. Manchmal machen Sie sich ernsthafte Gedanken darüber, ob Sie die richtige Entscheidung getroffen oder das Richtige getan haben. Sie bevorzugen ein gewisses Maß an Abwechslung und Veränderung, und Sie fühlen sich unbefriedigt, wenn Sie von Einschränkungen und Limitierungen gehemmt werden. Sie sind auch stolz darauf, ein unabhängiger Denker zu sein, und Sie akzeptieren nicht einfach so die Aussagen anderer Leute ohne stichhaltige Beweise. Allerdings haben Sie herausgefunden, dass es nicht sehr klug ist, sich gegenüber anderen zu sehr zu öffnen. Manchmal verhalten Sie sich extrovertiert, leutselig und aufgeschlossen, allerdings sind Sie wiederum manchmal auch introvertiert, skeptisch und zurückhaltend. Einige Ihrer Sehnsüchte tendieren dazu, von eher unrealistischer Natur zu sein.

KLAGENFURT

→ Haiderrabatt

KLOSTERMEYER, ALBERT

(* Cham, 6. April 1966)

Albert Klostermeyer

Albert Klostermeyer ist ein deutscher Rallyefahrer. Nach einer intensiven Vorbereitungszeit als Copilot im blaumetallicfarbenen Opel Astra seines Vaters stieg er im Alter von achtzehn Jahren selbst ins Renngeschehen ein. Albert Klostermeyer brach kurz darauf den Streckenrekord Cham–Haderstadl und machte sich so regional einen Namen. Er feierte diverse Einzelerfolge auf der Landstraße B20. Unter seinen Kollegen hieß es, keiner nehme eine Kurve so schnell wie Albert Klostermeyer. Manche seiner Beifahrer mussten wegen Schleudertraumas behandelt werden.

Er war auch der Erste, der eine Cross-Strecke in eine Etappe integrierte, indem er hinter der Ortschaft Hof in den Feldweg des Bauers H. Broll einbog. Albert Klostermeyer fand während seiner aktiven Zeit kein Rallye-Team und fuhr daher bei keinem offiziellen Rennen mit. Seine Karriere wurde beendet, als ihm im Alter von neunzehn Jahren wegen 21 Punkten in Flensburg der Führerschein entzogen wurde.

KNÄRZ

Ein Knärz ist eine Maßeinheit für eine extrem lange Zeit. In der Kuhnschen Zeitrechnung lässt sich die Größe Zeit in einer kohärenten, steigenden Linie darstellen. Die Einheit Knärz ist die größte mögliche Einheit zur Messung des Faktors Zeit. Ein Knärz entspricht etwa der Dauer der Entwicklung

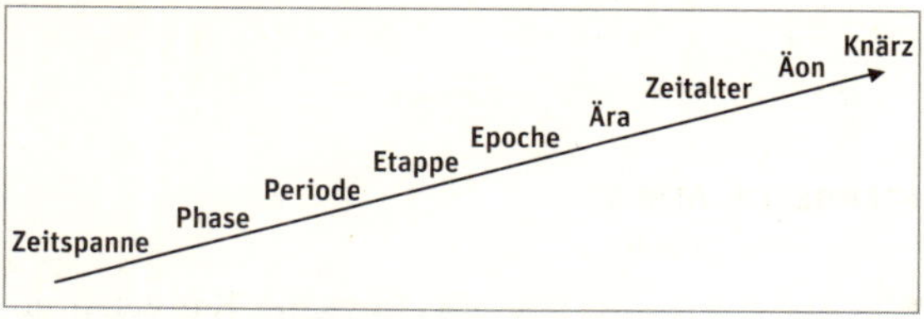

vom Bakterium zum Menschen oder bis ein Anrufer bei ›9Live‹ durchgestellt wird.

KNIGGE, UWE

(* Bremen, 17. November 1965)

Uwe Knigge ist ein deutscher Autor und ein Urenkel des Adolph Freiherr von Knigge. Er setzte die Tradition seiner Familie fort, indem er 2007 das Benimmbuch seines Urgroßvaters in einer zeitgemäßen Adaption verfasste. Als Anhänger der neohumanistischen Bewegung befürwortet Uwe Knigge den Menschen in seiner Ganzheit. Regeln und Gesetze sollten seiner Meinung nach dem Körper zu seinem Recht verhelfen, statt ihn einzuengen und zu beschneiden. Er propagiert einen lockeren und ungezwungenen Umgang mit dem »reinen« Körper und beklagt ein Unvermögen der Akzeptanz alles Körperlichen: »Der Körper hält nicht nur gefangen. Ebenso befreit der Körper sich – und uns. Eine Flasche Mineralwasser oder Coca-Cola getrunken –, und es folgt ein Selbstbefreiungsschlag göttlichen Ausmaßes.«
Ein Großteil des Benimmbuches ist dem Verdauungsvorgang gewidmet. Neben seinen Verweisen auf die Relevanz desselben gibt Uwe Knigge Beispiele, wie man sich zeitgemäß zu dessen Verrichtung empfiehlt: »Wichtig ist es, den Vorgang an sich nicht zu leugnen, aber eine sprachliche Gewandt-

Uwe Knigge

heit erkennen zu lassen«, so der Autor. Mögliche Umschreibungen sind:

1) »Ich muss kurz ein Paket beim Klärwerk abgeben.«
2) »Ich bekomme ein Telegramm aus Darmstadt.«
3) »Ich gehe die Streu vom Weizen trennen.«
4) »Ich biete dem Porzellangott mein Opfer.«
5) »Ich werde eine tote Robbe gebären.«
6) »Ich teste mal die Usability von Ideal Standart.«
7) »Ich möchte ein Paar Lehmsteine backen.«
8) »Ich schmuse ein bisschen mit dem Charming-Bär.«
9) »Ich lasse die Brown Sharkies schwimmen.«
10) »Ich werfe mal ein Auge durch die weiße Brille.«

In seinem Buch beschäftigt sich Knigge nicht nur mit den Regeln am Tisch, angemessener Kleidung und dem Verhalten im Theater, sondern widmet sich auch lebensnaheren Themen, in etwa, wie man sich ohne Taschentuch die Nase putzt oder Prostituierte herunterhandelt.

Uwe Knigge: ›Der Knigge heute‹, Compact Verlag (ISBN 9727948556).

Knopfoglyph

Der Knopf am Telefon, den man noch nie benutzt hat und von dem man auch nicht weiß, für was er gut sein soll.

Knospenzeit

›Knospenzeit‹ (Bromann Taschenbuch-Verlag, ISBN 5294052214) ist der Titel des Buches, das noch nie jemand zu Ende gelesen hat. Seit seinem Erscheinen im März 2001 ist es noch keinem Menschen glaubhaft gelungen, das Mammutwerk komplett durchzulesen. Germanisten der Universität Hannover unternahmen mehrere Anläufe, mussten jedoch jedes Mal beim Kapitel über die Autofahrt von Immendorf nach Itzehoe aufgeben. Der damalige Projektleiter sagte dazu: »Das Problem mit ›Knospenzeit‹ ist, dass es stinklangweilig ist. Der durchschnittliche Leser verdreht nach dem dritten Kapitel die Augäpfel nach hinten und fällt in einen tiefen Schlaf. Die Beschreibung der Regionalbahnhöfe Norddeutschlands, das schaffen die wenigsten. Ein französischer Stummfilm in Schwarzweiß ist gegen ›Knospenzeit‹ ein Abenteuerfilm.« Bei der angeblichen Erstdurchlesung des 976 Seiten umfassenden Werkes im Mai 2006 durch einen ›Stern‹-Reporter handelt es sich nachgewiesenermaßen um Betrug.

Köhn-Paradoxon

Das Köhn-Paradoxon geht zurück auf den Philosophie-Studenten Sebastian Köhn. Mit seiner Fragestellung stellte er die Fachwelt der theoretischen Philosophie vor eine schwierige Aufgabe: »Kann ein allmächtiger Gott einen Stein erschaffen, den er selbst nicht heben kann?« Die Frage aus dem

Gegenstandsbereich der speziellen Metaphysik beschäftigte die Fachwelt über zwei Jahrzehnte lang. Vertreter verschiedener interdisziplinärer Schulen versuchten erkenntnistheoretische Ansätze zu formulieren: 1) Die Sokrates-Schule: Weiß nicht, 2) Die Darwin-Gemeinschaft: Vermutlich wurde der Stein nicht von Gott erschaffen, 3) Der Sophistik-Zirkel: Ja, habe ich selbst gesehen, 4) Die Nietzsche-Anhänger: Nein, Gott ist nämlich gestorben, 5) Der Descartes-Club: Ich denke nicht, 6) Die Kant-

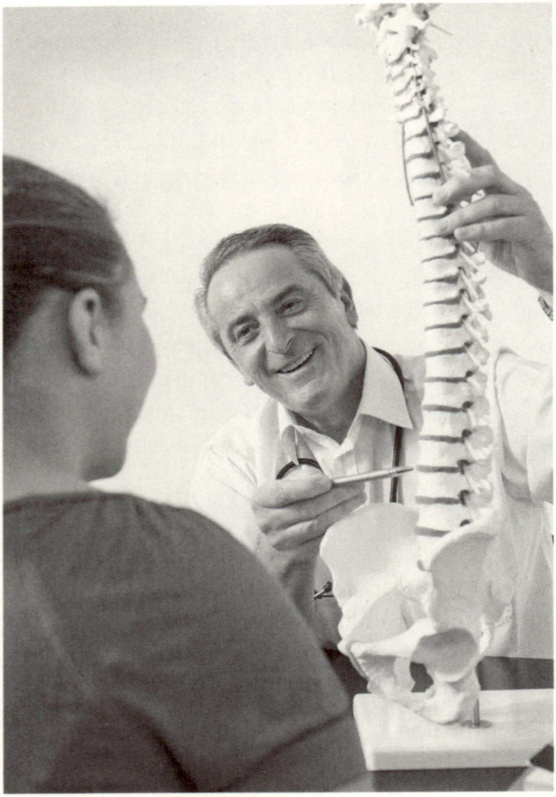

Carl Peppenheimer erklärt seine Theorie einer interessierten Studentin

Abteilung: Klingt unvernünftig, 7) Der Hegel-Bund: Vielleicht hebt er nicht den Stein, sondern senkt einfach die Erde, 8) Der Heidegger-Verein: Haben wir heute eine Antwort auf die Frage nach dem, was wir mit dem Wort ›Stein‹ eigentlich meinen? Keineswegs. Und so gilt es denn, die Frage nach dem ›Sinn vom Stein‹ erneut zu stellen. Schließlich war es der Philosoph Carl Peppenheimer, der im Juni 2005 eine 918-seitige Abhandlung zu dem Thema veröffentlichte und zu dem anerkannten Resultat kam: »Das hängt immer auch davon ab, ob Gott es im Rücken hat oder nicht.«

KOLOSS VON GYROS

[altgriech. Ἥλιος Γόδιος]

Der Koloss von Gyros ist eine Gestalt der griechischen Mythologie und, der Sage nach, der Erfinder des Gyros. Der Koloss von Gyros war der Sohn der Muse Kalliope und entstand aus ihrer Verbindung mit dem Sterblichen Kosta Christinakis. Man geht heute davon aus, dass es die göttlichen Ansprüche der Muse waren, die den sterblichen Kosta das Weite suchen ließen, wobei er seinen Sohn im Kindesalter mit sich nahm. Um unerkannt unter den Sterblichen weilen zu können, gab der Vater seinem Sohn den bürgerlichen Namen Rhododendron. Kosta eröffnete am Rande Athens eine kleine Taverne. Rhododendron erledigte fortan seine Hausaufgaben am Familientisch und half seinem Vater, Poseidonplatten zu tragen.

Kalliope, die mit Hilfe ihres Vaters Zeus ihren untreuen Mann Kosta und den Sohn Rhododendron bald aufgespürt hatte, rächte sich und zerstörte, was Kosta sich in der Welt der Sterblichen mühsam aufgebaut hatte. Die Quellen beschreiben den Akt dieser Zerstörung als Voraussetzung der großen Tat von Rhododendron: Nachdem dieser den niedergeschmetterten Vater zwischen den Trümmern seiner Taverne erblickte, schwor er sich, diese zu neuem Leben zu erwecken. »Zazicki!«, soll er ausgerufen haben, als er sich aufmachte und zur Küche hinaufstieg. Nachdem dort kein Stein mehr auf dem anderen stand und die Vorräte an Schweinefleisch, Tomaten, Zwiebeln und Gurken in tausend Teile zersprungen waren, ersann Rhododendron ein Gericht, das nur aus zerkleinerten Zutaten bestand. Die Sterblichen fanden Wohlgefallen an dem Gericht, und aus Verehrung für den jungen Rhododendron nannten sie das Gericht nach seinem göttlichen Namen: Gyros. Gyros heiratete die göttliche Nymphe Danone, sie blieben kinderlos.

KOMMUNE B4 (K B4)

Der legendäre Gründer der Kommune Helmut Tremel mit seiner Ehefrau, Frau Helmut Tremel

Die Kommune B4 war eine unpolitische Wohngemeinschaft in Freiburg. Gegründet im Januar 1978 vom Bankkaufmann Helmut Tremel, stellte sich die Kommune den herrschenden gesellschaftlichen Normen und entgegnete diesen mit maximaler Konformität. Die Kommune befand sich in dem Stadtteil Herdern und war die erste Wohngemeinschaft in Deutschland, in der ausschließlich auf dem Balkon geraucht werden durfte. Die Kommunarden führten außerdem getrennte Kühlschrankfächer ein und beschrifteten zusätzlich ihre Milchtüten und Joghurtbecher mit dem eigenen Namen. Die Kommune B4 war bekannt für ihre grotesken Aktionen, wie das ›Schuhe ausziehen‹ vor Betreten der Wohnräume. Ehemaligen Bewohnern zufolge existierte ein detaillierter Putzplan, in dem festgehalten wurde, welcher Kommunarde welchen Bereich der Wohnung wann zu säubern hatte. Die Kommune B4 löste sich infolge einer Auseinandersetzung über nicht aufgeschriebene Telefoneinheiten nach zwei Jahren auf.

Konjunktiv III

Der Konjunktiv III ist ein Modus des Verbs. Im Gegensatz zu Konjunktiv I und II bestimmt der Konjunktiv III nicht nur die Möglichkeit, sondern impliziert eine Obligation. Er findet Verwendung, wenn man etwas machen soll, was man nicht will, aber unbedingt machen muss:

Konjunktiv I	Konjunktiv II	Konjunktiv III
Ich wolle	Ich wollte	Ich wöllte
Ich solle	Ich sollte	Ich söllte
Ich habe	Ich hätte	Ich häbte
Ich staubsauge	Ich staubsaugte	Ich stäubsäugte

KO-Tarnung

[keine optimale Tarnung]

Eine KO-Tarnung ist ein verhaltensbiologisches Phänomen und beschreibt erfolglose Tarnversuche von Tieren. Eine KO-Tarnung hat einen kontraproduktiven Effekt, da die Aufmerksamkeit auf das Tier

KO-Tarnung: Negation

KO-Tarnung:
Anti-Somatylose

gelenkt wird, statt diese von ihm abzuwenden. Es existieren vier verschiedene Formen der KO-Tarnung:

1) Negation: Bei der Negation geht das Tier von der These ›Sehe ich dich nicht, siehst du mich auch nicht‹ aus. Dies ist insbesondere bei großen Tieren ein Trugschluss.
2) Anti-Somatylose: Hierbei versucht das Tier vergeblich, sich seiner Umgebung anzupassen. Dies soll durch eine Angleichung der Farbe des Tieres an die Färbung des Hintergrunds erfolgen, so dass das Tier optisch mit seiner Umgebung verschmilzt. Ein bekannter Vertreter dieser Art ist

KO-Tarnung:
Pseudo-Mimese

KO-Tarnung: Bicorniose

der → Glanzhaarich. Bei der Anti-Somatylose wird dies nicht vollständig erreicht.

3) Pseudo-Mimese: Im Gegensatz zur Anti-Somatylose versuchen die Tiere nicht, unsichtbar zu werden, sondern täuschen vor, etwas anderes zu sein. Unter den Begriff Pseudo-Mimese fallen sowohl Tiere, die unbelebte Objekte nachahmen, als auch diejenigen, die durch Körperhaltung und Verhalten andere Tiere nachahmen. Einen Vogel zum Beispiel.

4) Bicorniose: Die Bicorniose ist eine physisch bedingte Tarnschwierigkeit und kommt bei Tieren mit Hörnern, Geweih und Schaufeln vor. Der mangelnde Tastsinn in dem verknöcherten Körperteil erschwert den Tieren die Abmessung ihres Körpers. Dies kann zu Fehleinschätzungen bei der Wahl des Verstecks führen.

KOTZKRÖTE

Klasse:	Kröte
Familie:	Schlurche
Besonderheit:	Autokannibalismus
Natürlicher Feind:	Kotzkröte
Geschmack:	Nach Hühnchen

Kotzkröte

Die Kotzkröte ist eine Kröte aus der Familie der Schlurche. Sie ähnelt der gemeinen Erdkröte, ihr Lebensraum ist der Boden. Zur Fortpflanzung sucht sie Wasserstellen auf, an denen sie ihren Laich ablegt. Ihren Namen hat die Kotzkröte von ihrem Entdecker, Werner Mechtenschild, der so das wenig ästhetische Erscheinungsbild der Tiere festhielt.

Trotz ihrer ursprünglichen Verbreitung in Europa, Nordamerika und Asien ist der Bestand der Kotzkröten heute extrem gefährdet. Der rasche Rückgang der Populationen führte 1995 zur Aufnahme der Kotzkröte in die Rote Liste gefährdeter Arten. Internationale Schutzprogramme konnten den rasanten Schwund der Tiere nicht aufhalten. 2001 bestimmte der Internationale Tierschutzbund (ITB) den 11. Januar als den ›Tag der Kotzkröte‹, um auf die beunruhigende Situation dieser Tiere hinzuweisen.

In freier Wildbahn ist die Kotzkröte Ende 2008 ausgestorben, die letzten Exemplare der Krötenart leben im Tierpark Herberstein in Österreich. Hauptursache für die Gefährdung der Art ist der Autokannibalismus der Tiere. Trotz ausreichenden Nahrungsangebots kommt es ohne erkennbaren Auslöser zum plötzlichen Verzehr der Kotzkröte durch sich selbst.

»Wir hatten Anfang des Jahres noch fünfzehn Kotzkröten, inzwischen sind es noch drei, wir sind völlig ratlos«, so der Direktor des Tierparks, Helmut Herberstein. »Man schaut einen Moment nicht hin, und zack – fängt schon wieder eine damit an. Das ist, als wenn sie eine Tüte von innen nach außen drehen, es geht genauso schnell. Und es sieht nicht sehr schön aus.«

KRATZACHSTAN

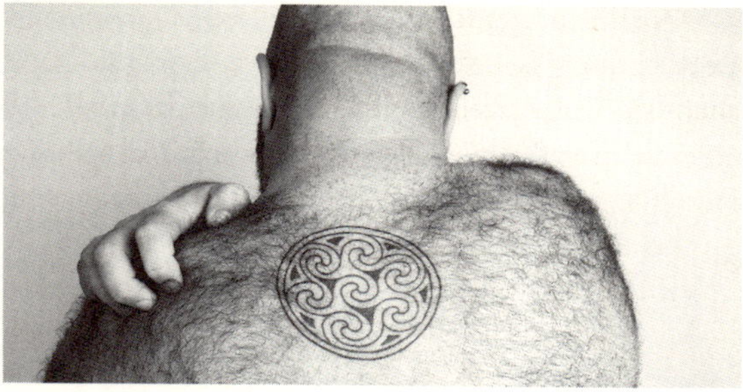

Medizinischer Fachbegriff für die Gegend in der Mitte des Rückens, an die man mit den Händen nicht kommt, wenn es juckt.

KRAUSS-KROLLMANN, BODO

(* Schkeuditz, 28. Februar 1977)

Bodo Krauss-Krollmann ist ein deutscher Autor und Publizist. 2001 verfasste er seine Autobiographie unter dem Titel: »... UND DU BIST RAUS!« (Knall Verlag, ISBN 330-86939-26). Das Buch wurde ein internationaler Bestseller und in über vierundzwanzig Sprachen übersetzt. Hauptmerkmal und Handlungsstrang ist das konsequent ablehnende Verhalten der Gesellschaft gegenüber dem Protagonisten Bodo Krauss-Krollmann. Obschon dieser Umstand weder aus literarischer noch aus ethischer Perspektive ein Alleinstellungsmerkmal darstellt, so ist die Antipathie, die Krauss-Krollmann widerfuhr, in Härte und Ausmaß doch einzigartig.
Aufgrund der großen Anteilnahme der Öffentlichkeit entschlossen sich verschiedene Medienvertreter, den Wahrheitsgehalt seiner Lebensgeschichte zu überprüfen. Mit einem Expertenteam stellten sie anhand von Zeitzeugen und Untersuchungen an Origi-

nalschauplätzen fest, dass – soweit überprüfbar – jede Anekdote des Buches mit höchster Wahrscheinlichkeit den Tatsachen entspricht. In dem daraufhin erschienenen Dokumentarfilm ›Einer, den keiner mag‹ bestätigten sie den Wahrheitsgehalt folgender Fakten und Zitate:

1) »Eigentlich sollte der Kleine Lucas heißen. Als wir ihn aber ein, zwei Tage kannten, nannten wir ihn lieber Bodo.« (Hermine Krauss-Krollmann, Mutter von Bodo Krauss-Krollmann)
2) »... ihm wurde ein Schnitzel umgehängt, damit wenigstens die Hunde mit ihm spielten.« (Ingeborg Mai, Lehrerin von Bodo Krauss-Krollmann)
3) »... beim Fußballspielen haben wir lieber den kleinen Dicken mit der Brille mitspielen lassen. Obwohl Bodo eigentlich der beste Fußballer von uns allen war, erlaubten wir ihm trotzdem nur, und auch nur, wenn wir gut gelaunt waren, uns die verschossenen Bälle zurückzubringen.« (Rainer Berg, Sohn ehemaliger Nachbarn von Bodo Krauss-Krollmann)
4) »Aus rein medizinischer Sicht hätten wir Krauss-Krollmann die Tauglichkeitsprüfung zum Militärdienst bestehen lassen müssen. Aber irgendwie passte er nicht in die Truppe.« (Ernst Hack, ehem. NVA-Oberst)
5) »Aus mir bis heute unerklärlichen Gründen haben wir uns dann doch für Guido Westerwelle entschieden.« (Hans-Joachim Otto, Politiker der FDP)
6) »... dass ein Ausweis für einen Organspender abgelehnt wurde – das ist wirklich einzigartig.« (John Wings, Pressesprecher des Deutschen Roten Kreuzes).

KRIEGSNOBELPREIS

Der Kriegsnobelpreis ist eine internationale, mit 250 Millionen Dollar dotierte Auszeichnung, gestiftet von der Stiftung des US-Waffenkonzerns T.C. Nobel. Die Verleihung findet seit 1948 statt und würdigt Leistungen auf dem Gebiet der kriegerischen Auseinandersetzung und Verdienste um das Wohl der Waffenindustrie.

Jahr	Preisträger	Begründung
1949	Ägypten, Jordanien, Syrien	– Schnellster Nachbarschaftsstreit
1950	China	– Tibetische Einverleibung
1956	Frankreich, Großbritannien, Israel	– Der Kanal ist voll
1959	Frankreich	– Pflege traditioneller Verhörmethoden
1962	Sowjetunion	– Kubanische Eröffnung
1967	Israel	– Beispiellose Hingabe
1968	USA	– Bedingungsloser Materialeinsatz
1979	Pol Pot, Kambodscha	– Gewalt gegen die eigene Bevölkerung – Gewalt gegen die Nachbarbevölkerung – Gewalt gegen Bevölkerung im Allgemeinen
1980	→ Rothelme	– Außerordentliche Leistungen
1981	Der einfache Soldat	– Für blinde Befehlsausführung ohne Hinterfragung – Ermöglichung kriegerischer Handlungen
1984	Afrikanischer Diktator	– Re-Investition des Bruttoinlandsproduktes in Waffen
1989	Palästina	– Kreative Lösungen im Sprengstoffbereich

Jahr	Preisträger	Begründung
1994	Adolf Hitler (posthum)	– Lebenswerk
2001	Osama Bin-Laden	– Geflogene Architekturkritik
2003	George W. Bush	– Originellster Kriegsgrund
2005	Mahmud Ahmadinedschad	– Unbeeindruckbar – Kriegsförderliche Interpretation historischer Fakten
2006	Mark van Bommel	– Kompromisslose Abwehrarbeit beim FC Bayern München

Kriegsnobelpreis: die traditionelle Verleihung im Jahr 2006

KRÖCHELN

Gastro-physikalischer Terminus für das Geräusch von Kaffeemaschinen, wenn der Kaffee durchläuft.

KULIWURM

Kuliwurm

Kuliwürmer sind organische Kugelschreiber. Sie entstanden im Jahr 1982, als der Grundschüler Hans Höcherl auf die Idee kam, eine Kugelschreibermine längs durch einen Regenwurm zu stecken. Zu seiner Überraschung überlebte der Regenwurm diesen Eingriff. Er benutzte seinen Kuliwurm noch bis Ende der 9. Klasse.

L

Lab.Sex-Studie

Die Lab.Sex-Studie ist eine wissenschaftliche Studienarbeit über die sexuellen Phantasien von Labrador-Hunden. Die in den 1990er Jahren äußerst beliebten Haustiere wurden anhand von Bild- und Videomaterial eingehend untersucht. Übereinstimmungen fanden sich in den folgenden Bereichen:

Lab.Sex-Report	
Prozent	**Phantasie**
81%	Mit einem Husky
63%	Mit einem Yorkshire-Terrier
60%	Mit einem Husky, und ein Yorkshire-Terrier schaut zu
46%	In einer Hundehütte während eines Gewitters, und der Regen trommelt aufs Dach

Lahmbada

Medizinisch-gymnastischer Ausdruck für die Art und Weise, wie man sich bewegt, wenn einem das Bein eingeschlafen ist.

Lamar, Bruce

(* Gyêgu, Tibet, 4. Juli 1936)

Bruce Lamar ist der eigentliche Inhaber des buddhistischen Titels Dalai Lama. Er wurde 1936 als Sohn einfacher Bauern geboren und zwei Jahre

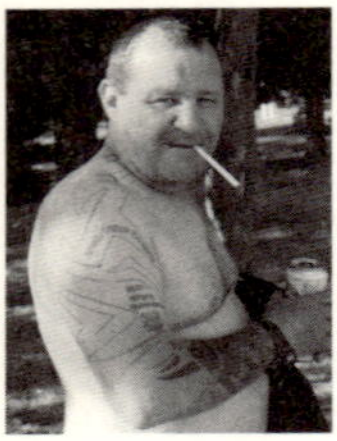

Das wahre Oberhaupt der Buddhisten? Bruce Lamar

später von einer Delegation buddhistischer Mönche als Reinkarnation des Dalai Lama entdeckt. Das chinesische Militär ließ den Jungen heimlich entführen und setzte den Mönch Tenzin Gyatso an seine Stelle. Von dessen friedliebendem Charakter und seiner konsequenten Gewaltlosigkeit versprach sich die chinesische Führung den geringsten Widerstand während ihrer Okkupation. Der echte Dalai Lama hingegen, Bruce Lamar, lebt heute in Monaco und gilt als gewalttätiger Trinker.

LAMARÍA

[von span. la maría]

Lamaría-Virus

Lamaría ist eine meldepflichtige, durch Viren ausgelöste Infektionskrankheit, die sich vom Mittelmeerraum aus auf der ganzen Welt ausbreitet. Aus dem span. Wort für Marihuana, María, entstand der Begriff ursprünglich für infizierte deutsche Touristen, für deren auffälliges Verhalten die Einheimischen eine Erklärung suchten. Zu diesem Zeitpunkt waren Existenz und Ausmaß dieser seuchenartigen Krankheit noch völlig unbekannt. Nach der Statistik der Weltgesundheitsorganisation (WHO) tragen 80% der westlichen Weltbevölkerung den pandemischen Lamaría-Erreger (LME) in sich.

Zum Ausbruch der Krankheit sind verschiedene Voraussetzungen nötig: 1) Umgebungstemperatur von mind. 28° Celsius, 2) leichte, farbig extravagante Kleidung, 3) Abwesenheit von Arbeit. Die Inkubationszeit beträgt zwischen drei Stunden und zwei Tagen. In der Regel treten danach folgende Symptome auf: 1) das Tragen von traditionellen Kleidungsstücken (Trachten) des Urlaubslandes, 2) das Trinken von Alkohol aus badewannengroßen

Gefäßen, 3) Zöpfchenfrisuren, 4) das Versenden von Postkarten aus der Kollektion von Herbert Kunze. Das Virus kann übertragen werden per Tröpfcheninfektion oder durch Vektoren. Nach einer Studie der spanischen Gesundheitsbehörde in Lloret de Mar im Jahr 2008 wurde eine hohe Dichte infektiöser Exspirationströpfchen festgestellt: 1) unter bunten Riesensombreros, 2) zwischen afrikanischen Zöpfchenfrisuren, 3) in T-Shirts mit lustigen Sprüchen.

Die Krankheit heilt meist innerhalb weniger Tage nach Rückkehr in die vertraute Umgebung von selbst wieder ab und zählt somit wie das → Bräsensyndrom zu den temporalen Krankheiten. Weltweit beschäftigen sich mehr als dreihundert Universitätskliniken mit dem Thema und entsenden in regelmäßigen Abständen Forscherteams in die betroffenen Gebiete.

LANDER, FRANZ

(* Ottensen, 16. März 1868; † Frankfurt, 20. August 1965)

Der norddeutsche Dichter und Autor Franz Lander galt als einer der bedeutendsten und herausragenden deutschen Poeten des 19. Jahrhunderts. Sein kryptisches Jahrhundertwerk ›ALBUR MU SURGDILFOT‹ bezeichneten Germanisten als stilistische Vorwegnahme des Dadaismus. Durch den konsequenten Verzicht auf Grammatik, Semantik und Syntax bekamen seine Geschichten eine ungeheure Dynamik. Lander wurde bereits zu Lebzeiten Anerkennung für sein Werk zuteil. Er galt in der literarischen Fachwelt als ›der uneheliche Sohn Goethes und Schillers im erweiterten, freien Geiste‹. Sein Lebenswerk wurde jedoch überschattet, als sein Spät- und

Standardwerk ›Abt, Anton; Abt, Berta‹ von einer Germanistenkommission als Plagiat enttarnt wurde und sich als Abschrift des Stuttgarter Telefonbuchs entpuppte. Kurz vor seinem Tod gestand Lander, dass er auch ›ALBUR MU SURGDILFOT‹ nur aus einer Buchstabensuppe abgeschrieben hatte.

Gedicht nach Franz Lander

LATERALSCHLÜCKCHEN
Gastro-ästhetische Terminologie für das kleine Schlückchen Bier, das einem beim Trinken vom Kinn ins Revers läuft.

LATRITEN

Als Latriten werden alle jene Gegenstände bezeichnet, die Gäste als Handtuch benutzen, wenn auf der Toilette keines hängt. Latriten treten in den unterschiedlichsten Formen und Materialien auf. Ein kretisches Sprichwort besagt: »Τίποτα στον κόσμο δεν ήταν ακόμα Latritulos.« (Nichts auf der Welt ist noch nicht Latrite gewesen.)

Nichts ist noch nicht Latrite gewesen

LAURENT, PASCAL

(* Vigny, Frankreich, 29. April 1816; † Paris, 2. Januar 1881)

Pascal Laurent war ein französischer Mathematiker, der im Jahr 1865 das Urkilo erfand. Die Einheit sollte weltweit als Referenz für die Maßeinheit Kilo dienen. Er suchte dazu den Käseladen ›L' magasin d' fromage‹ in seiner Heimatstadt auf und kaufte dort ein Kilo Hartkäse der Marke Pompadour. Dieses Urkilo bewahrte Laurent in seinem Tresor auf. Während der Überführung des Urkilos in das Internationale Büro für Maße und Gewichte in Paris stellte sich heraus, dass das Urkilo nur 826 Gramm wog. Laurent beschuldigte daraufhin die Besitzerin des Käseladens, ihn arglistig getäuscht zu haben,

Urkilo nach Laurent Pascal

und machte sie verantwortlich für die weltweite Umstellung des Systems der Maßeinheit von 826 Metrogramm auf die allgemeingültige Einheit von 1000 Gramm.

Lausitz

Sozialpsychologischer Fachbegriff für die Hoffnung, dass jeder im Raum das Geräusch des Bürostuhls beim Hinsetzen auch als solches interpretiert hat.

Lax, Norman

(* Nürnberg, 21. Mai 1470; † Nürnberg, 6. November 1502)

Norman Lax

Norman Lax war ein deutscher Dichter. Er erfand und prägte gleichzeitig als Einziger die literarische Form der → Numerate, einer äußerst vielstrophigen Literaturart, die mehrere oder alle Möglichkeiten eines Gedichts festhält. Bekanntestes Werk von Norman Lax ist das 1502 entstandene Volkslied ›Wenn ich ein oder zwei Vöglein wär‹. Diesem seinem letzten Werk hat der Dichter auch seinen Tod zu verdanken, verschuldet von einer aufgebrachten Zuhörerschar. Seine weiteren Werke sind: 1) Sah ein Knab zwei Röslein steh'n, 2) 412 Stufen, 3) Gedichtband ›Prosits der Gemütlichkeit‹, 1–15 Prosits der Gemütlichkeit und 4) Gedichtband ›Prosits der Gemütlichkeit‹, 16–30 Prosits der Gemütlichkeit.

Le Bondre, Serail

(* Nîmes, Frankreich, 11. Juli 1967)

Serail Le Bondre war ein französischer Botaniker. Nach seinem Studium der Biologie an der Fakultät in Paris widmete er sich der Pflanzenkunde und berichtete zwei Jahre nach Aufnahme seiner Forschungen, dass er mit Pflanzen Kontakt aufnehmen könne. Dies geschehe laut Le Bondre durch eine nonverbale Kommunikation unter Zuhilfenahme der Olfaktorik, des Tastsinns und eines einfachen, telepathischen Grundwortschatzes. Serail Le Bondre bestätigte gegenüber dem Fachjournal ›Plant Biology‹ in einem Interview, dass er mit Pflanzen weltweit Gespräche führen könne. Er wies aber gleichzeitig darauf hin, dass dies nicht für Kakteen und Orchideen gelte, da diese eine sehr spitze Zunge hätten.

Serail le Bondre folgt den Ausführungen einer Tulpe

Nach offener Kritik durch renommierte Kollegen zog sich Le Bondre für vier Jahre unter eine Buche in den Schweizer Jura zurück, um, wie er sagte, mit ihr über den Sinn des Lebens zu sprechen. In einem anschließenden Fernsehinterview mit Johannes B. Kerner erklärte er später, die Buche sei überrascht gewesen, als er ihr von Kriegen, Wüsten und Meeren erzählt habe. Die Buche habe sich bei ihm darüber beschwert, dass sie bei Wind und Wetter draußen im Wald stehen müsse, und habe den Mangel an Beinen als großen evolutionären Irrtum bezeichnet.

Die Aussagen Le Bondres konnten nie wissenschaftlich belegt werden.

Auch seine Bücher 1) ›Die Rosen-Dialoge‹ (mvg Verlag, ISBN 400-224604758), 2) ›Ich höre auf die Föhre‹ (Walter Verlag, ISBN 475-449681209) und 3) ›Nicht ohne meine Rinde‹ (Lubert Verlag, ISBN 978-3404611301) wurden zwar von einem breiten Publikum begeistert gelesen, verschafften ihm aber nie das wissenschaftliche Renommee, das er eigentlich erwartet hatte. Le Bondre lebt heute zurückgezogen in einem Fichtenwald in Norwegen.

Le Bondre: Lärchen lauschen

LEONISMUS

Leonismus, regional auch Chantalismus oder Kevinismus genannt, ist eine virusbedingte Nominalerkrankung. Erstmals beschrieben wurde der Leonismus in den siebziger Jahren. Nach einer Latenzzeit von über dreißig Jahren stiegen die Erkrankungsfälle um die Jahrtausendwende aus ungeklärten Gründen wieder an. Der Leonismus verbreitete sich sprunghaft in ganz Deutschland und hat Epidemiecharakter erreicht. Eine Vielzahl von Kindertagesstätten befindet sich bereits im Seuchenstadium. Das Leonismus-Virus (LV) schädigt unmittelbar die Erbsubstanz. Die Krankheit wird verursacht durch parentophage (speziell an Eltern gerichtete) Viren des humanen, nomenophagen Leonismus-Chantalismus-Kevinismus-Stamms (HNLCV). Das Virus führt bei Infektion innerhalb weniger Wochen zur Suppression der namensgenerierenden Hirnareale. Um eine Infektion zu behandeln, sind Neuronominal-Hemmer zugelassen (Handelsname Maximiliapharm® und Emmalan®).

Von Leonismus befallenes Kind

Eine vorbeugende Impfung ist möglich, allerdings sind Leonismus-Viren extrem wandlungsfähig, weswegen eine jährliche Auffrischung nötig ist. Nach Schätzungen der WHO (World Health Organization) hätten die historischen Epidemien Paulitis und Finnismus durch eine rechtzeitige, landesweite Impfung verhindert werden können.

LIMBRASS

Limbrass ist ein grau-braun-grün gezeichneter Schmier-Schimmelkäse aus dem französischen Poitou-Charentes und wird aus Rohmilch hergestellt. Dabei spielt die Art des milchgebenden Tiers eine untergeordnete Rolle. Schweinemilch kann eine qualitativ gleichwertige Ammoniaknote ergeben wie Ratten- oder Ameisenbärenmilch. Die gewonnene Milch wird in speziellen Lagerstollen mit einer Mindesttiefe von 500 Metern der Gärung überlassen. Der von Käseexperten weltweit als »extrem streng« und »außerordentlich intensiv« bewertete Käse ist für Käseliebhaber ein besonderer Genuss. Das unschöne Äußere des Käses harmoniert dabei mit seinem Geschmack.
Seine Geruchsentwicklung und die damit verbundene Gefahr für die Umwelt machen ihn zu einem Erlebnis der besonderen Art. Dennoch lassen es sich Gourmets nicht nehmen, zumindest einmal von einem Limbrass zu kosten. Mit aufwendiger Sicherheitskleidung und Vakuumschleusen wird garantiert, dass kein Molekül Limbrass die Lagerstollen verlässt. Diese Vorkehrungen wurden nötig, nachdem 1997 ein Terrorkommando mit 0,2 Gramm Limbrass einen Anschlag auf die Pariser Metro versucht hatte. Noch Monate später, im April 1998,

berichteten Astronauten der NASA, bei einem bemannten Flug zum Mond auf ebendiesem eine leichte Limbrass-Note wahrzunehmen.

LÖHLEIN, ERWIN
(* Attnang-Puchheim, 19. Februar 1936;
† Linz, 15. Mai 2008)

Der gelernte Kfz-Mechatroniker Erwin Löhlein war 42 Jahre lang Betriebsratsvorsitzender bei

Erwin Löhlein

Steyr-Daimler-Puch, später von Steyr Motors. Erwin Löhleins Tätigkeit war nicht unumstritten. Während seiner Amtszeit schuf er sich eine erklärte Gegnerschaft, die ihn aus dem Betriebsrat auszuschließen versuchte. In diesem Zusammenhang stellte sich jedoch heraus, dass Löhlein Mitglied sowohl der SPÖ, der ÖVP wie der FPÖ war und die Rückendeckung aller drei Parteiobleute besaß (man wollte sich nicht von der politischen Konkurrenz den Mann aus dem Amt mobben lassen). Trotz zunehmender Kritik setzte Löhlein verschiedene Maßnahmen zum Schutz der Erhaltung der Arbeitsplätze der Angestellten von Steyr-Daimler-Puch durch: 1) längere Arbeitszeiten ohne Lohnausgleich, 2) Massenentlassungen, 3) Verlagerung von Standorten ins Ausland. Löhlein wurde immer wieder vorgeworfen, er sei bestechlich, dies konnte ihm jedoch nie nachgewiesen werden.
Im Alter von 72 Jahren überlebte er knapp einen Landeunfall mit seinem Privatjet. Er verstarb jedoch noch während der Fahrt in seinem Bugatti auf dem Weg zu seinem Schloss bei Linz auf der Rückbank des Wagens.

LOLO [LOLUS STULTUS]

Name:	Lolo
Klasse:	Vögel
Familie:	Tölpel
Höchstgeschwindigkeit:	Nicht messbar
Ansehen im Tierreich:	Niederschmetternd

Der Lolo ist ein langhalsiger Wasseranrainervogel mit einem Hornschnabel, ähnlich dem eines Pelikans. Im Gegensatz zu ihren entfernten Verwandten kön-

Lolo-Gehirn: die Zoologin Dr. Katrin Meerbaum bei der Untersuchung

nen Lolos nicht schwimmen. Sie halten sich daher zwar in der Nähe von Wasser, nie aber im Wasser auf. Wie auch → Wiwis und → Pingurine können Lolos nicht fliegen. Da Lolos auch keine besonders guten Läufer sind, haben sie im Lauf der Evolution die Fortbewegung ganz aufgegeben. Sie stehen die meiste Zeit ihres Lebens auf einer Stelle und betrachten ihre Umgebung. In einem Turnus von zwei bis drei Jahren drehen sie sich drei bis fünf Grad um die eigene Achse. Der Lolo hat einen permanent verwunderten Gesichtsausdruck, was an seinen weit aufgerissenen Augen und einem leicht geöffneten Schnabel liegt. Zoologen vermuten, dass der Lolo so lange seine Umgebung betrachtet, bis sein Hirn die Informationen verarbeitet hat. Anschließend erst dreht er sich weiter. Versuche, Lolos per Hand umzusetzen, endeten mit einem vorübergehenden Bewusstseinsverlust der Lolos.

LONGERICH, CHRISTOPHER

(* Lyon, 2. Juni 1856; † Neapel, 8. Mai 1931)

Christopher Longerich war ein französischer Seefahrer und Entdecker. Er behauptete 1891, Paris entdeckt zu haben. Historiker vom Geographischen Institut in Paris werfen Longerich Betrug vor. »Er war nicht der Erste. Sogar der Eiffelturm stand schon«, erklärte Professor Jerôme Reaupard. Umfangreiche Recherchen zu diesem Thema hätten dies eindeutig ergeben. Reaupard starb kurz vor der Entdeckung Neapels.

LONGEWEID VERLAG

Longeweid ist ein im Jahre 1744 gegründeter Verlag, der sich ausschließlich der Übersetzung ausländischer Werke widmet. Die Sonderposition, die Longeweid im Verlagswesen einnimmt, begründet sich durch die künstlerische Freiheit, die der Verlag seinen Übersetzern einräumt. Laut der von Longeweid im Jahr 1802 übersetzten Bibel war Jesus Gote aus Laon und starb an Hohlkreuz, im Original hingegen war er der Gottessohn und starb am Holzkreuz.

Aufsehen erregte Longeweid auch durch die Übersetzung eines Theaterstücks, in dem einer der Schauspieler in einer ›Dylan-Pose‹ vor das Publikum treten sollte. Begründet durch die kreative Arbeit des Übersetzers, tat er dies jedoch in einer Pillendose. Bemängelt wurde auch eine Gedichtbandserie, in der unter anderem das Gedicht ›Der Rabe‹ von Edgar Allen Poe abgedruckt war, in dem sich ein Satz deutlich vom Original unterschied. Der Satz im Original lautete: »Sein Dämonenauge funkelt und sein Schattenriss verdunkelt …«

In der Longeweid-Edition hingegen lautete er: »Sein Dämonenauge funkelt und sein Rattenschiss verdunkelt …« Die Reaktionen auf diese Neuübersetzung waren überwiegend negativ. »So ein Aufstand wegen eines Wortes – dass der Rest des Gedichtes einwandfrei wiedergegeben ist, davon spricht natürlich keiner«, so der Geschäftsführer von Longeweid. Vorwürfe kamen auch aus dem englischsprachigen Ausland, wo der Verlag unter anderem Bedienungsanleitungen verlegt. Der Aufruf an verschiedenen Industriemaschinen »handle with care« sorgte in der Version des Verlags »candle with hair« für Verwirrung, »wenn auch für optische Abwechslung«, so ein Vertreter der Internationalen Kommerzkammer.

LORSTENBURG

Flagge von Lorstenburg

Flagge:	Beige Unikolore
Staatsform:	Erbmonarchie
Fläche:	11 km²
Einwohnerzahl:	12

Lorstenburg ist ein Zwergstaat im mittleren Mitteleuropa und grenzt an Österreich, Liechtenstein und die Schweiz. Regierungsform ist eine Erbmonarchie mit demokratisch-familiärer Grundlage. Das Klima des Landes kann als mild bezeichnet werden, die Temperaturen fallen im Winter auf bis zu minus 15 Grad, im Sommer beträgt der Mittelwert zwischen 20 und 23 Grad. Die Bevölkerung setzt sich aus der Familie Borstel zusammen, 100% der Einwohner sind gebürtige Lorstenburger. Ausgehend von der Volkszählung im Jahr 2000 sind 92% der Bevölkerung römisch-katholischen Glaubens, 8% machten keine Angaben, sondern schliefen ihren Rausch aus. Die außenpolitischen Interessen Lorstenburgs werden durch das Oberhaupt des Zwergstaates, Friedrich Borstel, vertreten. Lorstenburg befindet sich nach seiner Kriegserklärung im Januar 2001 mit der Volksrepublik China im Krieg. Die Opposition, Margot Borstel, wirft der Regierung allerdings vor, die Aufmerksamkeit der Bevölkerung nach außen zu lenken, um innenpolitische Probleme zu verschleiern.

LOS-MANOS-ERMAHNUNGEN

Die Höhlen-Ermahnungen wurden 2006 in der Höhle ›Cueva de los manos‹ in Argentinien entdeckt. Der Archäologe Ramón Rodriguez legte die Inschriften an der Wand einer kleinen Nebenhöhle frei. Nach sorgfältiger Auswertung der Schriften, die mittels eines Kalksteins an die Wand gebracht waren, wurde der Öffentlichkeit der Fund zugänglich gemacht. Eine Nachbildung der Höhleninschriften hängt im Museo de la Ciencia in Argentinien. Es ist die erste der Wissenschaft bekannte Form von Buchstabenschrift mit hohem forschungswissenschaftlichem Wert für die Archäologie. Geschichtswissenschaftler auf der ganzen Welt erwarteten die Übersetzung der Schrift mit Spannung, da sie Rückschlüsse auf das Leben der Urahnen des Menschen ermöglicht. In der 2007 vorgelegten deutschen Übersetzung lautet die Inschrift:

> 1) Mach endlich mal deine Höhle sauber, 2) Lange schau ich mir das nicht mehr an, 3) Mach die Augen zu, dann siehst du, was deins ist, und 4) Dann mach dir halt ein Käsebrot.

Louander

Louander sind Schrauben, die man unendlich oft drehen kann, ohne dass sie sich lösen oder fest werden. Oft in Verbindung mit → Atomic-Kitten, den Dübeln, die man eingipsen muss, damit sie halten.

LSH

[**L**yser**s**äure**h**arn]

LSH bzw. **L**yser**s**äure**h**arn ist eine Droge, die aus der Harnsäure der Lyserkröte gewonnen wird. Die Lyserkröte scheidet mit dem Harn ein Pimptid aus, das auf Papierstücke aufgebracht wird und in getrockneter Form zum Schlucken oder Auflösen verkauft wird. LSH verändert die Wahrnehmung des Konsumenten nicht, der Konsument verspürt jedoch Übelkeit, nicht selten geht diese mit Schwindelanfällen einher. Damit ist die Wirkung vergleichbar mit dem Konsum verdorbenen Fischs. LSH konnte sich wohl auch aufgrund dieser Wirkungsweise nie auf dem Drogenmarkt durchsetzen und ist nur vereinzelt unter Bulimikern verbreitet.

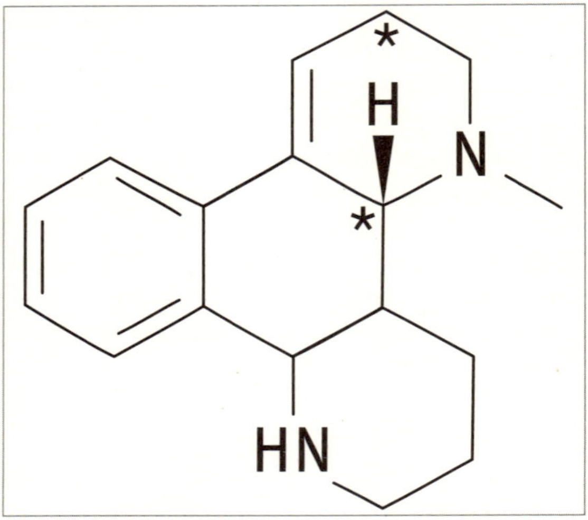

Summenformel
$H_{20}N_3$

LUGIANI, RUDOLFE

(* Köln, 12. April 1952)

Rudolfe Lugiani ist ein deutscher Vulkantaucher und Extremsportler. 1984 tauchte er als erster Mensch in den damals aktiven Schildvulkan Mauna Loa auf der Insel Hawaii. Er trug einen von ihm entwickelten Anzug aus hyperenergetischem Teflon. Lugiani blieb acht Stunden und entdeckte eine bis dato unbekannte → Nulpenzwiebelart.

M

Maffay-Gesetz

Das Maffay-Gesetz ist ein Grundgesetz der Naturwissenschaften. Es steht in einer Reihe mit dem Energieerhaltungssatz und der Relativitätstheorie. Das Maffay-Gesetz besagt, dass der Arm eines Menschen immer um ein Femf zu kurz ist, um durch das geöffnete Autofenster den Parkscheinautomaten zu erreichen. Dies gilt für Länder mit Rechtsverkehr ebenso wie für Länder mit Linksverkehr. Mathematisch stellt sich das Maffay-Gesetz wie folgt dar:

$$[AP] \neq [A] + \beta (F) \times r (P)$$

(Die Strecke mit den Endpunkten A [Arm] und P [Parkscheinautomat] ist nicht gleich der Strecke A [Arm] addiert mit dem Winkel von F [Fenster] multipliziert mit Radius r des Parkscheinautomaten.) Die Hypothese des Maffay-Gesetzes wurde systematisch überprüft und wissenschaftstheoretisch anerkannt. Die Prüfung fand anhand praktischer Experimente statt, in denen die Automaten von Parkhäusern weltweit mittels Überwachungskameras gesichtet und ausgewertet wurden. Die Studie kam zu folgendem Ergebnis:

1) 19 % der Fahrzeugführer erreichten den Parkscheinautomaten, indem sie den Arm um 2 bis 3 Zentimeter durch das geöffnete Fenster überstreckten.

2) 18 % der Fahrzeugführer erreichten den Parkscheinautomaten, indem sie den Arm streckten, bis das Fenster unter der Achsel stark einschnitt.
3) 22 % der Fahrzeugführer erreichten den Parkscheinautomaten, indem sie den Arm streckten und sich mit Kopf und Oberkörper aus dem Fenster lehnten.
4) 21 % der Fahrzeugführer erreichten den Parkscheinautomaten, indem sie sich rückwärts auf das geöffnete Fenster setzten, sich mit einer Hand am Dach festhielten und sich rückwärts in einer Brücke zum Automaten bogen.
5) 20 % der Fahrzeugführer erreichten den Parkscheinautomaten, indem sie ausstiegen und die restlichen Meter bis zum Automaten zu Fuß zurücklegten.

MAJUMANTIE

[altgriech. μάγουλο, *Wange* und μαντεία, *Weissagung*]

Majumantie, im Volksmund auch Backenbatik-Lesen genannt, bezeichnet das Lesen der sogenannten Backen-Batiken und ist eine altüberlieferte Wahrsagekunst. Dabei liest der bewanderte Backenbatik-Leser aus den Mustern, die Menschen nach dem Schlafen im Gesicht tragen. Das Backenbatik-Lesen als Form der Weissagung ist eine wenig verbreitete Kunst. Das liegt zum einen daran, dass die Textilbranche um möglichst weiches Material bemüht ist, was dem ursprünglichen Strohsack gegenüber wesentlich weniger Muster hinterlässt. Ein zweiter widriger Umstand liegt in der Zeit der möglichen Lesung. »Oftmals sind die Kunden schon gewaschen, rasiert und gefrühstückt, wenn sie zu uns kommen«, so der Vorsitzende der Deutschen Backenbatik-Leser André Wella, »und das nach einer Nacht auf einem Kissen aus silikonisierten Polyesterhohlfaserbällchen. Da ist nicht mehr viel zu sehen.« Eine zuverlässige Voraussage, die Zukunft betreffend, konnte wissenschaftlich nicht nachgewiesen werden.

MANESMUS

[lat. manes, *die Seelen Verstorbener*]

Manesmus ist die Wissenschaft, die sich mit den Gesetzmäßigkeiten und Verhaltensmustern der menschlichen Seele befasst. Es ist eine umfassende Wissenschaft, übergreifend jedoch ist das Ziel, einen anerkannten Beweis für die Existenz der Seele zu erbringen. Darüber, dass die Seele den Körper nach dessen Ableben verlässt, herrscht Einigkeit im Manesmus: »Wenn die Seele im leblosen menschlichen Körper verbleibt, dann dürfte ihr schnell langweilig werden. In so einem Sarg passiert nicht viel«, so einer der führenden Experten auf dem Gebiet, Dr. Paul Wanek. Eine der großen Fragen im Manesmus ist, wohin sich die Seele begibt, wenn sie den Körper verlässt. Die Theorien folgen dabei nie demselben Paradigma und bildeten zwei Hauptansätze heraus:

Manesmus: die von dem Soziologen Arno Bimmel entwickelte Biskuittorte zur Anlockung von Seelen

1) Die Seele fährt auf in den Himmel oder hinab in die Hölle, wobei über die Definitionen ›Himmel‹ und ›Hölle‹ Uneinigkeit besteht.
2) Die Seele fährt in einen anderen Körper. Daraus resultiert die Fragestellung, ob dieser Körper bereits eine Seele besitzt, ob sich die Seelen untereinander verstehen, ob es Streitigkeiten gäbe, und wenn ja, um welche Themen vorrangig, und ob es gegebenenfalls zu Eigenbedarfkündigungen kommt.

»Das primäre Problem ist, dass wir keinerlei Seelen zur Verfügung haben, um Experimente durchführen zu können«, erklärt Dr. Paul Wanek. Dies sei der Grund, warum ein Großteil der Forschung sich, bisher erfolglos, mit der Methodik der Beschaffung der Seelen beschäftigt. Eine Vorgehensweise bildet der qualitativ-kulinarische Ansatz, der 1980 von dem Soziologen Arno Bimmel entwickelt wurde. Bimmel stellte hierfür eine mit Schokoladencreme gefüllte Torte aus Biskuitteig neben eine Leiche, um die Seele aus dem Körper zu locken. Weitere Versuche mit Käse-Sahne-Torten, Donauwellen und einem Tiramisu führten nicht zum Erfolg. Dr. Paul Wanek räumt ein, dass die Forschung in diesem Zusammenhang möglicherweise Fehleinschätzungen erlegen war: »Die Torten waren ein Schritt in die falsche Richtung. Ich denke, wir sollten es mit etwas Herzhaftem versuchen, vielleicht Oliven, mit Anchovis gefüllt. Auch ein Auflauf wäre denkbar.« Kritiker bemängeln die mangelnde Vielfalt des kulinarischen Ansatzes. Unterschiede im Geschmack, wie zum Beispiel asiatische oder vegetarische Vorlieben, wurden nicht berücksichtigt.

Ein anderer Ansatz zur Beschaffung einer Seele geht vom Standpunkt der rationalen Mobilität aus. Demnach wird versucht, die Seele beim Verlassen des Körpers zu fangen. Zu diesem Zweck entwickelten die Forscher engmaschige, klebrige Netze, die sie um die Körper der Verblichenen wickelten. Bisher hat sich jedoch noch keine Seele in einem der Netze verfangen. Dr. Paul Wanek schließt daraus, dass die Seelen sehr klein sein müssen oder mit einer Substanz beschichtet, die nicht klebt.

MÄNNERKLAPPE

Die Männerklappe ist ein Projekt des Deutschen Frauenschutzverbandes in Zusammenarbeit mit dem Müttergenesungswerk. Frauen in Notlagen können dort anonym ihre Männer ohne Angst vor Strafverfolgung abgeben. Durch die Gestaltung der Männerklappen wird versucht, die Schwellenangst möglichst gering zu halten. Männerklappen gibt es in allen Städten und nahezu allen Dörfern Deutschlands. »Die Akzeptanz dieses Modells ist außergewöhnlich«, berichtet die Vorsitzende des Frauenschutzbundes Elfriede Schmidt-Trillich, »da die Männerklappe wesentlich schneller und unkomplizierter funktioniert als ein Scheidungsverfahren.«

Männerklappe in Rüsselsheim

MÄNNERMÄRCHEN

›Männermärchen‹ (W & F Verlag, ISBN 3548372074) ist der Titel eines Buches des berühmten Anthropologen Dr. Johannes Zacherl. Das aufsehenerregende Buch beschäftigt sich mit Mythen und Volksglauben, das männliche Geschlecht betreffend. Zacherl überprüft in seinem Buch zahlreiche verbreitete Irrtümer und deckt diese als ebensolche auf. Laut Zacherl entspricht der alte Glaube ›Männer weinen nicht‹ nicht der Wahrheit, ebenso wenig wie die Mythen ›Männer enthalten besonders viel Vitamin C‹ oder sie seien ›ein Nebenprodukt der Raumfahrt‹. »Alles Quatsch und wissenschaftlich nicht zu beweisen«, behauptet Dr. Zacherl. Auch die Legende ›Es gibt keine zwei Männer, die unter einem Mikroskop völlig gleich aussehen‹ stimme nicht mit seinen Forschungsergebnissen überein.

MARKANYSOS

Die griech. Insel Markanysos gehörte zu den Kykladeninseln und lag 80 Kilometer südlich von Naxos. Markanysos versank am 13. Juni 1994 innerhalb weniger Stunden völlig unerwartet im Meer. Die Einwohner konnten sich auf die Nachbarinsel Markynosis retten. Der Grund des plötzlichen Sinkens ist bis heute nicht vollständig geklärt. Der Geologe Stefanidis Theoflakis hält einen Zusammenhang mit der geologischen Entwicklung der Insel für möglich: »Die Insel entstand hauptsächlich durch Ablagerungen von Tonschiefer, Lava und Phyllitfolgen. Das angeschwemmte Geröll und Gestein akkumulierte sich, und schließlich war die Insel wohl schwerer als Wasser.«

Markanysos heute

MAY, JOHANN

(* Wien, 14. September 1929)

Johann May erregte im Zuge eines Gerichtsprozesses öffentliches Aufsehen, als ihm nachgewiesen wurde, zahlreiche Bücher geschrieben zu haben, deren Personen und Schauplätze nachweislich nicht existieren. Auch beschrieb er die nahe und ferne

Zukunft, obwohl er keine Erkenntnisse davon besaß, wie diese aussehen wird. Vor dem Bezirksgericht im 10. Wiener Gemeindebezirk verteidigte sich May mit der Behauptung, er sei Schriftsteller und Science-Fiction-Autor, und dies sei kein Betrug, sondern übliche Geschäftspraxis. Das Gericht befand Johann May für schuldig, wissentlich unwahre Aussagen gemacht zu haben, um einen Vorteil zu erlangen, bestehend im Verkauf seiner Bücher. Johann May wurde am 13. Oktober 2004 zu einer bedingten Strafe (Bewährung) von dreizehn Monaten verurteilt.

MEERBÄRCHEN

[lat. Ursidae marae]

Familie:	Bärchen
Ordnung:	Kleinstbären
Überfamilie:	Fopp-Bären
Teilordnung:	Aufbind-Bären
Nahrung:	Versteckrüben

Meerbärchen

Das gemeine Meerbärchen bildet eine Familie aus der Ordnung der Kleinstbären. Seinen Namen verdankt es dem irrtümlichen Volksglauben, es wäre mit dem Meerschweinchen verwandt. Tatsächlich ist sein nächster Verwandter der kleine Pandabär. Bei der Entdeckung eines Exemplars im Jahre 1487 in Südamerika ging man ursprünglich davon aus, das letzte Exemplar seiner Art gefunden zu haben, da über Jahre hinweg keine weiteren Tiere gesehen wurden. Nach der Aufnahme des Meerbärchens in die Liste der ausgestorbenen Tierarten wurde die Sichtung eines Tieres in Costa Rica gemeldet. Die Meerbärchen wurden von der Liste gestrichen und galten nunmehr als extrem gefährdet. Bis zum Jahre 1890, als die Weltnaturschutzunion erneut die Aufnahme der Bärchen in die Liste ausgestorbener Tiere beantragte. Am Tag der Veröffentlichung meldete ein Zoologe aus Südspanien die Sichtung eines Meerbärchen-Pärchens nahe der portugiesischen Grenze. Die Prozedur wiederholte sich im Jahre 1940: Nach Feststellung ihres Aussterbens tauchte ein Vertreter der Gattung in São Paulo auf. Die Schlussfolgerung der Öffentlichkeit, die Meerbärchen könnten gezielt Meldungen über ihr Aussterben abwarten, um sich infolgedessen zu zeigen, halten Zoologen für ausgeschlossen. Nichtsdestoweniger startete 1962 eine Versuchsreihe mit gefälschten Meldungen über das endgültige Aus der Population, was jedoch keine Sichtungen nach sich zog. Erst zehn Jahre später, als Experten das Fortleben der Meerbärchen ausschlossen und sie erneut für ausgestorben erklärten, machte ein Exemplar bei Gibraltar auf sich aufmerksam.

MEIER, DR. EVA
(* Riehen, Schweiz, 18. Mai 1959)

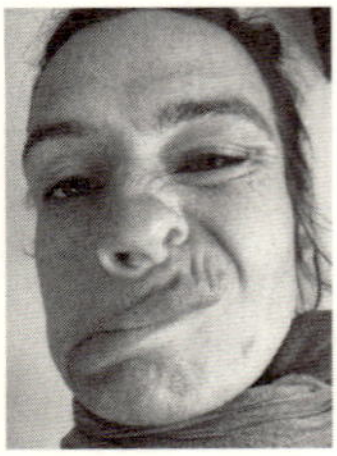
Dr. Eva Meier

Dr. Eva Meier, geborene Völker, ist eine schweizerische Verhaltensforscherin. Nach ihrem Studium der biologischen Meereskunde und einer Fortbildung in angewandter Psychologie an den Universitäten Freiburg im Üechtland und Luzern beschäftigte sie sich mit der Mimik von Meeresbewohnern. Während ihrer Forschungsarbeit im Meerwasseraquarium in Sydney bemerkte Dr. Eva Meier, dass die Besucher des Aquariums während der Betrachtung der Fische dazu neigen, diese mimisch nachzuahmen. Meier änderte das Thema ihrer Dissertation und studierte die Kontraktionen der mimischen Muskulatur der Besucher. Sie kam zu dem Ergebnis, dass diese in 89 % der Fälle dazu neigen, die Meerestiere, die sie beobachten, nachzuahmen. Dr. Eva Meier zählt dieses Phänomen zur Non-Intend-Mimik/Non-Intend-Gestik, die alle mimischen und gestischen Bewegungen bezeichnet, die ohne vorsätzliche Motivation des Betreffenden auftreten. Neben der Piscimimik (umgangssprachl. Fischli-Mimik) sind außerdem bekannt:

1) Infans-Mimik: das Aufsperren des Mundes, wenn der Elternteil mit dem Löffel das zugehörige Kind zum Öffnen des Mundes bewegen möchte;
2) Appingo-Mimik: das Herunterklappen der Mandibula bei Frauen, sobald sie die Hand mit der Wimperntusche an die Augen führen. Appingo geht immer einher mit einem leichten Vornüberbeugen des Oberkörpers;
3) Libri-Gestik: die zur Seite geneigte Haltung mit einer Kopfneigung von 21 Grad beim Lesen der Titel von Buchrücken in fremden Wohnungen;
4) Forfex-Gestik: die Scherenbewegung einer Hand während der Suche nach der Schere;
5) Marzahn-Geste: die weit ausholende Schwungbewegung mit der dominanten Hand, um dem zuständigen Kind die mögliche Konsequenz von Unfolgsamkeit anzudeuten.

MICHELIN-LÖWEN

Michelin-Löwen haben ihren Namen von dem gleichnamigen französischen Restaurantführer. Michelin-Löwen sind äußerlich nicht von herkömmlichen Löwen zu unterscheiden, sondern offenbaren ihre Besonderheit erst bei der Nahrungsbeschaffung. Im Gegensatz zu anderen Raubkatzen zeigen sie auf der Jagd keinerlei Interesse an alten, schwachen, verletzten oder kranken Tieren. Verhaltensstudien haben gezeigt, dass die Michelin-Löwen das appetitlichste Opfer aus der Herde auswählen. Zoologen sprechen von einem evolutionären Sonderweg und berichten, dass die Weibchen der Michelin-Löwen ihre Beute gezielt in ausgesuchte Gegenden treiben, wo Gewürze oder Kräuter wachsen, die mit dem Eigengeschmack des Beutetiers harmonisieren. Die Raubkatzen nehmen für einen besonders anregenden Braten von der Antilope, dem Zebra oder dem Gnu größere Strapazen und weite Strecken in Kauf. In der Zoologie sind drei Kriterien bekannt, nach denen die Raubtiere ihre Beute klassifizieren:

1) Ein sehr gutes Opfer, das die Beachtung des Jägers verdient.
2) Ein hervorragendes Opfer – verdient einen Umweg.
3) Eines der besten Opfer – eine Reise wert.

MICRA-SKANDAL

Der Micra-Skandal ist eine bekannt gewordene Affäre um die deutsche Automobilindustrie. In einem vom Nachrichtenmagazin ›Der Spargel‹ aufgedeckten Skandalbericht wurde bekannt, dass deutsche Politiker und Autolobbyisten die japanischen Kfz-Hersteller massiv unter Druck gesetzt haben. Die Japaner sollten ihren Fahrzeugen kryptische, unverständliche und hässliche Bezeichnungen geben. So hoffte die deutsche Automobilindustrie auf eine positivere Bilanz gegenüber der Konkurrenz aus Asien. »Niemand würde ernsthaft auf die Idee kommen, ein Auto ›Micra‹, ›Otti‹, ›Yaris Verso‹ oder ›Hiace‹ zu nennen, wir sind doch nicht bescheuert«, erklärte der Vorsitzende der japanischen Automobilindustrie, Jiansen Fujiji. Die Verfahren gegen die Vorstandsvorsitzenden der deutschen Betriebe stehen noch aus.

Mieselwelfen

Mieselwelfen sind mit den Lespen, Ulfen und Mieselzwiebeln verwandte nachtaktive Halb-Alb-Wesen und gehören zur Gattung der Plagegeister. Äußerlich gleichen sie Wespen, von den Elfen haben sie den mädchenhaften Kopf, die vergrößerten Flügel und langes, wallendes Haar. Die namensgebende Mieselzwiebel schlägt allein beim Charakter der Mieselwelfen durch, dem etwas Niederträchtiges und Gemeines anhaftet. Begeisterte Tierfreunde stellen dies oft erst fest, nachdem eine nach Hause gebrachte Mieselwelfe sie um Haus und Hof gebracht hat. Experten zufolge sind Mieselwelfen die häufigste Ursache für Hausbrände, Haushaltsunfälle und Ehestreitigkeiten. Sie sind Meisterinnen darin, zu täuschen, Flatulenzen zu imitieren, abzulenken, Schlüssel zu verstecken, Schwelbrände zu legen und von sich zu weisen. Junge, verspielte Mieselwelfen sind es auch, die schlafenden Menschen nachts einen hohen Summton ins Ohr singen. Wenn junge Mieselwelfen einmal domestiziert sind, sind sie schwerlich wieder loszubekommen.

Miller, Jefferson »G«

(* Davenport, England, 20. Dezember 1918)

Jefferson Miller, auch als »G« bekannt, ist ein legendärer Ingenieur und Erfinder der Technikabteilung (Gadget Bureau) des britischen Auslandsgeheim-

Jefferson Miller forscht an einer seiner größten Erfindungen

dienstes. Seit 1962 ist er Leiter der Abteilung. Sein Aufgabengebiet ist die Entwicklung und Realisierung von Apparaturen und Vorrichtungen für den Einsatz durch britische Geheimagenten. Seine Erfindungen tragen wesentlich zum Erfolg der Missionen bei. Der Öffentlichkeit sind davon bekannt: 1) ›PPK-Pen‹, eine detailgetreu nachgebaute Selbstladepistole des Waffenherstellers Carl Walther GmbH, die in Wirklichkeit jedoch ein Stift ist, 2) vergiftete Dartpfeile, 3) Furzkissen mit Giftgas, 4) Arschbombe und 5) eine Minikamera, die, wenn es die Situation erfordert, in einen Schuhabsatz umgewandelt werden kann.

MIMIKRISE

Zoologischer Ausdruck für das negative Erlebnis, wenn man vor einem Zoogehege steht und das Tier nicht findet.

Klassische Situation für eine Mimikrise: Der Königspinguin verschmilzt optisch mit der Steinwand seines Geheges

MIND SNAPPING

Mind Snapping ist eine Technik zum kreativen Umgang mit unerwünschten Informationen. Das Konzept bietet Problemlösungen durch ein selektives Ausblenden selbiger. Die Methode fördert den konstruktiven Prozess des Beseitigens negativen Inputs. Mind Snapping ist dem Prinzip des Mind-Mapping nachempfunden und arbeitet mit graphischen Assoziogrammen, die eine Strukturierung der komplexen Verdrängungsmöglichkeiten veranschaulichen. Dabei wird die zu vergessende Information als Zentrum eines Baumdiagramms dargestellt und die zugehörigen Informationen anhand von Schlüsselwörtern gebündelt.

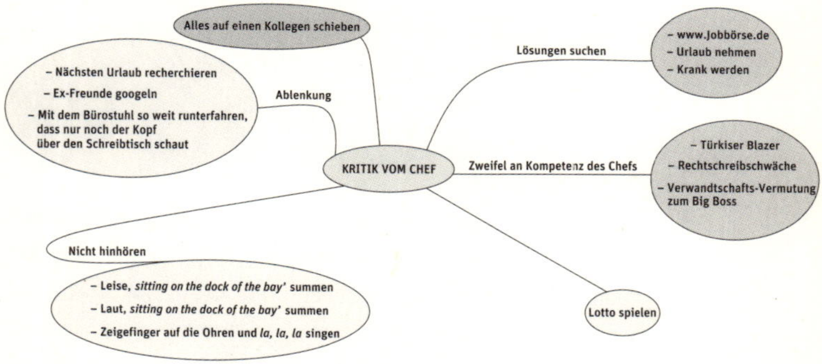

MINUS-AXON

Das Minus-Axon ist ein Nervenzentrum im Zwischenhirn und liegt dorsal des Epithalamus zwischen dem 3. Ventrikel und dem Fornix. Das Minus-Axon erhält sensible Impulse aus der Peripherie (Sinnesorgane) und leitet diese an die zuständigen Bezirke der motorischen Areale der Großhirnrinde weiter. Im Gegensatz zum Plus-Axon leitet das Minus-Axon ausschließlich als negativ empfundene Stimmungen sowie Depressionen und schlechte Laune weiter. Nachgewiesen und erforscht wurden die Axone durch den Neurowissenschaftler Dr. Alfred Malgred. Dessen Versuche zur Messung der Axone, um-

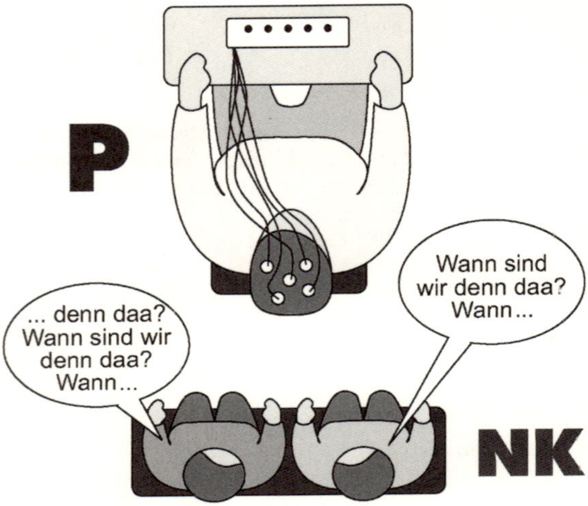

Minus-Axon: Versuchsaufbau nach Malgred

gangssprachlich auch »Schwiegereltern-Experimente« genannt, bestehen darin, den Probanden negativen Impulsen auszusetzen und die Axontätigkeit zu messen. Der Ablauf des Versuchs ist eine Vorführung belastender Situationen. Jede Versuchssituation wurde in Malgreds Labor inszeniert. Ein typischer Versuchsaufbau nach Malgred: Der Proband (P) wird einer fingierten Versuchssituation ausgesetzt, etwa nörgelnden Kindern (NK), die von einem exakten Abstand einer imaginären Autorückbank aus über zwei Stunden folgende Sätze wiederholen:
1) Wann sind wir da?, 2) Wann sind wir endlich da?, 3) Sind wir schon da?, und 4) Der haut mich immer …
Die Ergebnisse der Versuchsreihe:

y/ml	Situation
0,01–4	– Mutter mit Kleinkind an roter Ampel wartend, während diese auf der Gegenseite von Fußgängern überquert wird

y/ml	Situation
4–9	– Durchschnittswert von gutaussehenden Bedienungen in Szeneläden
9–15	– Zwei Verkehrsteilnehmer warten nach einem Unfall auf dem Seitenstreifen auf die Polizei – Autofahrt mit Kindern, die ihren Gameboy zu Hause vergessen haben und zweimal pro Minute »Wann sind wir denn da?« fragen
21	– Wert, den eine Frau in der prämenstruellen Phase erreichen kann

Bei der ursprünglichen Versuchsreihe waren ein spontaner Besuch der Schwiegereltern, eine Weihnachtssimulation und ein Familienurlaub enthalten. Nach heftiger Kritik der American Psychological Association musste Malgred diesen Teil jedoch ersatzlos streichen, da er als zu »traumatisierend« und »potenziell schädlich« für die Versuchspersonen gewertet wurde.

MODERNE PSYCHOLOGISCHE STÖRUNGEN
[MoPS]

Der Begriff der Modernen Psychologischen Störungen, umgangssprachlich MoPS, umfasst die gesamte Bandbreite der modernen psychovegetativen Störungen der Gegenwart. Die häufigsten modernen psychologischen Störungen sind: 1) psychosomatischer und willkürlicher Husten bei Nichtrauchern beim Erblicken einer Zigarette, 2) Hupzwang hinter Müllwägen, 3) Moderationsdepressionen, wie der → Beckmann-Rappel oder die Rubenbauer-Rage, 4) kneippartiges Auf-der-Stelle-Treten beim Warten hinter Personen, die auf der linken Seite einer Rolltreppe stehen bleiben, und 5) plötzlich auftretende Aggressionen auf abendliche Anrufe mit dem

Thema »Ich möchte gerne mit Ihnen über Ihre Altersversorgung sprechen …«
Symptomatisch für Moderne Psychologische Störungen sind sinnlose Zwangshandlungen, die bei Nichtbetroffenen Unverständnis hervorrufen.

MODERNE TEMPI

Die modernen Tempi geben Geschwindigkeit und Stimmung eines Musikstücks vor. Sie sind die gängigen Ausdruckszeichen im europäischen Raum. Die modernen Tempi entwickelten sich aus den vorangegangenen, traditionellen Tempobezeichnungen der italienischen Musik, die inzwischen veraltet sind.

Name	Bedeutung in beats per minute
Langsame Tempi	
Leguanissimo	Sehr breit, stoned (38 bpm)
Lungero	Breit (44 bpm)
Larghetto	Etwas breit (kann aber noch gehen) (49 bpm)
Lego	Schiebend, krabbelnd (53 bpm)
Adagio parmesano	Zergeht ziemlich langsam (57 bpm)
Adagio ma non hudelo	Wie ein reifer Camembert (60 bpm)
Andante sclendero	Langsam, ohne Hast (71 bpm)
Andante mexiko	Pausierend (75 bpm)
Mittlere Tempi	
Andantino	Wie der Neffe von Andante (88 bpm)
Moderato	Nachrichtensprechgeschwindigkeit (97 bpm)
Alligatoretto	Etwas munter aus dem Wasser (109 bpm)
Schnelle Tempi	
Alligator pipiosso	Ziemlich fix (126 bpm)

Name	Bedeutung in beats per minute
Allegro prosecco	Fröhlich, prickelnd, hihi (145 bpm)
Vivace, vivil	Lebhaft, kühn (≈ 169 bpm)
Vivacolonia	Sehr lebhaft, saulustig (176 bpm)
Pronto Salvatore	Aber hallo! (184 bpm)
Prontissimo	Nur noch Pogo möglich (208 bpm)

MÖFEL

Ein Möfel ist ein intelligenter Geruch, der sich selbständig fortbewegt und sich vorzugsweise in geschlossenen Räumen aufhält. Die Chemorezeptoren der menschlichen Nase nehmen den Möfel als Flatulenzgeruch wahr. Da Möfel vermehrt in Fahrstühlen nachgewiesen wurden, haben sie den Beinamen ›Aufzugspezi‹. Es ist jedoch reine Spekulation, dass Möfel aktiv die Nähe des Menschen suchen. Theorien in diese Richtung besagen, dass Möfel in die Menschen regelrecht vernarrt sind, besonders in die männlichen, und diese möglichst ihr Leben lang begleiten. Möfel gehen oft einher mit → Daimonen-Erscheinungen.

MOGLI

Sozialpsychologischer Fachbegriff für das angenehme Gefühl, wenn man sich an einer Warteschlange erfolgreich vorbeigemogelt hat.

MOIK

Kosmetischer Fachbegriff für den Schleim an der Seifenunterseite. Der Begriff findet vermehrt Verwendung im populären Sprachgebrauch und wird dort synonym für Ausdrücke des Ekels gebraucht, aber eigenartigerweise auch für abgestorbene Nieser und Brombeerflecken.

MOLMO

Molmo ist ein Vorläufer der indogermanischen Sprachen. Sie wurde zwischen 16000 und 9000 v. Chr. im mitteleuropäischen Raum gesprochen. Das Vokabular der molmonischen Sprache war begrenzt. Dies ist auf die Tatsache zurückzuführen, dass im Molmonischen nur drei Buchstaben bekannt waren: der Vokal o sowie die Konsonanten L und M. Einige erhaltene Höhlenkritzeleien dieser Zeit sind heute im British Museum in London nachgebildet und so dem Publikum zugänglich, darunter längere Texte mit den Überschriften: 1) LOL, 2) MOM und 3) OLMO.

Molmo wurde von einem Großteil der Bewohner im westlichen Mitteleuropa gesprochen. Von der Liebe zu ihrem Land und der Sprache handelt vermutlich auch der überlieferte, hymnische Lobgesang, der eines der ältesten Zeitzeugnisse dieser Epoche darstellt:

Omo lol, mom oml lomo
lolo moml olm momolo
olm mom

Moml lollo mol om loml
Lo mol omo mo lomolo
moml mo

MOMMEL, PROF. DR. FRANK

(* Bad Oeynhausen, 14. Januar 1948)

Frank Mommel ist ein deutscher Universitätsprofessor. Er unterrichtete an der Universität Frankfurt/Main im Fachbereich Soziologie. Sein Schwerpunkt ist die Erforschung von Rauschmitteln. Er leitete mehrere Forschungsprojekte zum Thema ›Konsum, Wirkung und Herstellung von rauscherzeugenden Substanzen‹. Die Veröffentlichungen seiner Studien gelten als Basisliteratur über die Psychopathogenese der Gegenwart. Seinen frühen Werken ›Ein Kasten Bier in zwei Stunden‹ (ISBN 3-518-36812-5) und ›Wein auf Bier, das rat ich dir‹ (ISBN 3-518-36228-4) folgte das Fachbuch ›Eine Woche dauerbekifft‹ (ISBN 3-518-37214-2). Aufsehen erregte sein 1995 erschienenes Mammutwerk ›Ich bin ein rosa Hase – ein Semester auf LSD‹ (ISBN 3-534-358469-2), das zu seiner Beurlaubung führte. Mommel publizierte daraufhin einen Reisebericht, der während dieser Zeit entstand: ›Durch das kolumbianische Hochland‹ (ISBN 2-587-23913-1) und die zum Epos erhobene, agrarwissenschaftliche Abhandlung ›Unter Opiumbauern‹ (ISBN 2-409-2067-7). An der Universität Frankfurt/Main zählten seine Kurse zu den am besten besuchten. Seine Vorlesungen ermöglichten den Studenten nicht nur einen Einblick in die Wirkungen der verschiedenen Drogen und ihre Zubereitung, sondern auch praxisnah den Anbau von Marihuana sowie den Import illegaler Substanzen aus Anbauländern. Sein Seminar ›Multiple Orgasmen unter dem Einfluss von Aphrodisiaka‹, für das er nur Studentinnen zuließ, führte zu seiner vorzeitigen Emeritierung.

MONGOLISCHER OFEN

Der mongolische Ofen ist eine Erfindung aus → Vulgarien. Bei dieser moralisch zweifelhaften Angewohnheit einiger Männer (öffentlich tabuisiert) flatuliert die Person unter der Decke und steckt anschließend auch den Kopf darunter.

Ein doppelter mongolischer Ofen

MOTOLISTHETIK

[zusammengesetzt aus Mothologie, *Wissenschaft der Motorik* und Ästhetik; griech. aísthesis, *Wahrnehmung*]

Ganz schlechter Ästhetikwert: Menschen, die mit mehreren Hunden spazieren gehen

Die Motolisthetik ist eine der Verhaltensbiologie untergeordnete, soziobiologische Perzeptionswissenschaft. Sie befasst sich mit den Bewegungsformen (Motorik) des Menschen in Bezug zu seinem wahrnehmbaren Äußeren. Motolisthetiker bewerten menschliche Bewegungsabläufe unter rein ästhetischen Gesichtspunkten. Die nicht unumstrittene Motolisthetik-Skala des Prof. W. → Scott teilt den Ästhetikwerten eine bildliche Darstellung zu, die orientativen Charakter besitzen soll. Kritiker bemängeln die Skala als nicht präzise:

Ästhetik-wert	Visuelle Motorik
5 bis 30	– Die langsame Seitwärtsbewegung mit hinter dem Körper verschränkten Händen und leicht seitwärts gebeugter Körperhaltung beim Betrachten der Buch- und CD-Titel in einem fremden Haushalt
0,1 bis 5	– Das Ausziehen enganliegender Beinkleidung in stehender Haltung
–2 bis 0	– Wie Menschen aussehen, wenn sie aus einem Badeweiher über den Kies laufen
–3,5 bis –2	– Wie Menschen aussehen, wenn sie sich nachts in einem fremden Haus zur Toilette tasten
–15 bis –3,5	– Das Aussehen von Menschen, die an Talk-shows teilnehmen
3,5	– Mit Flip-Flops rennen

MÜLLER, BERND

(* Bern-Bümplitz, 12. April 1922)

Installation ›**Single Tower**‹ von Bernd Müller, 1997, Shanghai

Bernd Müller ist ein schweizerischer Installationskünstler. Er ist der bedeutendste schweizerische Künstler, der Kunstwerke aus Bierdeckeln fertigt. Mit seiner Installation ›Ein Haus, ganz aus Karten‹ provozierte er schon in den frühen 1960er Jahren nicht nur die eidgenössische Gastronomieszene. Der internationale Durchbruch gelang Müller mit dem Projekt ›Bau, schau, wem mit Bierfilz‹. Er integrierte im Lauf der Dauer des Projektes Performance-Elemente, indem er eine Schale Erdnussflips und verschiedene Getränke (Bier und Spezi) mit einbezog. Das Happening ›Der sternhagelvolle Gastronaut‹ im Jahr 1980 warf Bernd Müller im Ansehen der internationalen Aktionskünstler weit zurück. Der Kritik seines Zeitgenossen Joseph Beuys »Jeder Mensch ist ein Künstler, außer Bernd Müller« begegnete er mit dem im Holdrin Verlag erschienenen Essay ›Blöde Hüte, blöde Westen. Du chasch mi emol chrützwys‹ (ISBN 15-245793718).

MULME
[Mulmus protectus]

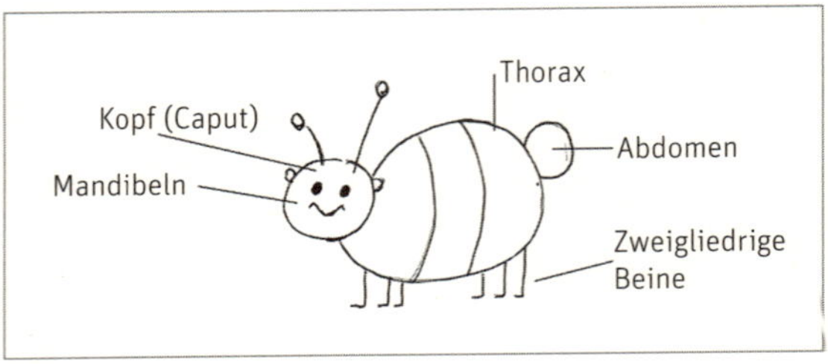

Mulm, circa 800-fach vergrößert

Mulme sind für das menschliche Auge nicht erkennbare, extrem kleine Protekt-Parasiten. Wie ihre nächsten Verwandten, die Milben, haben sie sechs Beine, mit denen sie sich an ihrem Wirt festklammern. Sie ernähren sich von Essensreste-Krümeln ihres Wirts. Mulme verlassen ihren Wirt nie und gewöhnen sich an dessen körperliche Parameter. Sobald Mulme eine Veränderung von Blutdruck, Puls und Atmung bemerken, überprüfen sie das Sekret der Schweißdrüsen des Wirts. Stellen sie fest, dass der Ammoniakwert im Schweiß gestiegen ist, erkennen sie, dass es sich um eine körperliche Angstreaktion handelt. Der Mulm beginnt sofort mit der Absonderung eines Kontaktgifts. Die Toxizität des Giftes ist sehr gering und führt bei einem menschlichen Organismus zu Unwohlsein, Magendrücken und Völlegefühl. Der Mulm versucht damit, seinen Wirt zu einer Reaktion zu veranlassen und sich aus einem potenziellen Gefahrenfeld zu begeben. Mulme können körperliche Anzeichen für eine bedrohliche Situation bis zu dreitausend Mal schneller registrieren als der Mensch. Mulme sind die einzigen Parasiten, die zu Namensgebern eines Adjektivs wurden.

MÜLZ

Behavioristisches Wunschkonzept nach dem Grazer Psychologen Dr. Eckehart Wilsen. Als Mülz wird in der Psychologie der Wunsch bezeichnet, sich in Bussen an die Halteschlaufen zu hängen und dort zu schaukeln.

MUMMUMKLAMMER

Komplizierte Drahtkonstruktion, die den Korken von Sekt- und Champagnerflaschen umfasst.

MUSEUM OF MODERN BASHING

[MoMB]

Das Museum of Modern Bashing ist das erste Museum, das sich gänzlich der Beleidigung widmet. Das Museum befindet sich im New Yorker Stadtteil Manhattan und beherbergt die größte Sammlung von Beleidigungen weltweit. Beginnend mit der innovativen europäischen Beleidigung in der Zeit um 1880 bis zur zeitgenössischen Pöbelei beinhaltet die Sammlung unübertroffene Meisterwerke aus der ganzen Welt. Besonders erwähnenswert ist die weltweit einzigartige Anthologie von traditionellen japanischen → Hun-zen: einer Vier-Stufen-Affront-Gesichtsverlust-Technik. Insgesamt umfasst die Sammlung in etwa 150000 Beleidigungen und bietet dem Besucher Einblicke in die Bandbreite des modernen Affronts. Hip-Hop-Gruppen wie Grandmasta Killa, Evil Diggy Dance Dead oder The

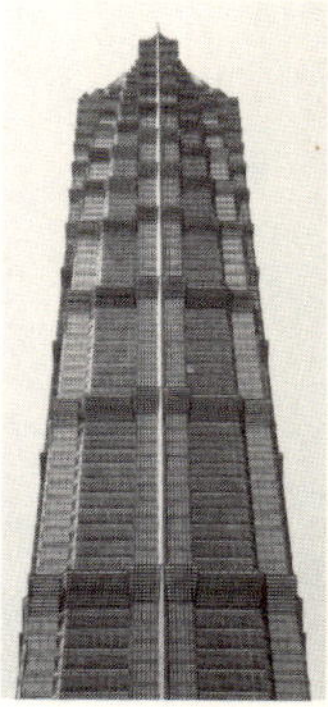

Das Museum of Modern Bashing, Manhattan, New York

Die Gedanken dieses Mannes sind im MoMB ausgestellt

Bloody Fucking Crime Force ließen sich von den ausgestellten Werken inspirieren.
Das MoMB ist auch ein Zentrum wissenschaftlicher Studien für Soziologen aus allen Ländern, sie können ihre Kenntnisse sozialer Phänomene erweitern und die neuesten Kommunikationsmittel vor Ort studieren. Laut dem MoMB ist die Struktur der Beleidigungen in der menschlichen Gesellschaft stark abhängig von Alter, Kulturkreis und geographischer Lage des Beleidigers. Die Klassifizierung der Beleidigung erfolgt nach dem Bashing Institute of America (BIA) in folgende Themengebiete: 1) Beleidigungen, die Familie betreffend, vorrangig die Mutter, 2) Fäkalbeleidigungen, 3) Beleidigungen, die Manneskraft betreffend (vorrangig bei Männern), und 4) Tiernamen (häufig: Gans, Esel, Pute; selten: Löwe, Adler, Taube).
Ein nicht unerheblicher Grund für die hohe Popularität des MoMB ist die Tresorkammer im Souterrain des Gebäudes. Diese beinhaltet die ›Schlimmste Beleidigung aller Zeiten‹ und ist für den Publikumsverkehr gesperrt. Die Kammer jedoch von außen zu betrachten, eine der am meisten besuchten Attraktionen.
Die moderne Abteilung der urbanen Beleidigung beinhaltet neben Klassikern wie ›Arschloch‹ oder ›Fick dich‹ auch seltene Perlen, wie ›Zipfelklatscher‹ und ›Du Eimer Rotz mit Aalen drin‹. Das MoMB ermittelt jährlich die Beleidigung des Jahres, Preisträger des Jahres 2008 wurde der ›iPhone-Lutscher‹.

Muttivation

Ratschläge und Sprüche, die im Rahmen des Erziehungsprozesses von der eigenen Mutter eingesetzt werden (»Mund zu, es zieht!«).

N

NANO-HUAUA

Der Nano-huaua ist eine kleine Hunderasse. Die kompakten Tiere sind für das bloße Auge nicht zu sehen. Nano-huauas eignen sich als Haustiere besonders für Personen, die den geringen Aufwand schätzen und dennoch nicht auf ein Haustier verzichten möchten. Ihre Popularität verdanken sie in erster Linie ihrer Haltbarkeit. Das wachsende Interesse an dieser Nische führte zur Entstehung spezifischer Verbrauchsgüter, wie Spezialnano-Höschen, Nano-Brillant-Halsbändchen und sehr, sehr kleinen Kot-Tüten.

Ausgewachsener Zucht-Nano-huaua

NAPOLEONWINKEL

Sozialpsychologisches Körpersprache-Phänomen, das beschreibt, dass Männer in Diskotheken ihre Bierflasche meist in Brusthöhe halten.

NASENBALLETT

Sozialpsychologische Bezeichnung für den Versuch, einem Geschäftspartner klarzumachen, dass ihm ein Popel aus der Nase hängt, ohne unfreundlich zu wirken.

NASILUX

Reflex, sich seiner hoffentlich sauberen Nase zu versichern, weil man genau diesen Kontrollgriff eben bei seinem Gegenüber gesehen hat (und fürchtet, es könnte sich um ein Nasenballett handeln).

NATURINKONTINENZ

[lat. Incontinentia natura]

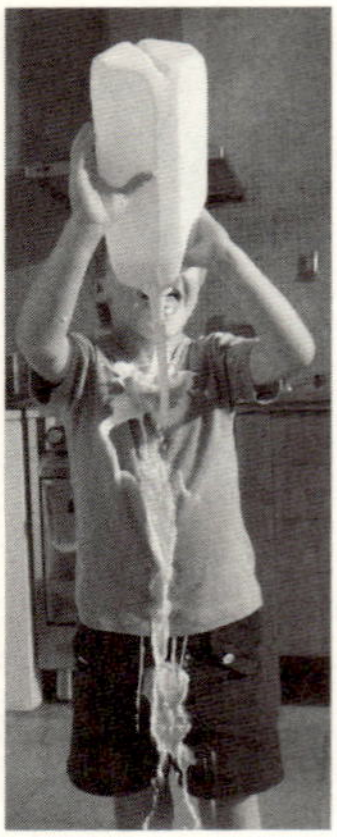

Schwere Naturinkontinenz mit Eigenverschulden

Naturinkontinenz bezeichnet physikalische Ereignisse im Umgang mit Verpackungsgegenständen, deren Ursache in Konstruktions- und Designdefiziten zu suchen sind. Die jeweiligen Ereignisse sind im Handlungskontext nicht erwart- und für den Nutzer nicht vorhersehbar.

Dieses Phänomen wurde auch deshalb zum konsistenten Forschungsgegenstand, weil insbesondere für Massennutzung ausgelegte Produkte von naturinkontinenten Prozessen betroffen sind. So beschreiben Forscher naturinkontinente Vorgänge in folgenden Bereichen:

1) Tetrapackungen für Milch und Saft: Hierbei wird zwischen Laschenverschlüssen sowie Abzieh- und Drehverschlüssen unterschieden. Die Flüssigkeiten spritzen beim ersten Öffnen bei beiden Verschlusstypen in etwa gleich hoch, im Gegensatz zum Laschenverschluss werden bei Dreh- und Abziehverschlüssen meist zusätzlich noch die Kühlschranktür und die Tapete benässt. Der Flüssigkeitsverlust durch die Naturinkontinenz kann dabei bis zu 33 Volumenprozent betragen.
2) Joghurtbecher in Plastiktüten: Dieses naturinkontinente Phänomen tritt hauptsächlich beim Transport vom Supermarkt nach Hause auf. Dabei platzen bevorzugt Joghurt- und Saure-Sahne-

Behältnisse und sorgen dafür, dass weite Teile des Einkaufs unbenutzbar werden. Der jährliche Schaden wird auf 3,6 % des Bruttosozialprodukts geschätzt. Dabei treffen häufig inkontinente Verpackungsdefizite auf schwerwiegende Fehleinschätzungen bezüglich der Bestückungen der Einkaufstüten. So gilt es als Kardinalfehler der strategischen Tütenbepackung, schwere Gegenstände wie Melonen oder Bügeleisen im oberen Tütensegment zu positionieren. Diese Fehleinschätzungen sorgen dafür, dass rund 73 % der von Naturinkontinenz Betroffenen Männer sind.

3) Müsli/Haferflocken in einer Kartonverpackung: Durch das längsseitige Aufreißen der Cellophanverpackung verteilen sich zwischen 20 und 86 % des Inhalts in und um die Kartonverpackung. Verderbliche Ware wird so in weiten Teilen dem Nahrungskreislauf entzogen und dem Verantwortungsbereich des Fußbodens übergeben.

Nicht zu den naturinkontinenten Phänomenen zählt gemäß der Definition von Inkontinenz-Experte Peter Bruchlob-Wägerle die fehlerhafte Benutzung von Verhütungsmitteln.

Naumann, Sybille

[* Essen, 12. Februar 1973]

Sybille Naumann

Sybille Naumann wurde in der Öffentlichkeit bekannt als die Frau, die keinen Gewichtskomplex hat. Die auffällige Störung des Sozialverhaltens fiel erstmals in einem Alter von zweiundzwanzig Jahren auf, als Naumann in einem Gespräch mit ihrer Freundin und Studienkollegin Nadine Breuer äußerte: »Ich wiege zweiundsechzig Kilo und fühle mich gut dabei!« Die Universitätsleitung reagierte unverzüglich und meldete den Vorfall den Eltern der Studentin. Die alarmierten Eltern wandten sich daraufhin an das Essener Universitätsklinikum, wo Sybille Naumann an verschiedenen Untersuchungen teilnahm. Eine durchgeführte Anamneseerhebung schloss biologische und psychische Ursachen für die Auffälligkeit aus. Trotz des Interesses der Fachmedizin an dem einzigartigen Fall ist Sybille Naumann sich ihrer Besonderheit nicht bewusst. Während einer Tagung für Ärzte und Heilpraktiker in Essen 2009 wurde Sybille Naumann einer interessierten Teilnehmerschaft vorgestellt. »Ich fühle mich gar nicht so besonders«, äußerte sie bei dieser Gelegenheit. Aufgrund der Absenz negativer Konsequenzen wird auf eine Behandlung durch das Universitätsklinikum verzichtet. »Es kann davon ausgegangen werden«, so der Bericht des Klinikums, »dass Sybille Naumann ein normales, in die Gesellschaft gut integriertes, gesundes und langes Leben führen kann.«

NDGEWAKALUTE

Die Ndgewakalute waren ein Indianerstamm aus dem oberen Minnesota. Ihr ehemaliges Stammesgebiet grenzte im Süden an das der Mdewakanton und im Norden an das heutige Kanada. Die deutschen Namen für die beiden Stämme, Nordindianer und Südindianer, werden heutzutage als sprachliche Fehlterminologie angesehen. Die korrekten Bezeichnungen sind heute Ndgewakalute und Mdewakanton. Während die Mdewakanton noch heute mit einer geringen Population von sieben Angehörigen (Stand Juli 2008) vertreten sind, starben die letzten Ndgewakalute in der Schlacht vom arthritischen Knie. Dank Aufzeichnungen der Ndgewakalute ist der Stammbaum der letzten fünf Generationen der Nachwelt erhalten geblieben.

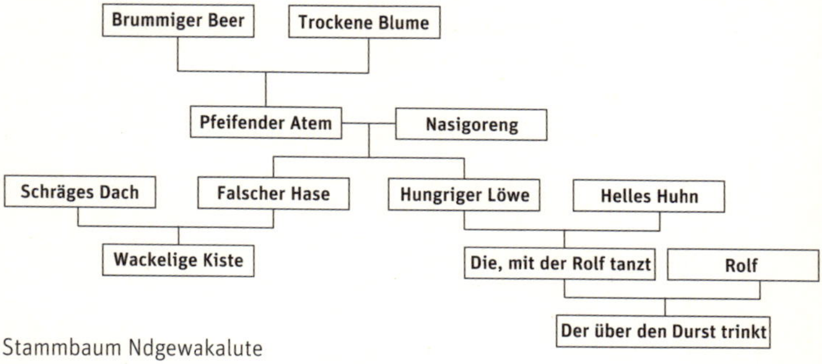

Stammbaum Ndgewakalute

Nerd-Rap

Der Nerd-Rap ist eine Unterform des Genres Rap-Musik. Er kann als Gegenbewegung zum wesentlich populäreren ›Gangsta-Rap‹ gesehen werden. Der Nerd-Rap entstand Ende der achtziger Jahre auf den Straßen, in den Vorstädten und Büros US-amerikanischer Großstädte und war eine Reaktion auf die zunehmende Präsenz von Gangsta-Rappern. In ihren Texten lehnen sich die Künstler gegen die Ungerechtigkeit und die Brutalität auf, die ihnen durch Mitglieder von Jugendgangs und aggressiven Gangsta-Rappern widerfährt. Als Begründer des Nerd-Rap gilt der Nerd-Rapper ›Lovely Scholli‹ mit seinem 1987 veröffentlichten Album ›Go da' work', man‹. Großen Einfluss nahmen auch Künstler wie ›Clerk's Revenge‹ und ›Social Climber‹ mit ihren Alben ›Slap back from the outskirts‹ (1988) und ›Mortgage horror‹ (1989). Nach Deutschland kam die Bewegung im Jahr 1990 mit dem ersten

Fridolin Fröhlich alias ›Sidolin the Wiper‹

deutschsprachigen Rap, gesungen von Fridolin Fröhlich alias ›Sidolin the Wiper‹:

> *Ich lerne schnell, ich rechne gut*
> *ich bin das Opfer of da Hood*
> *In meiner Schule rappen*
> *immer nur die Deppen*
> *ich reim für sie*
> *verbissen*
> *damit sie mich nicht*
> *dissen*
> *Zu Hause heiß ich*
> *Fridolin*
> *und auf der Straße*
> *Sidolin*

NIEDERREICH

Niederreich ist die zweitgrößte Provinz der Niederlande. Niederreich liegt 1,75 Meter unter dem Meeresspiegel, was sie zur niedrigsten Provinz der Welt macht. Durch ihre charakteristische Senk-Wannenform ist die Provinz prädestiniert für Überschwemmungen und Staugewässer, die in Niederreich sowohl flächendeckend als auch ganzjährig auftreten. Niederreich umfasst sechs Gemeinden. Dies sind:
1) Unterstaad (24 Einwohner),
2) Bishalsi (33),
3) Nieselen (14),
4) Feuchthoosen (12),
5) Blöhdwasser (5),
6) Oufweichi (2).
Besonders Kinder und Jugendliche haben mit dem hohen Wasserspiegel zu kämpfen, weshalb sie schon früh lernen, lange die Luft anzuhalten. Sportwissen-

schaftler vermuten hier eine Ursache für die herausragenden Leistungen der Niederreichler in den Wettkampf-Disziplinen Apnoe- und Streckentauchen.

Jährliches Poloturnier in Niederreich

NIHIL

Nihil ist das einzige Medikament ohne Gegenanzeigen, Nebenwirkungen und ohne jegliche Wirkung. Zur Zeit des Kaisers Marcus Aurelius (121 bis 181 n. Chr.) in Auftrag gegeben, um ein Juckleiden zu mildern, vermochte es weder das Juckleiden noch ein anderes Leiden zu heilen, zu provozieren oder zu simulieren. Im Jahr 250 gelangte Nihil an Bord einer römischen Galeere unter Claudius Romsus nach Ägypten. Die Versuche der Ägypter, Nihil als Klebstoff zu benutzen, schlugen fehl. Noch heute lassen sich die Spuren dieses Versuchs an der Großen Sphinx von Gizeh bestaunen. Im Mittelalter kehrte Nihil durch maurischen Einfluss nach Europa zurück und wurde dort zum Kampf gegen die Pest eingesetzt, den Letztere allerdings klar für sich entschied. Nachweislich tauchte Nihil im Weiteren als Duftwasser unter Napoléon Bonaparte auf (›Une grande eau pour un petit homme‹). Im Dritten Reich machte Nihil als »Aufhelfer für Hitlers kleinsten Stoßtrupp« nicht von sich reden und wird von Historikern mehrheitlich ignoriert.

NIHILIT

Sekundenkleber, der exakt so lange hält, bis man testet, ob er hält.

Typische Einfamilienhäuser in Nihilit-Bauweise

NONUMALSYSTEM

[lat. nonus, *der Neunte*]

Das Nonumalsystem oder Neunersystem ist ein Stellenwertsystem zur Darstellung von Zahlen. Es verwendet die Grundzahl 9. Das Nonumalsystem ist heute das weltweit am wenigsten verbreitete Zahlensystem. Es stammt ursprünglich aus Indien. Es dürfte seinen Ursprung in dem Umstand haben, dass sein Erfinder nur noch neun Finger besaß. Vom Mathematiker und Astronomen Harastra-huin ist aus dem Jahre 628 der früheste bekannte Text über die grundlegenden Mutmaßungen von Rechenvorschriften in diesem Zahlensystem verfasst worden. Sein Lehrbuch ›Hisal al-sisal‹ wurde erst im 12. Jahrhundert ins Lateinische übersetzt und gelangte kurz darauf nach Europa. Das Nonumalsystem als Tabelle:

Nonumalsystem									
9	1	2	3	4	5	6	7	8	9
8	9								
7		9							
6			9						
5				9					
4					9				
3						9			
2							9		
1								9	

Numerologen weltweit ordnen dem Nonumalsystem eine übergeordnete, mystische Bedeutung zu. Einige der bedeutendsten Beispiele sind hier:

1) Aus dem Bereich der Erotik die Stellung 69, die aus zwei Neunen besteht, von denen die erste auf dem Kopf steht. Auch der Film ›9½ Wochen‹ findet Beachtung unter den Zahlenmystikern: »Es sind nun einmal NEUNeinhalb Wochen, nicht zehn«, so der Numerologe Hannelor Zieglein aus Neunkirchen am Brand.

2) Die 9. Sinfonie von Beethoven: »Es kann ja wohl kaum Zufall sein, dass die letzte vollendete, richtungsweisende Sinfonie Beethovens, die zur Europahymne wurde und welche die gesamte klassische Musik veränderte, ausgerechnet die Neunte ist!«, befinden die Numerologen um Zieglein.

3) Als ebenso bedeutend in ihrer Neunigkeit schätzen sie die sogenannte Neunschwänzige Katze.

Zum ersten Mal wird das heute verbreitete Neunmalneun in einem bekannten Kinderlied erwähnt: »2 × 3 macht 4 Widdewiddewitt und Drei macht Neune …«, das die Basis des heutigen Neunmal-Neuns begründet. Davon inspiriert nannte sich ein

TV-Sender 9Live, »... da bei uns auch nie das richtige Ergebnis rauskommt«, so dessen Intendant Thomas Neunziger.

NOSIGN

[lat. nosiegnare, *misslingen*]

Nosign ist ein Sammelbegriff für alle Objekte, die durch ihre Formgebung ihren Zweck verdunkeln. Nosign bedeutet wörtlich übersetzt ›Ohne-Segen‹. Dem Gestaltungsleitsatz des wesentlich bekannteren Designs ›form follows function‹ setzt das Nosign ein ›funktioniert nicht, sieht aber gut aus‹ entgegen. Historiker dotieren erste Nosign-Stücke auf circa 780 000 v. Chr. wie das ovale Rad oder die tropfende Teekanne aus Bronze. In der Moderne gelangen dem Nosign Klassiker mit der Erfindung des Fotokopierers (Papierstau) und der stehenden Rolltreppe. Der Düsseldorfer Leonhard → Brommer setzte Anfang des 21. Jahrhunderts einen Meilenstein mit der Erfindung der Caffè-Latte-Gläser ohne Henkel. Als Mitbegründer des Modern Nosign gilt Philippe Starck durch die Gestaltung seiner in jedes Auge spritzenden Zitronenpresse. Unbekannt geblieben ist hingegen der Entwickler des Klassikers ›der blockierende Einkaufswagen‹.

NUBOLOGIE

[lat. nubes, *die Wolke*]

Die Nubologie ist ein Fachbereich der angewandten Meteorologie. Sie bezeichnet die einheitliche Klassifizierung und Erforschung der Wolkenarten nach ihren praktischen Eigenschaften. Als Begründer der Nubologie gilt der Brite Matt Owen. Owens Auffassung nach »... ist es für die Bevölkerung von größerem praktischem Nutzen zu wissen, ob es nachmittags regnet, als zu wissen, dass eine Gewitterwolke Cumulonimbus heißt«. Owen erforschte unter anderem:

1) Wolken, die Tieren ähneln,
2) die Wolke, die seit 1920 auf jeder Postkarte am bayerischen Himmel zwischen den Türmen der Frauenkirche prangt,
3) Wolken, die nach viel Regen aussehen, aber vorbeiziehen, sobald man einen Regenschirm dabeihat,
4) Wolken, die völlig harmlos erscheinen, aber wolkenbruchartig abregnen, wenn man keinen Regenschirm dabeihat,
5) die älteste Wolke der Welt. Sie heißt Kayleigh und hängt seit 740 Jahren über Irland.

Matt Owen beschäftigte sich außerdem mit der Beweisbarkeit der religionswissenschaftlichen These, dass engelartige Wesen auf Wolken sitzen können. Owen kam zu dem Schluss, dass dies bei Wolken in der Stratosphäre möglich ist. Bei einer Temperatur um den Gefrierpunkt und einem Druck unter einem Bar in der Sphäre kann es zu einer Resublimation kommen. Diese hat die Bildung von Eiskristallen zur Folge und zieht einen Wechsel von einem gasförmigen in einen festen Aggregatzustand nach sich – im Extremfall kann es zur Bildung einer → Stratusgravus kommen, die dann abstürzt.

Wesen, in Größe und Gewicht einem Kleinkind entsprechend, könnten, bei stabilen Parametern, durchaus auf Wolken Platz nehmen, so Owen. In das Reich der Mythen hingegen verbannte er das Bild vom Harfe spielenden Engel: »Wenn wir von einer 180 Zentimeter großen, 40 Kilogramm schweren Konzertharfe ausgehen, geht die Wahrscheinlichkeit der Existenz einer entsprechend dichten Wolkenmasse gegen null«, so Owen.

NUDERIK

[lat. nudus, *nackt*]

Die Nuderik ist eine eklektizistische Form der bildenden Kunst. Sie beruht auf der bildhauerischen oder malerischen Darstellung des nackten weiblichen Körpers und ist kunstgeschichtlich epochenübergreifend. Die Nuderik legt in keinem Moment Wert auf Räumlichkeit, Farbgebung oder den Hintergrund eines Werkes, sondern konzentriert sich konsequent auf das Motiv. Erste zaghafte Zeugen dieser Kunstrichtung sind stark vereinfachte Vulva-Abbildungen in Form von prähistorischen Höhlenzeichnungen. Auch Funde in Holzhütten, in denen einige abstrakte Schamhaare um Astlöcher in der Wand gezeichnet sind, zeugen von einer frühen Kenntnis dieser Kunst. Die griechische Mythologie wie auch die römische Kunst greifen die Nuderik auf und erfreuen den Betrachter mit vielfältigen

Haben diese beiden Kunsthistoriker den unteren Teil der ›Mona Lisa‹ entdeckt?

Kunstwerken, bevor sie von der frühchristlichen Bewegung weitgehend ausgelöscht wird. Die folgenden Epochen, in denen vorwiegend die Kirche als Auftraggeber künstlerischen Wirkens fungiert, werden in der Nuderik auch die ›schwarzen Epochen‹ genannt. Erst mit Beginn der Renaissance findet diese schöngeistige Spielart zurück in die Öffentlichkeit. Gängige Praxis war es, Frauenkörper in Bild-Duetten zu malen: Das obere Bild zeigte den Kopf der Frau bis zur Körpermitte, bekleidet und hoch geschlossen. Das zweite Bild enthielt den freizügigen, unteren Teil des Körpers und konnte, je nach Anlass und Bedarf, an ersteres angefügt oder verborgen werden. Kunsthistoriker gehen davon aus, dass das geheimnisvolle Lächeln der Mona Lisa im Moment des Auffindens des zweiten Teils des Bildes sofort schlüssig erscheinen würde.

NULPEN

[Nulipan]

Nulpen gehören zu den Gewächsen der Mieselzwiebeln. Die ein- bis zweiblättrigen, giftigen Pflanzen können bis zu 2000 Jahre alt werden. Sie entwickeln Pfahlwurzeln mit Überdauerungsorganen, die 100 Meter in die Erde reichen. Auf einer Verkehrsinsel in der Stadt Berlin wächst die älteste bekannte Mieselzwiebelnulpe. Dort hat sie sowohl den Aufmarsch der Reichstruppen schadlos überstanden als auch die alljährliche Love-Parade. Ihre Robustheit hat der Nulpe ein trotziges Image beschert, dem die Bevölkerung ablehnend bis feindlich gegenübersteht. Das unschöne Gewächs erreicht eine Wuchshöhe von 10 bis 70 Zentimeter und bildet an seinem grau-grünen Stengel verkümmerte grün-graue Blätter. Im Gegensatz zur populären und bevorzugten Tulpe blüht die Nulpe nicht. Erste Aufzeichnungen über Versuche ihrer Ausrottung sind im Alten Testament, im 1. Buch Mose, zu finden: Nur wenige wissen, dass die Vernichtung der Städte Sodom und Gomorra ein erster verzweifelter Versuch war, eine Nulpe auszurotten.

Jäten einer Nulpe in Ecuador

NUMERATE LITERATUR

[lat. numerare, *zählen*]

Die numerate Literatur ist eine lyrische Literaturform, die alle möglichen Versionen einer Strophe aufzählt. Bekanntestes Gedicht dieser seltenen Literaturform des ausgehenden 15. Jahrhunderts ist die Numerate ›Wenn ich ein oder zwei Vöglein wär‹ von Norman → Lax. Nach der bekannten ersten Strophe des Volkslieds werden ebenfalls die Möglichkeiten besungen:

1) Wenn ich zwei Vöglein wär und auch vier Flügel hätt
2) Wenn ich kein Vöglein wär und einen Flügel hätt
3) Wenn du kein Vöglein wärst und zwei Flügel hättst

4) Wenn ich kein Vöglein wär und du einen Flügel hättest
5) Wenn wir zwei Vöglein wär'n und einen Flügel hätten

Bekanntester und einziger Vertreter der numeraten Literaturform ist der Dichter Norman → Lax, der während des Vortrags seines Gedichts eines unnatürlichen Todes starb.

NÜRNBERGER KOFFER

Der sogenannte Nürnberger Koffer gilt als einer der wichtigsten archäologischen Funde der Neuzeit. Das Objekt konnte dank modernster Neon-Lithium-Karbon-Technologie auf etwa 800 v. Chr. datiert werden. Es ist damit das am besten konservierte Artefakt der Altertumsforschung. Durch Abtragen des Kofferdeckels gewannen die Archäologen erste aufsehenerregende Eindrücke. So kamen die Archäologen in enger Zusammenarbeit mit einen Team von Anthropologen zu der Erkenntnis, dass der Mensch schon damals Kleider und Handtaschen verwendete sowie Deodorant und Mascara der Firma L'Oréal.

Eine gut erhaltene Bordkarte für einen Flug von Nürnberg nach Palma de Mallorca wurde ebenfalls in dem Koffer entdeckt. Kritische Stimmen halten dies für einen möglichen Hinweis, dass die Altersanalyse womöglich fehlerhaft war, und zweifeln die Bedeutung des Fundes an.

Für die Theorie eines Analysefehlers spricht der Umstand, dass eine junge Frau aus dem Landkreis Fürth nach Publikation des Fundes Besitzansprüche an dem Relikt angemeldet hat. Dieser begründet sich neben der Aussage der Frau auf einem Dokument, das im Inneren des Koffers gefunden wurde und einem Lichtbildausweis ähnlich sieht. »Das Konterfei auf selbigem weist gewisse Ähnlichkeit mit der Fürtherin auf«, bestätigte die Leitung der Ausgrabung.

Nürnberger Koffer: archäologischer Fund aus Hartplastik, 800 v. Chr.

O

Odiventus

[lat. odor, *Geruch* und ventus, *Wind*]

Der Odiventus ist ein reiner Geruchswind. Im Gegensatz zu anderen Winden, die als gerichtete, stärkere Luftbewegung bemerkbar sind, fällt der Odiventus ausschließlich durch den Geruch auf, dessen Träger er ist.

Die Luftbewegungen der Geruchswinde sind minimal, dennoch können die Winde große Distanzen zurücklegen. Die moderne Odiventi-Wissenschaft geht davon aus, dass es sich bei den Geruchswinden um zyklostrophische Winde handelt, also um Winde, die kreisförmig entstehen, ähnlich ihren großen Verwandten, den Windhosen, weshalb Geruchswinde unter Wissenschaftlern auch scherzhaft ›Windhöschen‹ genannt werden. Durch die vergleichsweise langsame Drehung des Odiventus werden die Geruchspartikel nicht, wie bei anderen Winden, durch die Fliehkraft verdrängt, sondern von ihm getragen.

Im Gegensatz zum → Möfel verfügen Odiventi sowohl über unangenehm empfundene Gerüche als auch über durchaus angenehme.

Man unterscheidet zwischen den klassischen Venti:

1) Frisch-gemähter-Rasen-Ventus,

2) Ofenfrisches-aus-der-Bäckerei-Ventus und
3) Mülltonne-nicht-zugemacht-Ventus.

Und den relativ unerforschten Unterarten:
1) Babyköpfchen-Ventus,
2) Hinter-dem-nächsten-Hügel-ist-das-Meer-Ventus und
3) Von-wegen-Überstunden-Ventus.

OHRCOGNAC

Medizinischer Fachbegriff für das Wasser, das man nach dem Schwimmen im Ohr hat und das dort verbleibt, egal, was man tut.

OHRENZEUGE

Jemand, der einen Unfall gehört, aber nicht gesehen hat.

OHRIGUMMI

Japanische Falttechnik, bei der sich die Adresse nach dem sorgsamen Zusammenlegen des Briefes nicht im Kuvertfenster befindet.

OHRWURM

[lat. Audivermis]

Ohrwürmer sind parasitäre Würmer, die der Gruppe der Ringelwürmer zugerechnet werden. Sie leben als Parasiten gut angepasst in der Gehörschnecke im Innenohr von Wirbeltieren. Dort bewegen sie sich frei in den drei flüssigkeitsgefüllten Gängen der Hörschnecke. Sie sind für das menschliche Auge nicht sichtbar, ihr Körper ist zwischen 0,1 und 0,2 Nanometer breit und einen Mikrometer lang.
Treffen Schallwellen auf die Flüssigkeit der Hör-

schnecke, so erzeugt der Schalldruck eine Bewegung der Würmer, vergleichbar mit denen eines Haares unter Wasser. Ohrwürmer reagieren auf Frequenzen zwischen 20 Hertz und 20 Kilohertz, eine gesteigerte Aktivität wurde auf C-Akkorde hin nachgewiesen. Die Tiere lassen sich von gleichmäßigen, wiederkehrenden Schwingungen in eine wellenförmige Bewegung versetzen, die noch lange anhält, nachdem der Reiz wegfällt. Der Wirt, in dessen Innenohr sich der Wurm befindet, nimmt dies ähnlich einer akustischen Halluzination wahr. Die Bewegungen der Tiere dauern in der Regel einige Stunden, mitunter auch Tage an. Es gibt jedoch Ausnahmen:
Im biologischen Forschungslabor der Universität Baltimore leben die Würmer mit der längsten gemessenen Schwingzeit: Sie sind seit dem Jahr 1989 im Takt von ›Looking for Freedom‹ von David Hasselhoff in Bewegung, gefolgt von den ›Lebt-denn-der-alte-Holzmichl-noch‹-Würmern der Universität Bamberg.

Ohrwurm

ÖKOMÄHNE

Unfassbar schlechte Frisur gläubiger, junger Christinnen.

OLFAKTOBEL

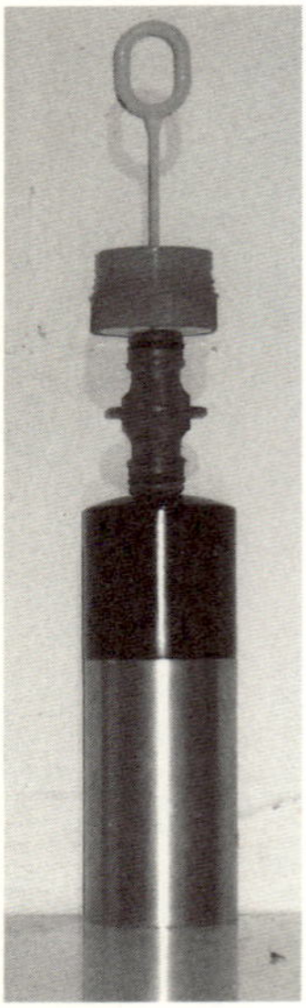

Mobiles Olfaktobel-Messgerät

Olfaktobel ist die Messeinheit, mit der die Intensität eines Geruchs gemessen wird. Ähnlich dem Schallpegel dient hier ein Olfaktopegel als Richtlinie für zumutbare Geruchspegel für die menschliche Nase. Die Unbehaglichkeitsschwelle für den Menschen liegt bei 20 Olfaktobel, Werte ab 51 Olfaktobel haben den Tod durch Erstinken zur Folge:

Wert	Entsprechung	Intensität
0 – 10	Glas, Kieselstein, Geld	Nahezu geruchlos
<20	Baby, Dämmerung, Sand	Zart
20	Kaffee, Pinienbäume	Gut wahrnehmbar
20 – 30	Käsefuß, unausgewaschener Aschenbecher	Sehr gut wahrnehmbar
30 – 44	Verrat	Penetrant
44 – 49	Jungen-Turnbeutel am Ende des Schuljahres	Unglaublich
50	Faules Ei	Schwer erträglich
>50	Blauwal-Furz, Atomstinkbombe	Nasenschleimhautriss, Tod

OLGEBRA

[aus dem persischen ol-ğabr, *unverhältnismäßig*]

Olgebra ist ein Teilgebiet der Mathematik, das sich durch die Negation jeglicher Systematik auszeichnet. Erkennungsmerkmale einer olgebraischen Gleichung sind differierende Lösungen bei gleichbleibender Aufgabenstellung. Anhänger der wesentlich populäreren Algebra kritisieren diesen Umstand als wenig praktisch. Positiv hingegen wird bewertet, dass Olgebra den kreativen Umgang mit Zahlen fördere. Ein Antrag des Bundesministeriums für Bildung und Forschung zur Einführung von Olgebra an Schulen zum Zweck eines positiveren Abschneidens in den PISA-Studien wurde vom Parlament abgelehnt. Die olgebraischen Axiome lauten:

1) Teilt man die Summe zweier Zahlen durch einen beliebigen Faktor ×, kommt es im Ergebnis sehr auf den Wochentag an. (Selbiger Satz ergibt sich vor allem aus der Tatsache, dass man in der Olgebra ungerade Zahlen am Wochenende durch eine angefügte Null auch mal gerade sein lässt.)
1) Es gibt keine Vier auf Hawaii,
2) Vor dem Komma ist nach dem Komma.

Typische olgebraische Gleichungen sind:

1) 2 mal 3 macht 4 (Widdewiddewitt),
2) 3 + 7 = 21 und
3) 21 + 4 = 12.

Die olgebraischen Zahlen:

1) die prima Zahlen 1, 2, 3, 4, 5, 6, 7, 8, 9,
2) die wilden Zahlen 0,9; 5,3; 13,09,
3) die krassen Zahlen: 444, 2222, 88 888,
4) die konkret-krassen Zahlen: 448 888, 22 224, 248248,
5) die schlimmen Zahlen: 13, 4711, 11833, 1933,
6) die sexuellen Zahlen: 0190 331 331,
7) die absoluten Nullnummern: 1860, 007 und
8) die Zusatzzahl: 7.

OLIZEI

Die Olizei ist das Deeskalationskommando des deutschen Bundeskriminalamts.

Auftrag

Die Olizei kommt als Präventivmaßnahme während Demonstrationen zum Einsatz, in denen die Bundespolizei von einer möglichen Eskalation der Situation ausgeht. »Wer lacht, schmeißt keine Steine«, fasste der damalige Bundespolizeipräsident die Initiative zusammen.

Entstehung

Olizist O. Kabunkel, der im Alleingang eine gewaltbereite Demonstration deeskalieren konnte, indem er sein Pfefferspray gegen sich selbst richtete

In der Gründungsphase der Olizei beschäftigte man berufsferne Spezialisten wie Clowns, Pantomimen, Alleinunterhalter und Volksmusikanten. Diese Einheiten wurden mit Torten, Hüpfbällen, Tröten und Tischfeuerwerken ausgerüstet. Ihr Auftrag bestand in der Wahrung der öffentlichen Sicherheit mittels eines Drei-Punkte-Plans:

1. Ausschöpfen des Humorpotenzials,
2. Auflockerung angespannter Situationen,
3. Katharsis der Aggression auf Beamten- und Demonstrantenseite.

Die anfänglichen Einsätze der Spezialeinheit waren nicht von Erfolg gekrönt, was auf eine Fehleinschätzung des Humorpotenzials der Einsatzkräfte zurückzuführen ist. Das hatte zur Folge, dass Olizei-Einheiten missachtet und überrannt wurden. In Einzelfällen stellten sie die Initialzündungen für handgreifliche Auseinandersetzungen dar.

Die Olizei heute

Seit den gravierenden Misserfolgen setzt der Polizeiapparat ausschließlich auf eine Rekrutierung aus den eigenen Reihen. Zumeist ohne das Mitwissen des betreffenden Beamten. Derzeit ist auch in der täglichen Polizeiarbeit, beispielsweise beim normalen Streifendienst, nahezu jedem Beamten auch ein Olizist beigestellt.

Onassis

Bodenkosmetischer Terminus für den Zustand des Badezimmers, wenn man versehentlich den Duschvorhang an der Außenseite der Wanne hatte.

Akuter Onassis

Orakel von Ramada

Das Orakel von Ramada gilt als wichtigste gastronomische Prophezeiung. Seit Jahrzehnten werden vom Orakel jedoch die Antworten auf die sechs großen Fragen des Hotelgewerbes dringend erwartet, die sich Millionen Hotelbesucher weltweit täglich stellen. Diese sind:

1) Wo im Raum befinden sich der Hauptlichtschalter und der Badezimmerlichtschalter?

2) Was ist mit dem Telefon zu tun, um nach draußen telefonieren zu können?
3) Wie funktioniert der Tresor?
4) Welche Maßnahmen sind nötig, um die Bildschirmbegrüßung des Fernsehers auszuschalten?
5) Wie lange kann der Pornokanal gratis genutzt werden?
6) Wie stellt man im Bad von Badewannenfunktion auf Duschfunktion um?

ORALYSE

Japanische Kunsttechnik, nach einem Rülpser die dominanteste Mahlzeit der vergangenen drei Tage bestimmen zu können.

Rettich oder Silberzwiebel? Ein westlicher Oralyse-Meister bei der Arbeit

ÖRGEL

Gesellschafts-physikalischer Terminus für den Moment, wenn die elektrische Zahnbürste aufgrund leeren Akkus nur noch langsam rotiert und bei festem Aufdruck nur noch summt.

Oster-Feldzug

Der Oster-Feldzug ist ein Begriff aus der militärischen Terminologie und bezeichnet den jährlichen Vorstoß motorisierter Verbände nach Italien. Der Einmarsch findet jedes Jahr im April statt und erfolgt über die A8 und den Irschenberg, vorbei an dem Biebelrieder Kreuz, Nürnberg-Feucht, Tauern, Brenner und dem Karawanken-Tunnel. Die Ostern-Feldzüge werden trotz jährlicher Eingaben des Landes Tirol von den Vereinten Nationen nicht als kriegerische Handlung gewertet.

Ostpol

Ostpol

Der Ostpol ist in der Geophysik der östlichste Punkt der Erde. Er befindet sich auf dem Staatsgebiet von → Vulgarien, seine Koordinaten sind: 46°3′23″ N, 14°30′28″ E. Er liegt diametral gegenüber vom → Westpol. Neben dem geographischen existiert auch ein maskuliner Ostpol. Dieser wird so genannt, da sich Erektionen auf der Erde automatisch senkrecht auf diesen Punkt ausrichten. Die erste wissenschaftlich dokumentierte Ostpol-Expedition fand 1912 unter der Leitung des deutschen Lastkraftwagenfahrers Manfred Hermann statt. Hermann erreichte damals den östlichen Polarkreis und errichtete das Basislager ›Club Eden‹. Von dort aus unternahm er mit seiner zehnköpfigen Mannschaft mehrere Expeditionen auf das Gebiet um den Ostpol und setzte dort eine blaue Gedenktafel ab. Bei ihrer Rückkehr im Juni 1913 brachten die Expeditionsteilnehmer große Mengen Filterzigaretten sowie einige Dutzend goldblonder Ehefrauen mit. Die damals entdeckte Route wird noch heute von Profi- und Laienforschern genutzt.

Otonawi In

Otonawi In: Luxus in Minimalismus

Das ›Otonawi In‹ ist das modernste Luxushotel Barcelonas. Im Stil des japanischen Minimalismus verzichtet das Hotel auf Dekorationselemente sowie auf eine Rezeption. An ihrer Stelle befindet sich eine Tatamimatte. Reservieren und zahlen kann man im ›Otonawi In‹ ausschließlich im Voraus und mittels Online-Reservierung. Das Design ist elegant, unaufdringlich und spricht eine klare Formensprache. Die kubischen Zimmer sind nicht durch störende Türen vom lichtdurchfluteten Eingangsbereich getrennt, die Einrichtung ist reduziert auf einfache und übersichtliche geometrische Strukturen. Die Preise für ein Doppelzimmer liegen je nach Saison um die 400 Euro, das Hotel ist fast ganzjährig von Mitgliedern des Art Directors Club ausgebucht. Die Executive Suite bietet außer einem Tatami-Doppelbett in Maxi-King-Größe eine schmalere Gästematte.

Das Restaurant des Otonawi In, der ›Zenroom 07‹, wird von dem berühmten Nanogastronomen → Fermel Arundí geführt.

P

Palast der Königin von Laba

Der Palast der Königin von Laba ist der vermutlich älteste jüdische Tempel, gelegen im Süden Äthiopiens. Ein Team um den Archäologen Herbert → Wehner stieß im Januar 2008 auf die Reste des Tempels. »Es sind vielleicht nur zwei Steine«, so Wehner in einer Presseerklärung nach seinem spektakulären Fund, »aber aufgrund ihrer Anordnung können wir vermuten, dass hier der Altarbereich war. Nachdem der Palast wahrscheinlich nach der damaligen Position des Sirius-Sterns ausgerichtet war, können wir den Palast der Königin von Laba praktisch rekonstruieren.« Wehners Entdeckung ist in der Fachwelt umstritten. Kritiker bezeichneten bereits seinen Nachbau von Atlantis anhand einer gefundenen Tonscherbe am Strand von Mykonos als fragwürdig.

Pampino, Tommi

(* Rosenheim, 15. April 1973; † Berlin, 2. März 2001)

Tommi Pampino (bürgerlicher Name Thomas Pampino) war ein deutscher Punkrocksänger. Schon früh rebellierte Pampino gegen die Gesellschaft. In seiner Schülerband ›Verschärfte Verweise‹ fiel er erstmals mit kritischen Texten über Bildungseinrichtungen im Allgemeinen und die Albertus-Magnus-Realschule in Rosenheim im Besonderen auf. Nach einem Auftritt im Jugendclub ›Saustall‹ bekam die Band einen Vertrag mit der Plattenfirma EMI und veröffentlichte im selben Jahr das Studioalbum ›Immer vier Mal mehr als du!‹. Pampino verließ die Band im Jahr 1985 und spielte anschließend bei den ›Lebendigen Socken‹, den ›Geplatzten Kragen‹ und den ›Arschnasen‹. Tommi Pampino war berühmt für seine wilden Partys. Mehrere Hotels im bundesdeutschen Raum sahen sich gezwungen, nach den wilden Orgien der Band ihre Räumlichkeiten einer Teilrenovierung zu unterziehen. Nach einer legendären Party in Berlin im Jahr 1989 musste gar die Berliner Mauer abgerissen werden. Pampino starb im Alter von 28 Jahren an einer Fraktion des Steißbeins, als er sich während eines weniger gut besuchten Konzerts zum Stagediving hinreißen ließ. Das Konzert war der letzte öffentliche Auftritt der ›Verkackten Unterhosen‹. Die Band trennte sich im Anschluss.

Tommy Pampino 2001, kurz vor seinem letzten Auftritt

Papoutsos
[griech. παπούτσος]

Papoutsos ist eine der wichtigsten griechischen Fundstätten für griech. Kunst des Frühgeometrischen Stils (1050 bis ca. 700 v. Chr.). Die auf der griech. Insel Papoutsi gelegene Fundstätte beherbergt heute ein gleichnamiges archäologisches Museum, in dem die Funde in einer permanenten Ausstellung der Öffentlichkeit zugänglich sind. Die Artefakte sind die am besten erhaltenen und einzi-

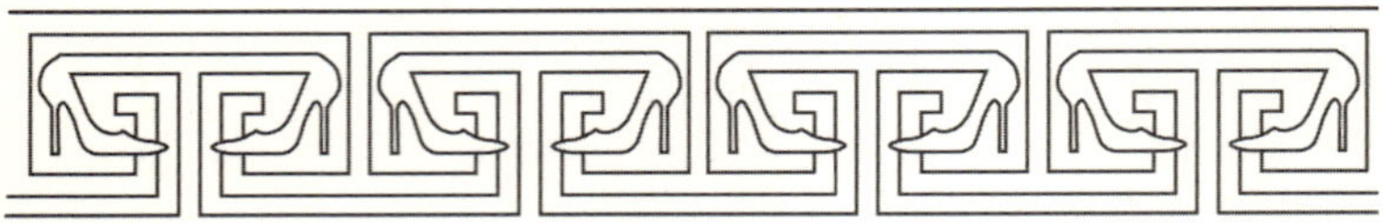

Rätselhafte Funde in Papontsos

gen Beispiele für eine Kunstrichtung innerhalb des Geometrischen Stils, deren Bedeutung für die Archäologie noch nicht abschätzbar ist. Insbesondere die ornamentalen Elemente stellen die Experten vor ein Rätsel.

PARKADOXON

Die paradoxe Situation, dass die deutschen Autokonzerne jährlich Millionen Fahrzeuge herstellen, aber keinen einzigen Parkplatz.

PARKEEPING

[aus dt. Parkplatz und engl. to keep, *etwas aufbewahren*]

Parkeeping bezeichnet das dauerhafte Okkupieren einer Parkbucht durch einen Fahrzeughalter mittels eines Kraftfahrzeugs, ohne dass es zu einer Inbesitznahme selbiger kommt. Laut Straßenverkehrsordnung erfüllt Parkeeping aufgrund mangelnder Gesetzgebung nicht den Strafbestand einer Ordnungswidrigkeit. Parkeeping ist ein Großstadt-Phänomen, bei den aktiven Parkeepern handelt es

Personenkraftwagen im aktiven Parkeeping

sich ausschließlich um Verkehrsteilnehmer mit Kraftfahrzeug. In 89 % der Fälle werden Fahrzeughalter zu Parkeepern, wenn sie ihr Fahrzeug in einer Parkbucht in unmittelbarer Nähe ihres Wohnorts abgestellt und verlassen haben. Die Anzahl der Parkplätze, die in den Zentren der deutschen Großstädte von Parkeepern okkupiert werden, ist nicht bekannt. Gemäß einer Schätzung des Magazins ›ADAC motorwelt‹ handelt es sich um eine Zahl im fünfstelligen Bereich. Ältester bekannter Parkeeping-Platz ist ein Parkplatz im Münchner Stadtteil Schwabing, der sich seit fünfzehn Generationen in einer Familie befindet.

PATTJAJEV, NIKOLOV
(*Sotschi, Russland, 8. April 1961)

Nikolov Pattjajev ist ein bekannter ehemaliger Schachweltmeister. Er ist zudem der einzige Schachweltmeister seit Bestehen des Weltschachbundes mit einer multiplen Persönlichkeit. Mehrere seiner Persönlichkeiten traten zwischen 1975 und 1979 in die Schachschule von Sotschi ein und nahmen an nationalen Juniorenmeisterschaften teil. Für die Weltmeisterschaft 1985 qualifizierten sich neun Persönlichkeiten Pattjajevs. Nach Ausscheiden des Briten Morten Brakett trat Nikolov Pattjajev gegen sich selbst an. Er lehnte sein eigenes Remis-Angebot ab und entschied das Spiel in 46 Zügen gegen sich. Nikolov Pattjajev äußerte sich nach dem Spiel mit den Worten: »Ich bin sehr traurig über meine Niederlage, aber natürlich auch sehr froh über meinen Sieg. Ich gratuliere meinen Gegnern. Schach ist für uns jetzt uninteressant geworden. Wir werden uns nun dem Staffellauf zuwenden.«

PELUS ANGELICA

Pelus angelica ist eine Wurmart, die für die Löcher in Brot- und Käselaiben verantwortlich ist. Der Pelus angelica gehört zur Gruppe der semivisuellen, selbstverdauenden Nutzwürmer. Er gedeiht in lauwarmem Brot ebenso wie in Emmentaler und Gouda. Er verbreitet sich omnisexuell und omnipräsent, wird dennoch selten gesichtet, bevor er sich verpuppt und selbst verdaut.

PEPPENHEIMER, CARL

(* Dover, 18. Oktober 1839; † ebda., 3. März 1914)

Carl Peppenheimer war ein britischer Philosoph und galt als einer der wichtigsten Deformatisten des 19. Jahrhunderts. Entgegen den Richtungsphilosophen seiner Zeit fand Peppenheimer Beachtung durch unkonventionelle Gedanken und Konzepte, die sich keiner philosophischen Orientierung zuordnen ließen. In seinem Standardwerk ›Die Beschäftigung mit dem Leben und dem Dasein in einer systemischen Analyse der humanistischen Erkenntnisgeschichte‹ beschäftigt er sich mit den zentralen philosophischen Fragen:

Carl Peppenheimer

1) Gibt es ein Leben nach dem Tod?,
2) Was ist der Sinn des Lebens?,
3) Gibt es eine allgemeingültige Ethik?, und
4) Was bestimmt die Ontologie der Logik?

Peppenheimer ist der einzige Philosoph, der mittels präziser Analysen Antworten auf diese Fragen fand. Sie lauten:

1) Woher soll ich das wissen?
2) Keine Ahnung!
3) Wahrscheinlich. (Und:)
4) Gute Frage.

In seiner ›Kritik an der Kritik‹ attackiert er die Philosophie als armselige Wissenschaft für Leute, die den Taxischein nicht schaffen: »Warum sollten wir wissen wollen, ob es ein Leben nach dem Tod gibt, wenn wir nicht mal wissen, warum Tarzan im Urwald lebte und trotzdem keinen Bart hatte.«

Perpetuum Immobile

[von lat. perpetua immobilia, *ständige Starre*]

Das Perpetuum Immobile ist ein Gerät oder Konstrukt, das maximale Energiezufuhr in nichts verwandelt. Es wurde 1883 von dem österreichischen Physiker Adolf von Lips erdacht. Lips hatte das Prinzip des Perpetuum Immobile entdeckt, nachdem er im Winter 1883 Holzkohle als Heizmittel verbrannte und die so entstandene Wärme daraufhin direkt durch das geöffnete Fenster entwich. Er scheiterte an der Konstruktion seines Perpetuum Immobile, inspirierte jedoch unzählige Physiker und ambitionierte Laien, eine solche Maschine zu bauen.

Der Menschheitstraum, Energie in nichts zu verwandeln, ist physikalisch unmöglich. Periodisch auftretende Meldungen erfolgreicher Experimente in diese Richtung haben keinen wissenschaftlichen Hintergrund.

Pfaffenbichler, Robert-Leon

(* Graz, 1. März 1955)

Robert-Leon Pfaffenbichler ist ein zeitgenössischer österreichischer Künstler und Öko-Aktivist. Seine provokanten Installationen stoßen in der Öffentlichkeit nicht selten auf Skepsis und Ablehnung.

Anhänger sehen in Pfaffenbichler einen der letzten Moralisten der Neuzeit, Kritiker hingegen werfen ihm undifferenzierte Aussagen vor und attestieren ihm mangelnde Originalität. 1997 erregte seine abstrakte Kunst Aufsehen in einer interaktiven Installation, als er auf der documenta X acht weiche Weißbrotscheiben ausstellte und die Besucher aufforderte, kalte Butter daraufzustreichen. Pfaffenbichler sah in den Brotscheiben ein Sinnbild für den Umgang der Industrienationen mit dem Planeten Erde. Die Butter symbolisierte den kausalen Zusammenhang zwischen Verschwendung und Niedergang, »das Fett, das alle abbekommen«, so der Künstler.

PHALLUS-FEIGENBAUM

[ficus phalli]

Der Phallus-Feigenbaum ist ein kleiner Baum mit einer Wuchshöhe von bis zu vier Metern und gehört zu den Bedecktsamern. Er ähnelt seiner Verwandten, der Echten Feige, insofern er ebenfalls einen Milchsaft abgibt, trägt aber weder Blüten noch Früchte. Der Phallus-Feigenbaum wird seit Mitte des 14. Jahrhunderts in weiten Teilen Europas angebaut. Geerntet werden die phallusähnlichen Blätter des Baums, von denen er seinen Namen hat. Ihre Verwendung finden die Blätter seit je in der Aktkunst. Um eine allzu detaillierte Sicht auf die männlichen Geschlechtsteile eines Aktes zu verdecken, bedienten sich die Maler der Blätter des Phallus-Feigenbaums. Dessen Form ermöglichte es dem Künstler, die Studie eines männlichen unbekleideten Körpers so realistisch wie möglich nachzubilden, ohne Schamgefühle seitens des Modells oder

Phallus-Feigenbaum: Selbstbildnis Albrecht Dürers mit Phallus-Feigenbaum

des Betrachters fürchten zu müssen. Das Selbstporträt Albrecht Dürers, ›Selbstporträt als Akt‹, ist eines der ersten Zeitzeugen der Verhüllung mittels Verwendung eines Phallus-Feigenbaum-Blatts.
Mit der Ausdehnung des Marktes für die Bäume in asiatische Länder entstand der Bonsai-Phallus-Feigenbaum, in Italien verläuft die Züchtung dazu divergent.

PHARAO RAMSU KUFU VII.

(* um 1480 v. Chr.; † um 1420 v. Chr.)

Pharao Ramsu Kufu VII.: letzte Ruhestätte

Ramsu Kufu VII. war der fünfte altägyptische König der 17. Dynastie. Er ließ bereits im zarten Alter von 15 Jahren damit beginnen, seine Grabanlage zu bauen. Tatsächlich ist er in der Ägyptologie als der Pharao bekannt, der das umfangreichste Monumentalgrab errichten ließ. Die Grabanlage umfasst eine Stufenpyramide mit einer Grundfläche von 163 mal 163 Metern und einer Höhe von 78 Metern. Im gesamten Pyramidenkomplex befinden sich:
1) Stufenpyramide, 2) Ostgrab, 3) Südwest-Hof, 4) Sphinx-Kapelle, 5) Tempel, 6) Totentempel, 7) Südpavillon, 8) Nordpavillon, 9) Unter den Linden, 10) Nordost-Galerien, 11) Eingangskolonnade, 12) Einkaufsarkaden, 13) Treppengräber und 14) Nord- und Nordost-Altar. Während einer Bauzeit von insgesamt 25 Jahren arbeiteten rund 400 000 Sklaven an der Fertigstellung der Grabanlage. Kurz vor dem Tod des Herrschers reagierten diese mit großer Bestürzung und Verärgerung auf den Entschluss des Pharaos, sich doch lieber verbrennen zu lassen, um die Asche in alle Winde zu verstreuen.

PINGURIN
[Pingus urinae]

Klasse:	Vögel
Familie:	Harnochsenvogel
Art:	Scham-Harner
Unterart:	Cystitisvögel
Hobbys:	Ausdruckstanz

Der Pingurin ist ein flugunfähiger Seevogel, sein Lebensraum sind die Antarktis und die umliegenden Inseln. Der Pingurin-Hahn trägt ein purpurn schillerndes Gefieder, die Henne dagegen schmückt sich mit einzelnen, grau-braunen Daunenhaaren auf der Schädelmitte, die der Hahn ihr während der Balzzeit ausreißt. Pingurine legen ein auffälliges Verhalten während der Harnabsonderung an den Tag, das auch zu ihrer Namensgebung führte. Diese

Erster lebend gefangener Pingurin

Prozedur leiten die Pingurine mit mehrfachen Verbeugungen gegenüber ihren Artgenossen ein. Im Anschluss suchen sie sich für die Harnabsonderung einen Ort, der nicht von anderen Vögeln eingesehen werden kann. Um eine möglichst große Fläche überblicken zu können, bewegen sich die Pingurine bei ihrer Suche in kreiselnden Drehbewegungen fort. Das Suchen nach einem geeigneten Platz zur Verrichtung ihrer Notdurft wird erschwert durch die Kargheit der Felseninseln, auf denen sie leben, und der außerordentlich hohen Dichte an Pingurinen auf ebendiesen. Der Volksmund bezeichnet die tänzerisch anmutende Bewegung als ›Pingurin-Pirouette‹ oder ›Pingurin-Tanz‹. Dieser Tanz ist weder Ausdruck von Lebensfreude noch exaltiertes Paarungsverhalten, sondern begründet sich ausschließlich durch die Not des Harndrangs der Tiere. Ebenfalls zu den Scham-Harnern zählen die Bräuße, die Maue und die Turniertänzer.

PIPIPOPOPETL

Der Pipipopopetl ist der gefährlichste Vulkan der Welt. Er ist der einzige aktive Vulkan ohne Ruhephase. Er liegt im Zentralmassiv des Schmerzgebirges und war noch nie länger als vierzig Minuten inaktiv. Obwohl nur knapp 1500 Meter hoch, ist der Pipipopopetl der bislang letzte unbezwungene Berg des Schmerzgebirges. Der Vulkan ist Knotenpunkt für Tornados aus dem Osten, heftige Taifune aus dem Westen sowie gelegentlich auffrischende Windhosen aus nördlicher Richtung. Tägliche Erdrutsche, Magma-Eruptionen sowie die Abwesenheit von Sauerstoff lassen eine ungastlich anmutende Atmosphäre entstehen. Trotz seiner schweren

Pipipopopetl: einzige Zufahrt

Zugänglichkeit finden hier radioaktive Abfallprodukte aus aller Herren Länder via Luftweg ihren finalen Bestimmungsort. Die unwirtliche Umgebung bietet Lebensraum für einige Überpopulationen:

Auf der Südseite lauern Zwergberghyänen und einige → Grieshämchen, die sich gegenseitig als Nahrungsgrundlage dienen, auf der Nordseite ist der seltene Arschgeier beheimatet. Die West- und Ostflanken des ›einzigen Vulkans mit Aufmerksamkeitsdefizitstörung‹ (National Geographic, 1990) sind von der ausschließlich hier vorkommenden Flora bewachsen: der Berggürtelrose, deren dornige, harte Blätter ein übelriechendes Kontaktgift absondern und deren Aasgeruch bis weit hinab ins Tal zu vernehmen ist. Versuche, die Berggürtelrose landwirtschaftlich zu nutzen, sind nach Angriffen von Zwergberghyänen die häufigste Todesursache der Region. Weitere Vegetationen sind: die Versteckrübe, das Speiglöckchen, die → Nulpe und der → Wirrsing.

Um abenteuerlustige Touristen vor dem Pipipopopetl zu schützen, wurde die Gegend in einem Umkreis von 10 Kilometer rund um den Vulkan vermint, mit Fallgruben ausgestattet und sehr spärlich beschildert. Bis heute streiten sich die angrenzenden Schurkenstaaten um die geographische Zugehörigkeit des Vulkans, die sie alle abstreiten. Interessante Routen rund um den Berg sind beim örtlichen Terrorismusverband gegen eine geringe Schutzgeldgebühr erhältlich.

Pipi-Rumba

Physio-medizinischer Fachbegriff für das starke Zittern der Oberschenkelmuskulatur, das bei Frauen durch die unbequeme Abfahrtshockhaltung über fremden, vermeintlich unhygienischen Toilettenschüsseln eintreten kann.

Platonische Katatonie

Die platonische Katatonie ist ein wiederkehrendes, postsexuelles Beschwerdebild bei Männern. Eine geschlechtliche Disposition ist wissenschaftlich belegt. Die platonische Katatonie setzt kurz nach dem Höhepunkt eines Sexualaktes ein und dauert zwischen zwei und acht Stunden. Von den Betroffenen wird sie als große Leere empfunden, vergleichbar mit einer schweren Depression. Symptome für eine platonische Katatonie können sein: 1) Erschlaffung der Muskulatur am ganzen Körper, 2) Mutismus (Schweigen), 3) Tiefschlaf, 4) keine visuelle Wahrnehmung trotz geöffneter Augen, 5) Ausfall aller Hirnfunktionen, 6) Verweigerung gegenüber Aufforderungen, 7) reflexartige Bewegung vom feuchten Fleck weg. In der Regel klingt die platonische Katatonie von selbst wieder ab, im Volksmund ist der Begriff ›Schrumpelkoma‹ geläufig.

PLÖTZLICHER NAIDOO

Beim Steakessen in plötzliche Trauer über den Tod des Rindes zu verfallen.

PLÖTZLICHER PINGUIN

Der Plötzliche Pinguin beschreibt das Pressen beider Arme an den Körper, nach der Erkenntnis, dass der penetrante Schweißgeruch in der Umgebung den eigenen Achseln entweicht.

POHL, FRITZ

(* Worms, 3. April 1929)

Fritz Pohl ist ein deutscher Hochstapler, der sich lange Zeit erfolgreich als Politiker der Christlichen Demokratischen Union Deutschlands (CDU) ausgab. Es ist der einzig bekannte Hochstapler, der es bis zum Regierungschef eines Landes geschafft hat. »Ich habe gar nichts gemacht«, so Pohl. »Ich dachte, das müsse doch jemandem auffallen. Einmal habe ich sogar zwei Jahre nacheinander ein und dieselbe Neujahrsansprache gehalten.«
Fritz Pohl bekleidete 16 Jahre lang das Amt des Bundeskanzlers. Auf die Frage, aus welchem Grund er speziell diese Laufbahn ausgewählt habe, erklärte Pohl: »Am Anfang wollte ich darauf aufmerksam machen, dass in der Politik nur Speichellecker und Populisten nach oben kommen. Dann wollte ich auf meinen Dienstwagen und die Privilegien nicht mehr verzichten.« Pohl habe seinen Aussagen zufolge die meiste Zeit gelesen, seine PR-Berater hätten das politische Vakuum mit der Bezeichnung »die Poli-

tik der ruhigen Hand« verbrämt. In seinen Memoiren schrieb er: »Ich kann mich an ein Treffen mit dem amerikanischen Präsidenten erinnern, wo wir beschlossen hatten, ein Land zu beschießen, von dem wir beide nicht wussten, wo es überhaupt liegt.«

Politologen sehen im Erfolg Pohls das Resultat einer »populistischen Mediendemokratie«. »Pohl zeigte der Bundesrepublik die Verwundbarkeit der demokratischen Gesellschaft«, erklärte der Politologe Prof. E. Findermann, und: »Die Wahrheit liegt immer auch im Blickwinkel des Gewählten.« Nach seinem Abdanken 1998 drängte die Öffentlichkeit darauf zu erfahren, wer den Hochstapler all die Jahre finanziert hatte, darauf gab Pohl jedoch keine Auskunft.

POLARRINDE

Das abgezogene Gegenstück eines Polaroid-Fotos.

POMMERAC, JEAN-LUC

(* Rousson, Frankreich, 18. Mai 1791;
† 8. Januar 1856, Paris)

Jean-Luc Pommerac war ein promovierter französischer Arzt und Heilpraktiker, er gilt als der Begründer der → Homopathie.

POMMES DE TERRE

Pommes de Terre ist ein durch Sedimentation entstandener Stoff, der aus Pommes frites besteht, die mindestens vier Jahre lang zwischen Autositzen gelagert wurden. Die Pommes frites verlieren in dieser Zeit 20 % ihres Volumens und 8 % ihres Gewichts. Der Zersetzungsprozess bewirkt keinerlei Veränderung der Farbe und greift die Form nur minimal an. Pommes de Terre sind nicht zu verwechseln mit Biscuit de Terre, welche aus ehemaligen Keksen aus Kindersitz-Ritzen gewonnen werden.

PONISCHE GETRÄNKE

[Kollektivum zum altdt.: *Trunk*]

Ponische Getränke sind alle zum Verzehr geeigneten Flüssigkeiten, die sich in ponische Gruppen (aus dem griechischen ponisce, *Launen-geladene Teilchen*) einteilen lassen:

1) isotonische Getränke: Powerade, Isostar, Fruchtsaftschorlen,
2) platonische Getränke: Leitungswasser, alkoholfreies Bier, Tee,
3) proletonische Getränke: Kristall-Weizen, Prosecco, Rum-Cola,
4) misanthroponische Getränke: Birne-Kiwi-Schorle, Underberg, Absinth.

POPÈL, LUC-EPHRAIM

(* Agneaux, 12. März 1786;
† La Rochelle, 3. August 1832)

Luc-Ephraim Popèl war ein französischer Naturwissenschaftler. Er entdeckte bereits im Alter von sechs Jahren, dass sich an den Innenseiten seiner Nasenwände sowie entlang der Nasenscheidewand essbares Material befindet, das mit seinem nussigherben Geschmack eine willkommene Abwechslung zum kargen Essen der Nachkriegszeit bot. Er nannte seine Entdeckung ›Das geheime Sekret‹ (engl. ›the secret secret‹). Obwohl seine Erfindung um die Welt ging, wurde das geheime Sekret erst posthum nach seinem Erfinder benannt.

Poppins

Kosmetischer Terminus für die unschönen Linien am Po, die von der Unterhose verursacht werden.

Postel, Urs

(* Zürich, 30. Dezember 1962)

Urs Postel ist Kritiker im Distinktions-Bereich. Er analysiert im Selbstversuch temporale Erscheinungen der mondänen Gesellschaft im Hinblick auf ihren realen Genusswert. Seine Untersuchungen sind in zwei Hauptgruppen eingeteilt:

1) *Kulinarik:*

a) Studien auf dem Gebiet der natürlichen Mineralwasser und Tafelwasser. Über das Tafelwasser ›Silberquell‹, das Tröpfchen für Tröpfchen mit einem Silberlöffel von einem Segelflieger aus einer Wolke über der Antarktis gefischt wird und acht Euro pro Glas kostet, sagt Postel: »Es schmeckt, bei allem Respekt, irgendwie nach Wasser.«

b) Populärwissenschaftliche Arbeit über die Kaffeesorte Kopi Luwak, die zu einem Großteil aus vom indonesischen Fleckenmusang ausgeschiedenen Bohnen gewonnen wird. ›Meerkatzenscheiße‹, wie Postel sie nennt. Den Geschmack beschrieb Urs Postel als »leicht kompostös«.

2) *Lifestyle:*

a) Untersuchung des → Global-Leader-Status, des höchsten Vielflieger-Status von Lufthansa und Swissair. Urs Postel schrieb über seine Erfahrung: »Die Turbulenzen im Flugzeug empfand ich als unangenehm. Übelkeit und Erbrechen waren die Folge.«

b) Recherchen über die luxuriösesten Hotels der Welt. Die mehrjährige Ermittlungstätigkeit fasste Postel als »nicht unattraktiv« zusammen, bemerkte

aber: »Es ist nicht immer von Vorteil, wenn jemand in der Lobby Piano spielt.«
c) Abhandlung über Wellness-Einrichtungen. Urs Postel gelangte zu dem Ergebnis: »Durch das andauernde Liegen mit geschlossenen Augen kann einen eine gewisse, an Langeweile anmutende Tristesse übermannen.«

POSTWULFISCHE ADELSNOMENKLATUR

Die postwulfische Adelsnomenklatur ist ein Verzeichnis des Protokolls korrekter Anreden in sprachlicher und schriftlicher Form gegenüber adligen Personen oder Personengruppen der Dynastie der Wulfinger. An die Stelle der Anrede kann auch ein Pronomen der dritten Person Singular verwendet werden.

Titel	Anrede	Briefanrede
Großbaron	Seine Großdurchlaucht	Eure Kauzigkeit
Großbaronesse	Ihre Durchleuchtete	Deine Heiligkeit
Baronst	Seine wunderbare Exzellenz	Sonne des Universums
Hofrat	Vater allen Lebens	Wohlgeleibtester
Hausrat	Blüte des Rosengartens	Quelle aller Freude
Könĭgst	Diamant der Diamante	Sehr geehrter Herr Könĭgst

POWLAWSCHE KONDITIONIERUNG

Die Powlawsche Konditionierung ist eine von russischen Physiologen erforschte behavioristische Lerntheorie. Versuche bewiesen, dass ein unbedingter Reflex eines Wissenschaftlers (der Forschungsdrang) mit einem beliebigen bedingten Reflex in Verbindung gebracht werden kann. Im Falle des

Probanden, Herrn Powlaw, gelang dies erstmals unter wissenschaftlichen Bedingungen. Der Leiter der Versuchsgruppe, Alexander Prasnisz, resümierte: »Es war erstaunlich, dass wir ihn so weit gebracht haben, über sabbernde Hunde zu forschen, sobald wir geklingelt haben.«

PRÄJOCOLOGIE

[von lat. prae, *vor* und iocus, *Scherz*]

Die Präjocologie, auch prähistorische Jocologie, bezeichnet einen Teilbereich der Humorforschung, die Urscherzforschung. Die Urscherzforschung beschäftigt sich mit der Entstehungsgeschichte des Humors und untersucht die ersten Pointen der Menschheitsgeschichte. Präjocologen sind sich sicher, dass es Humoristisches bereits in der Vorzeit gegeben hat. Als Beweis ziehen sie die Entdeckung mehrerer Höhlenmalereien mit humoristischem Hintergrund heran.

Die Forscher entschlüsselten eine Reihe der frühesten Form des Running Gags, bei denen ein Mammut eine tragende Rolle spielt.

Die Höhlenwitze sind zwischen 12 000 und 18 000 v. Chr. entstanden, die ältesten von ihnen wurden auf dem afrikanischen Kontinent von dem Schweizer Präjocologen Köbi Hürlimann entdeckt. In seinen Veröffentlichungen zu dem Thema wies Hürlimann auf die scheinbare Widersprüchlichkeit hin, dass ausgerechnet die Länder, die in der Gegenwart nichts zu lachen hätten, die Wiege des Witzes sein sollten. Er stellte daraufhin die These auf, dass sich daraus vor Tausenden von Jahren in der westlichen Welt das Sprichwort »Wer zuletzt lacht, lacht am besten« entwickelte.

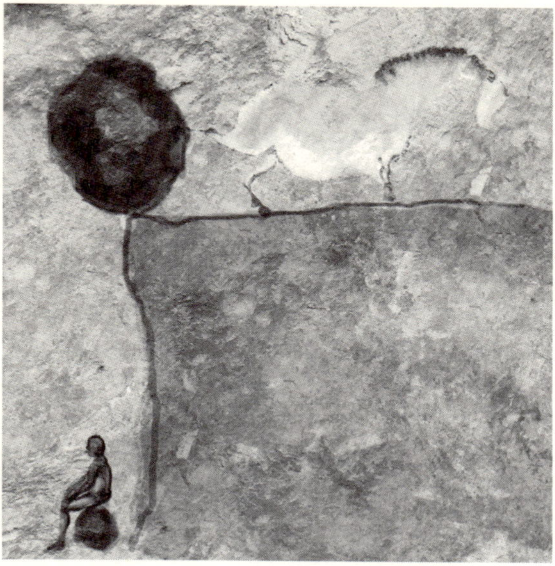

Klassischer Gegenstand der Urscherzforschung

Ferner stellte er fest, dass er und sein Team nur über die wenigsten Entdeckungen lauthals lachen konnten. Echte Brüller, so Köbi Hürlimann, seien eher selten, auch fehlten leise Ironie, ein Augenzwinkern oder komplexe, intelligente Plots.

Über den ersten erzählten Witz sind sich Präjocologen nicht mit letzter Sicherheit einig. Es scheint jedoch – nach Untersuchungen an Handwurzelknochen – der Witz gewesen zu sein: »Zieh mal an meinem Finger.«
Christlich orientierte Urwitzforscher hingegen gehen von einem ersten Witz im Bibelkontext aus, wie: Eva fragt Adam: »Adam, liebst du mich?« Und Adam antwortet: »Wen denn sonst.«
Ebenso halten sie einen zynischen Scherz für denkbar, wie: »Nimm dir doch einen Apfel, Schatz.«

Den ersten geschriebenen Witz entdeckten Präjocologen im ägyptischen Assiut auf einer über 13000 Jahre alten Steinplatte eingemeißelt:
»Herr Ober, da ist ein Gott in meiner Ursuppe.«
Als die ältesten Witze der Moderne gelten:
1) »Gehen zwei Musiker an einer Kneipe vorbei.«
2) »Treffen sich zwei Jäger – beide tot.«
3) »Steht ein Manta vor der Uni.«

PRAKTISCHE METEOROLOGIE

Die praktische Meteorologie ist eine Atmosphärenwissenschaft und vereint in sich die verschiedenen Geowissenschaften, um zuverlässige Aussagen über das zu erwartende Wetter auf der Erde machen zu können. Sie bedient sich hierzu der Wolkenphysik, der synoptischen Meteorologie, der Klimatologie und der Strahlungs- sowie Satellitenmessung. Aus den Faktoren jedes dieser Bereiche können durch komplexe Simulationen an den Geosphären-Instrumenten äußerst präzise Vorhersagen getroffen werden. Diese sind in kurzer, einprägsamer Form gehalten:

1) Kräht der Hahn auf dem Mist, ändert sich's Wetter oder bleibt, wie's ist.
2) Trägt der Bauer rote Socken, wird das Wetter feucht oder trocken.
3) Regnet es im Juli in den Roggen, bleibt der Weizen auch nicht trocken.

Stefan Aaron Presley, the Kong of Rock 'n' Roll

PRESLEY, STEFAN AARON
(* Spockhövel, 29. August 1967)

Stefan Aaron Presley, auch kurz THE KONG genannt, ist der uneheliche Sohn von Elvis Presley. Er lebt in seiner Geburtsstadt Spockhövel, wo er als Alleinunterhalter auftritt.

PRETEMPS

Mit dem Begriff Pretemps wird der Zustand vor dem Urknall bezeichnet. Das Pretemps ist Gegenstand zahlreicher Forschungen und Spekulationen. »Das Einzige, was wir mit ziemlicher Sicherheit über das Pretemps sagen können, ist, dass es vermutlich ziemlich still war und wahrscheinlich eher unspektakulär – es gab ja nichts«, so Mathew Alray, Direktor des Institute for Gravitational Physics and Geometry in Boulder, Colorado. Theorien, die besagen, dass im Pretemps Raum, Zeit und Materie eins waren, verweist er in die Welt der Mythen und Märchen. »Wie soll denn das gehen«, so der renommierte Physiker in einem Interview mit dem Fachblatt ›Nature Physics‹. Basierend auf den Erkenntnissen bezüglich des Urknalls hält es Alray jedoch nicht für ausgeschlossen, dass es im Pretemps jemanden oder etwas gab, der/das über gewisse Grundkenntnisse im Bereich der Pyrotechnik verfügte.

PRIVATNEBEL

Augenmedizinischer Fachbegriff für das Anlaufen der Brillengläser, wenn man aus der Kälte in einen warmen Raum kommt.

PROLO

[Melopsittacus ondulatus]

Klasse:	Vögel
Familie:	Komische Vögel
Verwandte:	Prekariats-Sittich
Farbe:	Gebleicht, getönt, gefärbt und mit Strähnchen
Besonderheit:	Trinkt und raucht

Der Prolo gehört zur Gattung der komischen Vögel. Der männliche Prolo trägt das Gefieder im Nacken sehr kurz, das Weibchen hat einen dunklen Gefiederansatz, das Restgefieder ist meist blassgelb, die Haut darunter tiefbraun. Prolos können nicht fliegen. Die Männchen sind wegen ihrer ausgeprägten Oberschenkelmuskulatur darauf angewiesen, sich leicht o-beinig gehend fortzubewegen. Das Weibchen überwindet Distanzen mit einer Art Trippelschrittchen.
Prolo-Weibchen sind oftmals in den Vororten von Städten zu beobachten, die sie aufsuchen, um ein geeignetes Männchen zu finden. Mit ein bisschen Geduld und etwas Prosecco werden sie recht zutraulich. Zur Kennzeichnung der Tiere werden an beliebiger Stelle Metallringe durch die Haut gestochen, sie können aber auch anhand einer Tätowierung markiert werden.
Der Prolo ist der Wappenvogel von → Vulgarien. Er ist leicht zu fangen. Jäger stellen dazu an Stadträndern spezielle Laser-Fallen auf, deren Strahlen in der Nacht weithin sichtbar sind.
Im Gegensatz zu allen anderen Vögeln legt das Prolo-Weibchen keine Eier, sondern Kevins und Jasmins. Prolos gehören nicht zu den aussterbenden Vögeln.

PROTOKE

Protoke mit Wurzel

Die Protoke war eine Knollenpflanze aus der Familie der Fretattengewächse und war über Jahrhunderte eines der wichtigsten Grundnahrungsmittel in Europa.
Protoken können in rohem und jedem anderen Zustand verzehrt werden und haben dabei einen sehr hohen Nährwert. Die Protoke wurde von einer

kulinarischen Modeerscheinung aus Italien von ihrem Platz verdrängt und gilt heute als ausgestorben. Hinweise auf ihre einstmalige Verbreitung liefert nur noch die Protoken-Lotte.

Psychoteure

Psychoteure sind psychologische Ratgeber und Helfer ohne Approbation. Sie rekrutieren sich spontan und nicht selten unverhofft aus dem sozialen Umfeld des Menschen. Psychoteure können ohne Aufforderung und auch gegen den ausdrücklichen Willen ihres Gegenübers in Aktion treten. Die therapeutischen Empfehlungen von Psychoteuren sind stets einer fachärztlichen Prüfung zu unterziehen. Klassische Behandlungsvorschläge von Psychoteuren sind:

1) »Du musst dich einfach mal zusammenreißen« – bei Depression
2) »Jetzt iss doch mal was« – bei Magersucht
3) »Hör doch einfach mal auf zu kratzen« – bei Neurodermitis

Diagnosen sowie Maßnahmen zur Behandlung, welche die Wörter »einfach« oder »mal« in ihrer Formulierung enthalten, können ein Indiz für behandelnde Psychoteure sein.

Pu

Die Zahl Pu ist eine mathematische Konstante. Sie beschreibt im literarischen Verlagssystem das Verhältnis zwischen der Länge der Aufzählung eines unbedeutenden Faktors im Verhältnis zur Annäherung an den ultimativen Abgabetermin eines Manuskripts. Dieses Verhältnis wird nicht vom Umfang des Manuskripts oder von der Art des Genres tan-

Pu

giert. Pu steigt immer direkt proportional zum Eintritt des Abgabetermins.

Historiker gehen gemäß Karl → Bomm heute davon aus, dass die Zahl Pu, ähnlich wie das Wort ›Abgabetermin‹, zeitgleich mit dem Buchdruck, im 15. Jahrhundert erfunden wurde. Der Dogmatiker Karl Klaus vertritt die These, die Aufzählung der Stammväter im Alten Testament wäre der erste Fall von Pu. Gegner der These argumentieren mit der Absenz eines Abgabetermins.

Pu ist eine reelle, aber keine rationale Zahl. Die ersten Stellen ihrer Dezimalbruchentwicklung sind:
4,8193261179378678316526433832795028841971
69399375105820974944592307816406286208998
6280348253421170679821480865132823066 4709
384460955058223172535940812848111745028410
27019385211055596446229489549303819644288
10975665933446128475648233786783165271201
90914564856692346034861045432664821339360
72602491412737245870066063155881748815209
20962829254091715364367892590360011330530
54882046652138414695194151160943305727036
575959195309218611738193261179310511854807
446237996274956735188575272489122793818301
19491298336733624406566430860213949463952
24737190702179860943702770539217176293176
75238467481846766940513200056812714526356
0827785771342757789609173637178721468440
90122495343014654958537105079227968925892
35420199561121290219608640344181598136297
74771309960518707211349999998372978049951
05973173281609631859502445945534690830264
252230825334468503526193118817101000313783
87528865875332083814206171776691473035982

534904287554687311595628638823537875937519
577818577805321712268066130019278766111195
909216420198938095257201065485863278865 93
615338182796823030195203530185296899577362
259941389124972177528347913151557485724245
415069595082953311686172785588907509838175
4637464939319255060400927701671139009 8488
2401285836160356370766010471018194295559 61
98946767837449448255379774726847104047534
646208046684259069491293313677028989 15210
4752162056966024058038150193511253382430 03
558764024749647326391419927260426992279 67
82354781636009341721641219924586315030 2861
829745557067498385054945885869269956 90927
210797509302955321165344987202755960236 48
06654991198818347977535663698074265425278
62551818417574672890977772793800081647060
01614524919217321721477235014144197356 8548
16136115735255213347574184946843852332 39073
941433345477624168625189835694855620992192
221842725502542568876717904946016534668 04
988627232791786085784383827967976681454 10
095388378636095068006422512520511739298 48
960841284886269456042419652850222106611 86
306744278622039194945047123713786960956 36
43719172874677646575739624138908658326459
958133904780275900994657640789512694683 98
35259570982582262052248940772671947826848
26014769909026401363944374553050682034962
524517493996514314298091996592509372 21696
46151570985838741059788595977297549893 0161
75392846813826868386894277415599185592 5245
953959431049972524680845987273644695848 65
383673622262609912460805124388439045 12441

365497627807977156914359977001296160894416948685558484063534220722258284886481584560285060168427394522674676788952521385225499546667278239864565961163548862305774564980355936345681743241125...

PURIM-ZAHL

Purimzahlen sind Primzahlen, die sich weder durch eins noch durch sich selbst teilen lassen, noch durch irgendeine andere Zahl. Ihr Name ›Purim‹ kommt aus dem Hindi und bedeutet so viel wie ›Einheit‹. Der Grund für das Phänomen der Purimzahl ist eine strukturelle arithmetische Anomalie. Diese Zahlenstörung führt auch dazu, dass die Purimzahlen sich nicht nur dem Dividieren entziehen, sondern auch dem Addieren und dem Multiplizieren.

Ein weiteres Problem im Umgang mit Purimzahlen ist, dass sie nicht dargestellt werden können. »Es ist kompliziert, dieses Phänomen Nichtmathematikern zu erläutern«, so Professor Laurenz Schröter vom Max-Planck-Institut für angewandte Mathematik in Göttingen. »Stecken Sie ein Brathühnchen in einen Ofen, gießen Sie einen Liter Wein drüber und versuchen Sie dann, den Inhalt des Ofens ein Ei legen zu lassen. Das geht einfach nicht.«

Der indische Mathematiker Habibi Singh-Punjabi versuchte in einem lang angelegten Projekt, eine Purimzahl mit drei zu addieren. Er musste jedoch nach zwei Jahren aufgeben. Die Toilettenfrau Erika → Haberle äußerte dazu: »Das Faszinosum der Purimzahlen symbolisiert für das deutsche Volk auch die Einheit ihres Landes. Man weiß, sie ist da, nur so richtig vorstellen, das kann man sie sich nicht.«

Putzer, Manfred

(* Weiden, 2. September 1951)

Manfred Putzer ist ein deutscher Philosoph und freischaffender Texter. Er erlangte nationale Bekanntheit durch seine Bemühungen, einer breiten Öffentlichkeit Grundzüge der Philosophie zugänglich zu machen. Durch das Formulieren allgemeinverständlicher Sätze schlug er eine Brücke zwischen der Geisteswissenschaft und dem gemeinen Volk. »Die Philosophie hat die Pflicht, ihre Erkenntnisse den Menschen begreifbar zu machen«, so Putzer. Putzer stellt eine Verbindung zwischen profaner Aussage und philosophischem Kontext her. Durch den Gebrauch allgemeingängiger Aussagesätze erreicht er Fachfremde in ihrer eigenen Aktionssphäre.

Bekannte von Putzer verfasste Sätze für ein besseres philosophisches Verständnis sind:

1) »Schiri, wir wissen, wo dein Auto steht«: Dieses Lied beschäftigt sich mit der Relevanz von Wissen und Macht.
2) »Es gibt nur ein' Rudi Völler«: eine Abhandlung über das Konzept der Individualität.
3) »Who the fuck is Alice«: eine Studie über das Problem der personalen Identität.
4) »Zur Mitte, zur Titte, zum Sack, ZACK, ZACK!«: Analyse über das Ideal der Übereinstimmung von Wille und Weg.

Manfred Putzers Werk bezeichnete die Fachpresse als »logische Weiterführung von Sofies Welt« (Philosophie Revue, Ausgabe 2855, 2003).

PÜTZKAUL, RAINER
(* Klagenfurt, 12. Januar 1994)

Rainer Pützkaul ist ein Schüler des Adalbert-Stifter-Gymnasiums in Linz, Österreich. Er ist Sohn des Unternehmers Harald Pützkaul und der Hausfrau Marianne Pützkaul. Der Gymnasiast besucht die 9. Klasse, seine Lehrer bescheinigen ihm ein durchschnittliches intellektuelles Leistungsvermögen. Weder ein psychologisches Gutachten noch eine medizinische Untersuchung konnten bis jetzt klären, warum Rainer Pützkaul als erster Mensch der Welt im Internet auf den Button »Ich bin noch nicht 18 Jahre alt« gedrückt hat.

Q

Quadratur des Kreises

Die Quadratur des Kreises war bis zum Jahr 1987 ein klassisches mathematisches Problem. Seit den Anfängen der Geometrie um 1600 v. Chr. waren Mathematiker, Gelehrte sowie Philosophen auf der Suche nach einer Lösung der scheinbar unlösbaren Aufgabe. Dementsprechende weltweite Aufmerksamkeit wurde daher einer Gruppe Studenten des Instituts für empirische Kulturwissenschaften der Universität Tübingen zuteil, denen dies im Jahr 1987 gelang. Die Studenten, die die Quadratur des Kreises zum Projekt ihrer Facharbeit machten, erreichten ihr Ziel durch eine konsequente Abwendung von der arithmetischen Mathematik, allein durch geometrische Hilfsmittel. »Wir haben einfach ein Lineal und eine Haushaltsschere genommen und das Quadrat herausgeschnitten«, so der Sprecher der Gruppe.

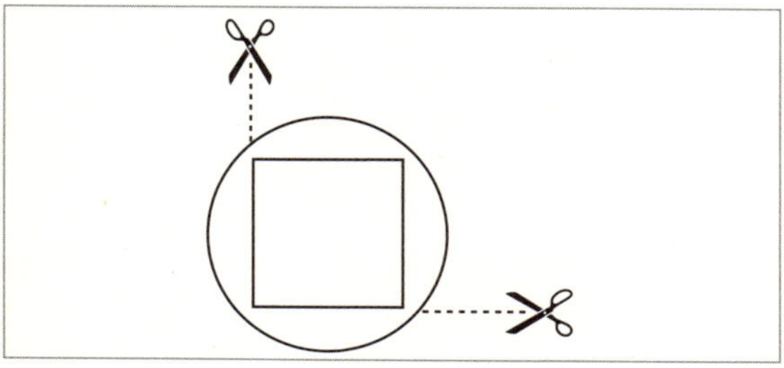

Quadratur des Kreises: Musterlösung

QUELFEN-KLAN

Brutus,
der Arschige

Iwan,
der Schlimme

Erna,
die Hetzerin

Der Klan der Quelfen ist eine altgermanische Herrschersippe. Die Quelfen stehen heute noch für einen barbarischen, grausamen und kriegerischen Regierungsstil. Die Sippe regierte um 450 nach Christus in den Gebieten links des Rheins. In die Zeit ihrer ungewöhnlich brutalen und erbarmungslosen Regentschaft fallen zahlreiche historische Auseinandersetzungen: 1) der 400-jährige Krieg, 2) das Gemetzel von Oschesloh, 3) das Debakel von Uerdingen, 4) die Niederschlagung der friedfertigen Bauern und 5) die Unterjochung des Mädchenkorps. Der Klan der Quelfen war im gesamten Königreich gefürchtet und konnte erst im Jahr 962 mit Hilfe Ottos I. aus seiner Machtposition vertrieben werden.

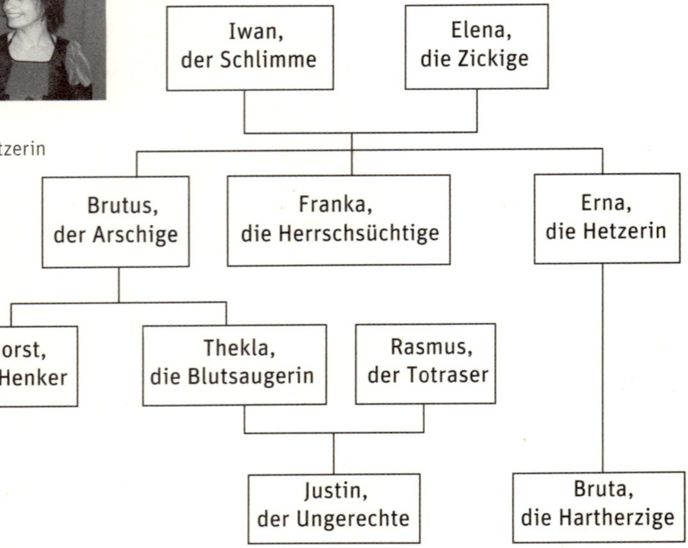

R

Radologie

Die lange vorherrschende Annahme, die Erfindung des Rades gehe auf die sumerische Kultur zurück, konnte von Radologen im Januar 2008 erstmals wissenschaftlich bewiesen werden. Nahe der damaligen sumerischen Stadt Uruk, die 300 Kilometer südlich des heutigen Bagdad liegt, haben Archäologen in der Tempelanlage Zikkurat des Gottes An einen ersten Entwurf für das Rad entdeckt. Die Wissenschaftler können den Fund auf das 4. Jahrtausend v. Chr. datieren. Dem Anschein nach durchlief die endgültige Form des Rades einige Entwicklungssta-

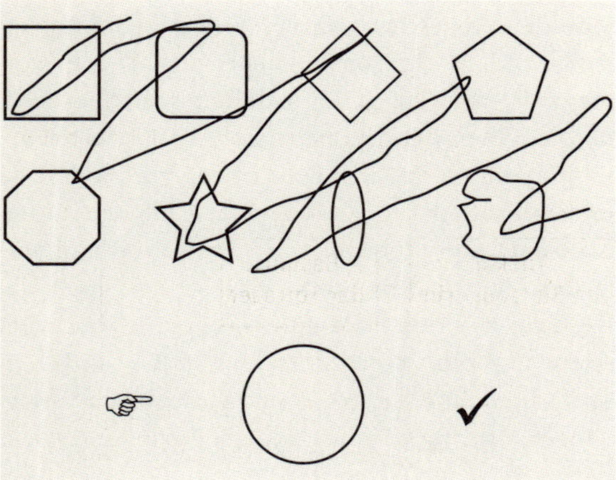

Radentwurf aus dem 4. Jahrtausend v. Chr., Internationales Anthropologisches Museum in Kairo dien und war keine plötzliche Entdeckung im Sinne einer schöpferischen Leistung (s. Abb.). Das Dokument einer der wichtigsten Erfindungen der Menschheit wird heute im Internationalen Anthropologischen Museum (IAM) in Kairo aufbewahrt.

RADSCHIH, MUHAN
(* Madras, Indien, 4. Dezember 1958;
† Bahnhof von Therunattam, Indien,
20. März 2009)

Muhan Radschih: die letzte Aufnahme

Muhan Radschih war ein indischer Illusionist und Telekinet. Seine telekinetischen Fähigkeiten galten im gesamten asiatischen Raum als einzigartig. In seiner Autobiographie berichtet er, er habe an einem Regentag, als ihm morgens der Zug vor der Nase davonfuhr, beschlossen, eines Tages mit seinen telekinetischen Kräften einen Zug zum Halten zu zwingen. Er zog sich daraufhin von der Außenwelt zurück und trainierte über vier Jahre in der vom Monsun gepeitschten Ebene von Poonamallee in absoluter Abgeschiedenheit sein mentales Können. Am 20. März 2009 versammelten sich knapp dreitausend Schaulustige am Bahnhof von Therunattam, um dem Ereignis beizuwohnen. Muhan Radschih trat in einem weißen Umhang vor die Menge und stellte sich auf die Gleise. Er bündelte seine Konzentration und sprach ein eigens von ihm verfasstes Mantra, dann sandte er seine Energie in die Richtung des durchfahrenden Zuges, öffnete seine Arme und wurde gegen 10.12 Uhr von selbigem überfahren. Er erlag an Ort und Stelle seinen Verletzungen, der Zug stoppte zwei Kilometer hinter dem Bahnhof.

RÄGEN

Rägen ist ein meteorologisches Phänomen und bezeichnet Wassertropfen, die von einem Gewässer nach oben in eine Wolke fallen. Meteorologen sprechen vom reversen Niederschlag, in der Umgangssprache hat sich dazu divergent der Begriff ›Aufschlag‹ durchgesetzt. Durch die Bewegung großer Wolkenmassen über Meeren oder Seen bildet sich in darunterliegenden Luftschichten ein Unterdruck, der zu einer partiellen Gravitationsreversion führt. Hauptbestandteil des Rägens ist Wasser in flüssiger Form, wobei das Wasser immer auch Substanzen wie Staub, Algenpartikel, Pollen oder Spuren organischer Verbindungen mit sich führt. Im Moment der Verschmelzung der Rägentropfen mit der Wolke löst sich deren Form auf, und die mitgeführten Stoffe fallen auf die Erde zurück. Rägen verunreinigt dadurch die Luft. Der stärkste je gemessene Rägen wurde von dem Nubologen Matt Owen (→ Nubologie) dokumentiert und ereignete sich über dem Indischen Ozean. Die Anziehungskraft einer → Stratusgravus-Wolke verursachte einen Unterdruck von 0,5 Bar und ließ einen Schwarm Goldtupfen-Doktorfische mit dem Rägen aufsteigen.

Rägen

RASMEYER, RON

(* Mannheim, 3. September 1965)

Der deutsche Designer Ron Rasmeyer ist ein weltweit bekannter Produktdesigner. Er studierte an der Universität in Eschenweiler und war von 1989 bis 2004 im Designbüro ›Peter Leyerle Designs‹ tätig. Seine Gestaltungsphilosophie berücksichtigt keine Anlehnung an Kunst oder Ästhetik. Er vertritt die Auffassung, dass die Form der Dinge, wenn der

Ron Rasmeyer: Design-Rohling des Modells ›Hax'n abkratz'n‹

Konsument sie dauerhaft vor Augen hat, sekundären Wert erhalte. Selbst optisch wenig ansprechende Objekte würden bei ausdauernder optischer Penetration vom Endverbraucher in den Alltag integriert und angenommen. »Wir wollen, was wir ständig sehen«, lautet das zentrale Credo Rasmeyers und macht dies zum Ausgangspunkt seiner Entwürfe. Die Designklassiker des Ron Rasmeyer sind:

1) Sonnenschutz mit Katzengesicht für Auto-Seitenscheiben,
2) Weihnachtliche Blink-Konstellationen für Wohnhäuser und
3) Fußabstreifer aus Kokosfaser mit Aufschriften wie ›Welcome‹, ›Herein‹ und ›Hax'n abkratz'n‹.

Raucher ohne Grenzen

›Raucher ohne Grenzen‹ ist die deutsche Tochter der unabhängigen und internationalen Hilfsorganisation ›Fumeurs sans frontières‹, die Rauchern in Notsituationen Hilfe anbietet.

Die Organisation ist seit dem Jahr 2007 auch in Deutschland im Einsatz, nachdem Beobachter vor Ort von dramatischen Zuständen berichteten. Nach einem Jahresbericht, der die zunehmende Unterdrückung und Ausbeutung unschuldiger Raucher bestätigte, fand der erste Einsatz in Deutschland statt. Die Abteilung ›Internationaler roter Balken‹ schickte Feuerzeuge, Aschenbecher und Heizdecken für Raucher, die durch die neuen Verbote dazu gezwungen werden, bei fürchterlichen Wetterverhältnissen vor Gaststätten auszuharren. Ehrenamtliche Paffer drangen bis in die entlegensten mecklenburgischen Käffer vor. Mehrere Kettenraucher bilden in Worms eine Raucherkette, und aus Graz hatte sich ein Lungenzug mit Hilfsgütern in Bewegung gesetzt.

Die ›Kipp Anamur‹ kam über die Ostsee. Das Team von ›Kippen für die Welt‹ leistete mit Filtern, Tabak und Papers Hilfe zur Selbsthilfe. ›Der weiße Rauchring‹ gründete eine Schule und baute spontan einen Brunnen. »Keine Ahnung, was das mit den Rauchern zu tun hat«, erklärte Präsidialmitglied Ingrid Bäuerlein-Heeberle verwirrt.

Bob Geldof unterstützte die Organisation mit Smoke-Aid-Konzerten. Dabei wurden an über hundert Orten der Welt vor mindestens 4 Milliarden Zuschauern Konzerte gegeben und nebenbei geraucht. Smokie und Ziggie Stardust waren Top-Acts, die Plakate hat Neo Rauch gestaltet.

Die Aktionen von ›Raucher ohne Grenzen‹ stießen in Deutschland aber auch auf Kritik. »Es kann nicht sein, dass die rauchenden Jugendlichen auf Steuerkosten in betreute Rauchercamps nach Kuba geschickt werden, wo ihnen Sozialpädagogen auf einer Tabakplantage beim Inhalieren helfen«, sagte Winfried Apnoe vom Verband der Steuerzahler. Wissenschaftlich bestätigt ist, dass die Jugendlichen unter

Generaldirektion von Raucher ohne Grenzen

den schlechten Vorbildern zu Hause leiden, denn: Immer mehr Gewalt findet auch in den Familien statt. Oft werden Nichtraucher bei Regen und Sturm auf den Balkon geschickt. Deshalb bleibt Rauchern oft nur noch ein Ausweg: Sie flüchten in eines der wenigen Raucherhäuser.

Stefan Hugmeier, der Leiter des Raucherasyls Aschersleben, erklärte: »Die Nichtraucher werden immer aggressiver. Oft ist das Raucherasyl für wehrlose Raucher, die nicht ihr Leben auf dem Balkon fristen möchten, die letzte Zuflucht. Wir sind derzeit bis aufs letzte Raucherzimmer belegt.« In einem sind sich alle Beteiligten einig. Die Probleme galoppierender Intoleranz in Deutschland lassen sich nur dann lösen, wenn alle an einem Strang ziehen beziehungsweise an einer Kippe.

RAWANZI AG

Die Rawanzi AG ist ein Konzern der Augenoptiker-Branche, der sich durch die Spezialisierung auf Sonnenbrillen auf dem Markt positioniert. Die Markttendenz zu immer größer werdenden Sonnenbrillen manövrierte den Konzern zunächst an den Rand des Konkurses, da die Materialkosten den Verkaufswert bei weitem überstiegen. Die Spezialisierung auf die über-übergroßen Sonnenbrillen brachte dem Unternehmen jedoch eine Marktführerposition ein, und die zwei mal zwei Meter großen getönten Scheiben, die die modebewusste Frau heute vor sich herschiebt, sind zu einem zeitlosen Klassiker und Aushängeschild der Marke geworden. Nach diesem Erfolg adaptierte der Konzern diese proaktiven Visionen, um den positiven Wertschöpfungsansatz der prozessorischen Leistungspotenziale zu potenzieren. Dies gelang anhand der zwei Meter hohen Pfefferstreuer, produziert für italienische Restaurants, sowie It-Bags, mit denen die Trägerin einen Umzug erledigen oder in die sie gegebenenfalls direkt einziehen kann. Das Unternehmen plant außerdem seinen Einstieg in die Kopfhörer-Branche.

REGANISMUS

Reganismus ist eine Ernährungsweise, die auf Produkte verzichtet, deren Name ein ›r‹ beinhaltet. Die Gründe für die außerordentliche Beschneidung der Nahrungsmittel können durch einen linguistischen Enzymmangel bedingt sein, der zur Folge hat, dass die Reganer kein r verdauen können. Möglich ist aber auch der bewusste Entschluss für eine alternative Lebensweise ohne r beziehungsweise eine Ablehnung des r aus ethischen Gründen. Diese moralische Entscheidung begründen Reganer mit dem Vorhandensein der Letter in verachtenswerten Wörtern wie: Mörder, Vergewaltiger, Raubmord etc. Zum Zweck der Vermeidung des Buchstabens

Unbedenklich: das Suppenhuhn links im Bild; streng verboten: die fünf Brathühner

und um dem r keine Plattform zu bieten, verzichten Reganer auf Rind, Reis, Rosinen, aber auch Braten, Makkaroni, Rote Beete, Quark und Rhabarber (Rhabarber gilt als besonders schlimm). Noch nicht geklärt ist, warum sie keine Miesmuscheln essen.

Reise nach Bethlehem

Die ›Reise nach Bethlehem‹ macht auch alleine Spaß

Die Reise nach Bethlehem ist ein Gesellschaftsspiel für Kinder. Es wurde von dem saarländischen Sozialpädagogen Erwin Johanninger-Spockbrecht entwickelt. Bei dem Spiel werden so viele Stühle wie teilnehmende Kinder in einem Kreis angeordnet. Lässt der Spielleiter eine Musik ertönen, bewegen sich die Kinder um die aufgestellten Stühle herum. Sobald der Spielleiter die Musik stoppt, setzen sie sich. Das Spiel stärke das Gerechtigkeitsempfinden der Kinder und vermittle ihnen, dass es für jeden einen Platz gibt, so der Erfinder. Hingegen wies er darauf hin, dass das populäre Spiel ›Reise nach Jerusalem‹, bei dem es immer einen Stuhl weniger als Kinder gibt, sowohl psychische als auch physische Gefahren berge. Er bezeichnete die ›Reise nach Jerusalem‹ als subversives Mittel der Ellenbogengesellschaft, ihre Jüngsten zu Egoismus, Konkurrenz, Rücksichtslosigkeit und Eigennutz zu erziehen: »Das Jerusalem-Spiel ist ein Sinnbild für unsere Gesellschaft, bei dem es immer einen Stuhl zu wenig für Kinder zu geben scheint«, so Erwin Johanninger-Spockbrecht in seinem 2007 erschienenen Buch ›Sag mir, wo die Kinder sind‹, Spirit-Rainbow Verlag (ISBN 9783588366).

Rennschnecke
[Cochlea velocita]

Ordnung:	Gleiter
Leistung:	0,03 PS
Höchstgeschwindigkeit:	86 km/h
Hubraum:	0,5 ccm
Beschleunigung 0–30:	24 sec

Rennschnecke

Die Rennschnecke ist eine gehäusetragende Landschnecke und bildet eine eigene Gattung innerhalb der Schneckenweichtiere. Die Rennschnecke kann auf kurzen Distanzen auf bis zu 86 km/h beschleunigen und liegt damit nur knapp hinter dem Gepard. Ihr Prinzip der Fortbewegung kann mit dem einer Magnetschwebebahn verglichen werden. Die ventralen Drüsen eines aktiven Tieres produzieren dabei in hohen Mengen Schmiersekret und ermöglichen es, die Beschleunigungsreibung der Schnecke auf unter 0,013 Milligramm pro Quadratzentimeter zu verringern.
Ihre hohe Geschwindigkeit erleichtert es ihr, potenziellen Fressfeinden zu entkommen.

Renominiszierung der Fabeltiere
Die klassischen Fabeltiere volkstümlicher Erzählungen erfuhren im Jahr 2000 im Rahmen der Rechtschreibreform eine Renominiszierung durch das Kultusministerium. Ziel der Maßnahme ist es, die altertümliche Fabel der heutigen Jugend näherzubringen.
Die traditionellen Tiernamen wurden durch populäre und allgemeinverständliche Eigennamen ersetzt.

Tier	Alter Name	Neuer Name
Bär	Meister Petz	JJ1, Bruno
Hase	Meister Lampe	Meister Sparlampe
Kater	Hinze	Hello Kitty
Wolf	Isegrim	Volverine (sprich: Wulweräin)
Hund	Hylax	Kommissar Rex
Ziege	Metke	Mandy

Renominiszierung deutscher Gebiete

Im Zuge der Aufteilung Berlins 1945 durch die alliierten Siegermächte versuchten zahlreiche weitere Länder ihren Einfluss auf die Staatsmänner der Siegermächte geltend zu machen und beantragten die Zuteilung kolonialer Gebiete in Deutschland. Ein vorbereiteter Plan zur Kolonialisierung sah folgende Verteilung vor:

Antragsteller	Beanspruchte Kolonie	Geplante Bezeichnung
Türkei	Bad Dürkheim	Bad Türkheim
Belgien	Bergisch Gladbach	Belgisch Gladbach
Ecuador	Dormagen	Ecuadormagen
Indien	Windischeschenbach	Indischeschenbach
Borneo	Paderborn	Paderborneo
Andorra	Saarland	Saarlandorra
Swasiland	Landsberg am Lech	Swasilandsberg am Lech
Tacka-Tucka-Land	Uckermark	Tacka-Tuckermark

Die Besatzungsmächte verwarfen den Plan auf der Konferenz von Paderborneo aufgrund gewaltiger administrativer Herausforderungen und wegen des heraufziehenden Kalten Krieges.

RENTIER-SKANDAL

Der als ›Rentier-Skandal‹ in die Justizgeschichte eingegangene Prozess führte im Januar 2009 zur Verurteilung des schwedischen Naturparkbesitzers Öre Hölmrad. Hölmrad wurde vorgeworfen, seinen Naturpark jahrelang mit gefälschten Tieren betrieben zu haben. Bei einer Routineüberprüfung im Oktober 2006 stellten sich erste Zweifel bei Amtsveterinär Pörken Dröstöm ein, eine daraufhin eingeleitete Untersuchungskommission brachte schließlich Sicherheit: »Bei den Tieren handelte es sich nicht um Rentiere. Die Tiere sind etwas kleiner und heller als die Original-Rentiere«, hieß es im Gutachten.

Gefälschtes Rentier

REZITÄRER ERZIEHUNGSSTIL

Der rezitäre Erziehungsstil bezeichnet eine Methode der Erziehung, bei der die Eltern von ihren Kindern erzogen werden. Grundsatz dieser verbreiteten Methode bildet die rezitäre Lehre. Die rezitäre Lehre besagt, dass die Kinder stets die aktuellste Stufe der Entwicklung des Menschen darstellen und somit evolutionär hochwertiger sind als die Elterngeneration. Der rezitäre Erziehungsstil zeichnet sich durch willkürliche Regeln, deren spontane Änderung und ungesunde Ernährung aus. Erziehungswissenschaftler sehen in der rezitären Erziehung das Ergebnis einer linearen Entwicklung:

autokratisch	autoritär	demokratisch	egalitär	permissiv	laissez-faire	tyrannisch	rezitär

Richi-Rich-Revolution

Die als ›Richi-Rich-Revolution‹ in die Geschichte eingegangene Massendemonstration war eine Manifestation von weltweit über 15 000 Reichen und Superreichen. In über 30 Ländern besetzten sie gleichzeitig am 18. Mai 2002 die Lobbys von insgesamt 146 Fünf-Sterne-Hotels. Die Aktion gilt als Höhepunkt der Richi-Rich-Bewegung. Entstanden Ende der 1960er Jahre während der Stagnation des Wirtschaftswachstums, ist es heute eine globale Vereinigung mit über 5 Millionen Mitgliedern. Die Mehrheit davon sogenannte Mid-Tier Millionaires, also Personen mit einem Vermögen von 5 bis 30 Millionen US-Dollar. Auslöser der Massendemonstration war die öffentliche Diskussion über die mögliche Einführung einer Besteuerung von Aktiengewinnen. Auf den von Christian Lacroix entworfenen Plakaten forderten die Teilnehmer die Politiker auf, diesen Entwurf zu überdenken. Nach dem Rückzug des Vorschlags seitens der Politik lösten sich die Versammlungen an kalten Buffets auf.

Richi-Rich-Revolution: autonome Chaoten

RINGELNATZ

Summe der Gesten und Mimiken, die man in Restaurants veranstaltet, um die Aufmerksamkeit des Obers auf sich zu ziehen, was jedoch aufgrund von → Temptismus keine Aussicht auf Erfolg hat.

ROBÄM

Robäm ist eine Farbe. Rainer Maria Wendelsohn entdeckte diesen Pastellton 1978 bei der Gartenarbeit in Bludenz: Es ist ein erdiger Braunton mit einer Cremenote und zartem Beigeakzent.

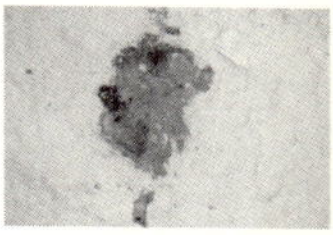

Robämfarbener Fleck

ROCHEFORT, SUSULA ROSE »SUSU«

[* unbekannt]

Susula Rose Rochefort, in der Öffentlichkeit besser als Susu bekannt, ist eine US-amerikanisch-britische Schauspielerin und gilt als eine der letzten internationalen Filmdiven. Nach verschiedenen kleinen Rollen gelang ihr 1956 im Alter von möglicherweise 43 Jahren der endgültige Durchbruch. Elf Jahre später bekam sie im Alter von vielleicht 46 Jahren für die Hauptrolle in ›La Bertrane‹ den Oscar als beste Hauptdarstellerin. 27 Jahre später nahm sie im Alter von 51 Jahren die Auszeichnung für ihr Lebenswerk entgegen. Heute lebt Susu Rochefort mit ihrem vier Jahre jüngeren Ehemann Gatty Wilding (50) zurückgezogen in der Grafschaft Worchester.

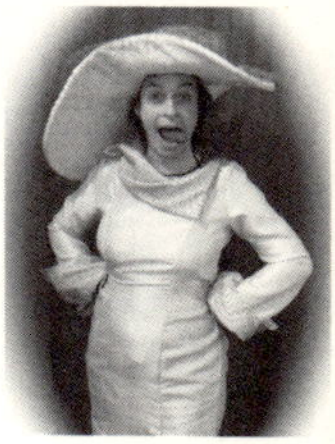

Susula Rose Rochefort

ROH, KARL

(* Schwalmstadt, 12. August 1959)

Karl Roh ist der erste Kriminelle in der Geschichte des Kidnappings, der sich selbst als Geisel nahm. Während eines bewaffneten Überfalls durch Roh

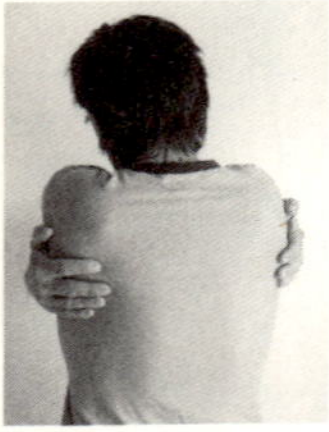

Roh fällt sich nach seiner Befreiung in die Arme

auf die Sparkasse Kassel am 3. Februar 1983 konnte die Angestellte Erika S. den Notrufknopf betätigen. Als die Filiale von Dienstwagen der Polizei umstellt war, flüchteten die Angestellten sowie die Kunden der Sparkasse nach draußen, woraufhin Karl Roh als Einziger in den Räumen zurückblieb. Späteren Erklärungen zufolge habe er daraufhin im Affekt gehandelt und sich selbst als Geisel genommen. Das Sondereinsatzkommando der Polizei Kassel habe somit vor einer extrem schwierigen Aufgabe gestanden, so der Einsatzleiter G. »Wir erstellten vor Ort eine psychologische Täter- sowie Opferanalyse, um die Gefährlichkeit der Situation einschätzen zu können.« Die Geiselnahme endete unblutig, als Karl Roh sich nach 24 Stunden stellte. Vor Gericht forderte er Opferschutz und Straffreiheit.

Roofer-Entscheidung
[engl. roofer, *Dachdecker*]

Eine Roofer-Entscheidung bezeichnet eine Entscheidung, deren Bedeutung so gering ist, dass ihre Tragweite gegen null geht. Die Entscheidungskriterien basieren daher nicht auf Präferenzen des Entscheidungsträgers, sondern bleiben meist dem Zufall überlassen.
Ziel bei der Entscheidungsfindung ist es, in möglichst kurzer Zeit eine Wahl zu fällen.
Durch die hohe Relevanz des Faktors Zeit sinkt der Stellenwert der Alternativen auf ein derart geringes Level, dass die Entscheidung umso schwerer fällt. Klassische Roofer-Entscheidungen können um das Dreifache länger dauern als Entscheidungen mit großer Bedeutung. Klassische Roofer-Entscheidungen sind:

1) Welches Getränk bestellt man, wenn man eigentlich gar nichts trinken will?
2) Verlässt man eine langweilige Party, wenn zu Hause nur der Fernseher wartet, oder nicht?
3) Wohin fährt man in Urlaub, wenn man kein Geld hat?
4) Welche der 300 nahezu identischen Gesichtscremes soll man kaufen?

In der Regel durchläuft eine Roofer-Entscheidung mehrere Schritte, diese sind:

1) Bemerken eines Entscheidungsbedarfs,
2) Realisieren der geringen Bedeutung der Entscheidung,
3) Versuch, die Entscheidung an andere Personen abzugeben,
4) Versagen des Instinktsystems aufgrund der Nichtigkeit der Entscheidung,
5) Handlungsunfähigkeit,
6) Entscheidung aufgrund zufälliger Faktoren, wie des Wochentags,
7) Unzufriedenheit mit der Entscheidung.

ROSAMUNDE

Zahn- und Zungenverfärbung, die der Rotweinkonsum nach sich zieht.

ROSIGKEIT, FRANZ

(* Köthen, 3. August 1911;
† Los Angeles, 1999)

Franz Rosigkeit war ein deutschstämmiger Filmschauspieler. Seine Karriere begann, als er mit seinen Eltern in die USA immigrierte und dort als Statist in Gangsterfilmen debütierte. Einmalig an Rosigkeit war seine Fähigkeit, die zugleich wohl sein größtes pathologisches Leiden sein sollte: War er während der Filmaufnahmen vor laufender Kamera noch im optischen Regelzustand und gut wahrnehmbar, so verschob sich seine Erscheinung während der Vorführung des Films ins Unscharfe. Die Wissenschaft der elektromagnetischen Wellenforschung vermag dieses physikalische Paradoxon bis heute nicht zu erklären. Es war schließlich diese Unschärfe, die Rosigkeit zu seinen größten Erfolgen verhalf: Da die Kameratechnik dieser Epoche noch in den Anfängen steckte, nutzte man Rosigkeits Unschärfe, indem man ihn stets im Hintergrund agieren ließ und somit dem Bild die nötige Tiefenschärfe verlieh. Erst Woody Allen entdeckte Franz Rosigkeits optische Parameter für eine Hauptrolle: In seinem Film ›Deconstructing Harry‹ von 1997 (deutscher Titel: ›Harry außer sich‹) brachte er genau jenen Effekt ein. Die Unschärfe Rosigkeits kontrapunktiert dabei seine eigene reale Existenz, die er satirisch bricht, wobei die Realität und die Kunstfigur die fundierte Entwicklung der düsteren und stilprägenden Tragik-Komödie begründen. Da Rosigkeit zu diesem Zeitpunkt schon zu alt – und mit den Jahren auch zu unscharf – für die Besetzung des Harry war, musste Allen das Phänomen der natürlichen Unschärfe Rosigkeits mit aufwendigen technischen Mitteln nachempfinden.

ROTHELME

Rothelme ist der Name der Lobbyarmee der europäischen Waffenindustrie. Es ist eine UN-Einsatztruppe, die in verschiedenen Konfliktregionen weltweit agiert. Unter dem Kommando der Internationalen Vereinigung der Waffenhersteller und

Rüstungsfreunde e.V. (I.V.W.R. e.V.) werden sie in Krisenherde geschickt, um dort die Parteien gezielt aufzustacheln und Zwietracht zu säen.

Der Verein rechtfertigt seine Einsätze durch das Kriegsvölkerrecht. Alle Mitglieder haben die gleichen Rechte bis auf die Amerikaner, deren Rothelme Immunität genießen. Die Aufgabe der Rothelme ist es, den Absatz von Kriegsprodukten zu wahren sowie Kontakte zu Militärs, Diktatoren und kriegerischen Stämmen der verschiedenen Länder zu pflegen. Die Rothelme werden während Vorbereitungen von Aufständen, kriegerischen Handlungen, Staatsstreichen und Nachbarschaftsstreitigkeiten in das Zentrum der Auseinandersetzungen geschleust. Regional werden Rothelme auch bei Meinungsverschiedenheiten nach Auffahrunfällen eingesetzt.

In Ländern mit einer kreativen Auslegung des Wahlrechts sind Rothelme als Wahlbeobachter tätig, außerdem stehen sie Staaten, die eine Machterweiterungspolitik verfolgen, unterstützend zur Seite. Mit dem Präventivkrieg erschloss sich dem I.V.W.R.e.V. die Möglichkeit, Kriege in Ländern zu führen, die selbst keine militärischen Aktionen durchführen.

Erstmals erwähnt werden die Rothelme in griechischen Schriften (kókkivo kamello, *roter Hut*) in Zusammenhang mit dem Peloponnesischen Krieg. Ein genialer Schachzug gelang ihnen mit der Reformation, deren Auswirkungen den 30-jährigen Krieg nach sich zogen. Die darauffolgende größtenteils friedliche Periode konnte durch einen Einsatz in Österreich-Ungarn 1914 beendet werden und entwickelte sich zum Ersten Weltkrieg, in den am Ende 25 Staaten involviert waren.

Durch die Friedensbewegung und weltweite Abrüstungsvereinbarungen sah sich der I.V.W.R. e.V. gezwungen, die Kriege in Länder der Dritten Welt, wie Korea, Vietnam oder Staaten in Afrika und Lateinamerika, zu verlegen.

Geschichtl. Überblick Rothelme	
Anno	**Tätigkeit**
1200 bis 1300 v. Chr.	Erbauen eines hölzernen Pferdes bei Troja
Ca. 431 v. Chr.	Staatsbesuch in Athen & Sparta
Ca. 30 n. Chr.	Eine Spende von 30 Silberlingen
1514–1518	Beratungstätigkeit für Herrn Martin Luther
23. Mai 1618	Öffnen eines Fensters der Prager Burg
28. Juni 1914	Bereitstellen einer offenen Kutsche für den Besuch Franz Ferdinands von Österreich-Este in Sarajevo
1961	Spende größerer Mengen Baumaterials an die DDR
22. November 1963	Bereitstellen eines Cabrios in Dallas, Texas
Januar 2001	Ernennung des Rothelms Donald Rumsfeld zum US-amerikanischen Verteidigungsminister

Den Rothelmen wurde 1989 der → Kriegsnobelpreis für außerordentliche Leistungen verliehen.

ROTKEHLCHEN
Aus dem badischen stammender, scherzhafter und veralteter Begriff für Guillotine.

ROTWEILER
Kosmetischer Fachbegriff für den roten Abdruck der Ellenbogen auf den Oberschenkeln, wenn man eine Stunde auf der Toilette gesessen ist.

RUBI
(* März 2003)

Rubi ist eine graugetigerte Hauskatze und befindet sich im Besitz der Familie Behnert in Dortmund. Der kastrierte Kater ist das erste Mitglied der Familie der Felidae, das eine ernstzunehmende Rolle im professionellen Skateboard-Sport spielt. Mit seiner Spezialität, dem sogenannten Super-Flip, gewann er 2005 die X Games in Kalifornien.

Rubi, Kalifornien 2005

R.U.M.-SCHLAF
[engl. rapid urine movement]

Als R.U.M.-Schlaf wird eine Schlafphase bezeichnet, die sich durch einen sehr unruhigen Schlaf auszeichnet, der bis zum Wachzustand gehen kann. Verursacht wird der als unangenehm empfundene Zustand durch ein Bedürfnis des Harnlassens und der unablässigen Frage des Schläfers an sich selbst, ob er nicht doch wieder einschlafen kann oder tatsächlich gezwungen ist, die Toilette aufzusuchen. Dieser Zustand kann sich über die ganze Nacht hinziehen und ist zu 80% verantwortlich für Schlafmangel und Unkonzentriertheit. Er endet meist mit einem Gang zur Toilette.

RUMSFELD-JAKOB-KRANKHEIT

Die Rumsfeld-Jakob-Krankheit (engl. Rumsfeld-Jacob disease) ist eine Krankheit, die ausschließlich beim Menschen auftritt. Ihre Übertragung erfolgt auf ideologisch-psychischem Kontakt mit bereits infizierten Personen. Die Rumsfeld-Jakob-Krankheit zählt zu den spongiformen Enzephalopathien (schwammartiges Hirnleiden) und führt in ihrem Verlauf zu schweren Verhaltensstörungen wie extremer Aggression sowie Verfolgungs- und Größenwahn.

S

Sakradi, Iwan Michailowisch

(* Tschapajewsk, Russische SFSR, 1. Januar 1955)

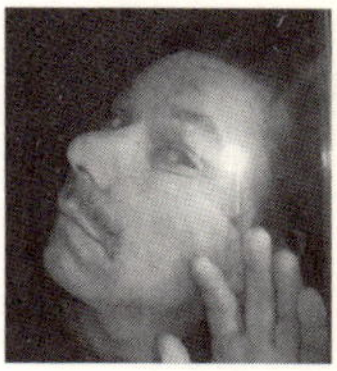

Iwan Michailowisch Sakradi während seiner Bergung

Iwan Michailowisch Sakradi ist ein russischer Astronaut. Er war Besatzungsmitglied der MIR EO-9 und von 1994 bis 1997 als Bordingenieur auf dem russischen Raumschiff Sojus-TM-14 stationiert. Iwan Michailowisch Sakradi ist der einzige Mensch, der in einer Weltraumkapsel vergessen wurde. Er verbrachte 1095 Tage im Weltall. Versuche des Astronauten, von einer amerikanischen Raumstation per Anhalter mitgenommen zu werden, scheiterten. Nach drei Jahren bemerkte die russische Raumfahrtbehörde ihren Fehler und holte den Kosmonauten auf die Erde zurück.
Von Michailowisch Sakradi ist im russischen Kruszni Verlag erschienen: 100 Dinge, die man bei Schwerelosigkeit besser lassen sollte.

Samutra

[Sanskrit: saduhvāḥ, *Verse des Räkelns*]

Das nepalesische Stellungsbuch Samutra ist mit seiner Datierung auf 300 v. Chr. die früheste und gründlichste Überlieferung aller möglichen Stellungen, die ein Alleinschläfer im Bett einnehmen kann. Mit seinen über tausend realitätsnahen Abbildungen ist es bis heute das bedeutendste und beliebteste

Stellungsbuch der Welt. Detaillierte Beschreibungen der verschiedenen Positionen ermöglichen es dem Schläfer, diese in das eigene Repertoire aufzunehmen.

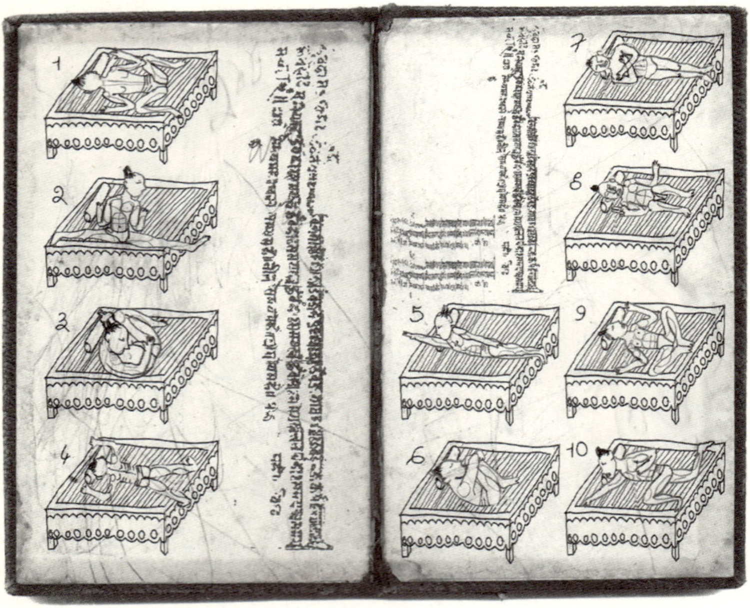

Samutra: Variantenreiches Schlafen (Vgl. Farbtafelteil)

Die 10 klassischen Positionen im Samutra sind:

1) Der überfahrene Frosch,
2) der Gautinger Spagat,
3) die Rumkugel,
4) der Bauchplatscher,
5) der kleine Nazi,
6) die hebräische Arschbombe,
7) Maos Mumie,
8) die päpstliche Segnung,
9) die springende Lotusblüte und
10) der horizontale Silversurfer.

Sasir

Sasir gilt als die teuerste Naturtextilie der Welt. Sasir besteht aus dem Nasenhaar der vom Aussterben bedrohten Rotkopfmeerkatzen. Die Tiere kommen ausschließlich auf Madagaskar vor und haben sehr feine und weiche Nasenhärchen (ca. 0,5–1,2 µm). Geeignet zur Weiterverarbeitung sind die weißen Nasenhärchen, was eine zusätzliche Erschwernis darstellt, da Rotkopfmeerkatzen-Nasenhaare hauptsächlich von schwarzer Farbe sind. Da sie extrem scheu sind, ist es auch für erfahrene Jäger kein leichtes Unterfangen, eine Rotkopfmeerkatze einzufangen und ihr einige der nur wenige Millimeter langen Nasenhaare auszureißen. Ein Jäger benötigt rund zehn Jahre für 150 Gramm der wertvollen Haare. Ausgebildete Sasir-Weber verarbeiten die Fasern zu Pullovern in flippigen Farben. Ein Pullover aus Sasir kostet rund vier Millionen Euro. Der russische Billiardär Broslan Bramahamovitsch besitzt elf Sasir-Pullover in verschiedenen Farben.

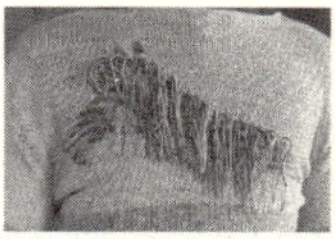

Sasir-Pullover mit Nasenhaar-Applikation: eigenwillig, aber teuer

Sauermagen-Periodensystem der Elemente, der Zustände und des Rests

Das Sauermagen-Periodensystem der Elemente, der Zustände und des Rests, kurz PSEZR, wurde 2006 von der Chemikerin Renate Sauermagen entwickelt. Sie brachte erstmals Gruppen von Stoffen, die ähnliche Eigenschaften besitzen, in eine systematische Anordnung. Alle Elemente des Systems sind stabil, die Ausnahme bilden die Elemente Kult und Tokio Hotel, die haben eine Halbwertszeit von 16 Tagen. Die beiden fehlenden Elemente der Tabelle möchte Sauermagen nicht veröffentlichen, da sie ihrem privaten Rahmen entspringen:

1	2	3	4	5	6	7
Luft	Do	Eier	Blut	Marmor	Luft-getrocknet	Uschi
Wasser	Re	Milch	Schweiß	Stein	Geföhnt	Urs
Mond	Mi	Senf	Urin	Eisen	Geknetet	Strelitzien
Sterne	Fa	Käse	Aa	Apple	Lauwarm	Tokio Hotel
Schuppen	So	Wurst		Heiden-reich	Yoga	Service Point
Matussek	La	Nutella	Mario Barth	Wikipedia	Yes we can	Viva
	Si	iPod	Kult	Bionade	Lonely Planet	Nichtrau-cher

Vgl. Farbtafelteil

SAURON

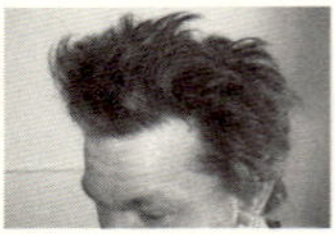

Sauron: aufgetreten 2008 in Dortmund

Sauron heißt eine → Coiffurose (Problemfrisur) epochalen Ausmaßes, wie sie nur etwa alle 1500 Jahre auftritt. Der mächtigste aller jemals da gewesenen Saurons entspringt der Moderne und wird unter dem Hut von Udo Lindenberg vermutet.

SCHICKSALSCHIRURGIE

Die Schicksalschirurgie ist ein medizinisches Fachgebiet und neben der Unfallchirurgie eines der häufigsten operativen Verfahren in der modernen Medizin. Für unzählige Patienten weltweit mit ungünstigen Lebenslinien, Erfolgslinien oder einem zu kleinen Venusberg ist die Schicksalschirurgie die letzte Hoffnung. Größere Korrekturen sind dabei keine Seltenheit. So kann eine Lebenslinie ohne Probleme bis zu Ellenbeuge oder Achsel verlängert werden. »Die Verlängerung der Lebenslinie ist eine reine Routinesache, Schwierigkeiten machen uns nur die Kreuzungen«, so der renommierte Schicksalschirurg der Berliner Charité Christian Böhm.

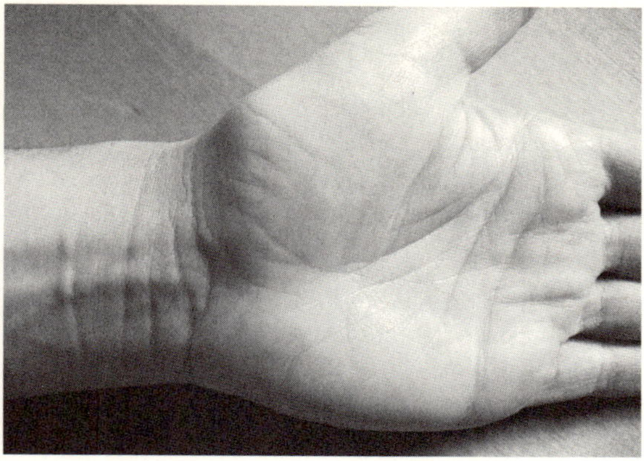

Lebenslinie vor der Operation

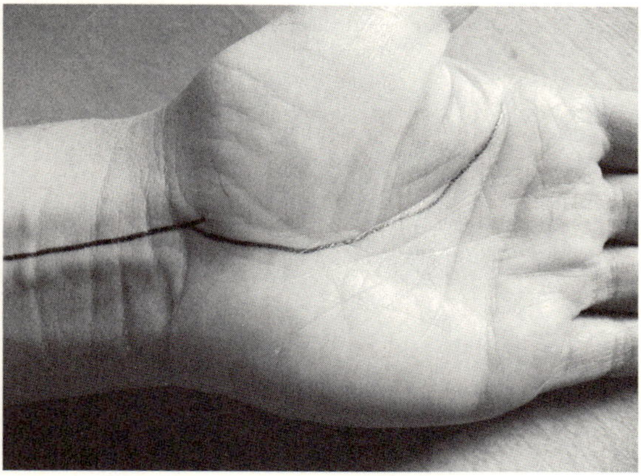

Lebenslinie nach der Operation

SCHISSLAMSEL

[Aviphobia]

Name:	Schisslamsel
Klasse:	Phobievögel
Familie:	Flugschisser
Lebensraum:	Lieber unten
Nächster Verwandter:	Klaustrovogel

Die Schisslamsel ist eine europäische Vogelart. Sie gehört zur Familie der Flugschisser und ist eine verbreitete Phobievögelart. Schisslamseln sind von gewöhnlichen Amseln kaum zu unterscheiden, einziger Unterschied ist, dass Schisslamseln nicht fliegen. Aufgrund einer ausgeprägten genetischen Flugangst leben die Tiere lebenslang bodennah. Ornithologen profitieren von dieser Laune der Natur, da die Flugangst eine Untersuchung des Vogelzugs wesentlich erleichtert. Schisslamseln sind die einzige bekannte Vogelart, die schweißnasse Krallen bekommen kann.

SCHITTEX

Das elende Gefühl, das sich einstellt, wenn einem zu Ohren kommt, wie gut es dem Ex-Partner geht, der einen so schmählich verlassen hat. Das Gegenteil von → Jippex.

SCHLACHT BEI ISSERSTEDT

Im Verlauf der Staatenbildung im Rheinbund kam es 1804 zur Schlacht bei Isserstedt. Die französischen Truppen verfolgten das Ziel, ihren Einfluss auf Gebiete östlich des Rheins zu erweitern. Daraufhin zogen preußische und sächsische Truppen gemeinsam aufs Schlachtfeld. Nach der Kapitulation der Franzosen verblieben vereinzelte preußische und sächsische Soldaten auf dem Schlachtfeld, um sich eine strategisch günstige Position im Falle eines erneuten Angriffs der gegnerischen Truppen zu sichern. Als die Angriffe in den folgenden Jahren ausblieben, gingen die preußisch-sächsischen Soldaten zunächst von einer Taktik des gegnerischen Heerführers aus. Aufgrund der abgeschiedenen

Abzug der preußisch-sächsischen Soldaten am 12. Oktober 1997

Lage von Isserstedt blieb das Ende des deutsch-französischen Kriegs von den Soldaten unbemerkt. Die Polizei wurde im August 1997 auf die Truppe aufmerksam, als diese der Europäischen Union den Krieg erklärte. Nach einer Beratung der EU-Mitgliedstaaten erging der Beschluss, die Soldaten von ihrem Standort abzuholen, was am 12. Oktober 1997 über die A4 erfolgte.

Schlenderton

Sozialpsychologisches Phänomen: Es beschreibt die unangenehme Stille, die entsteht, wenn man sich schon voneinander verabschiedet hat, dann aber doch noch ein paar Schritte zusammen zurücklegen muss. Längster gemessener Schlenderton erklang im Jahr 2001, als sich Hape Kerkeling am Anfang des Jakobswegs von seinen Mitreisenden verabschiedete.

Schlonk

Dumpfes Geräusch, mit dem sämtliche Schläge in Kung-Fu-Filmen synchronisiert werden.

Schloss von Versalle

Das Schloss von Versalle wurde Mitte des 17. Jahrhunderts im Auftrag König Ludwigs XIII. in → Vulgarien nahe der Hauptstadt Mutzenbach erbaut. Der barocke Palast wurde in den folgenden Jahrzehnten zum politischen und kulturellen Mittelpunk des Landes. Im Corps de Logis, dem Mittelteil des dreiflügeligen Prachtbaus im vierten Stock, residierte der König, das Parterre beherbergte das Hauspersonal und die Wirtschaftsräume. Im Westflügel befanden sich die Gemächer der Königin.
Der dritte Stock des Mittelbaus wird auf seiner ganzen Länge von dem weltberühmten Spiegelsaal eingenommen.

Schloss von Versalle: Blick über die Parkanlage

Der Palast zählt zu den größten Palästen Europas und ist Teil des UNESCO-Weltkulturerbes und somit Eigentum von Olaf → Benninger. Architektonisch dominieren horizontale Linien, nur der Erker des Hochparterres lockert die strenge Sandsteinfassade auf. Seine floristische Entsprechung findet sich in der strengen Ordnung der Parkanlage, die durch die Akzentuierung mittels eines Nadelbaums noch verstärkt wird. Historiker vermeinen in der

Anlage des gepflasterten Weges, der ins Nichts führt, eine metaphorische Anspielung auf die Nichtigkeit und Aussichtslosigkeit der damaligen Epoche zu erkennen. Seit 1789 ist das Schloss für Touristen geöffnet und zählt mit nur 43 Besuchern jährlich zu den am wenigsten besuchten Museen Europas. Mit den Eintrittsgeldern wird die Instandhaltung des Palastes und der Gartenanlagen finanziert.

SCHLUCKAUF-THERAPIE-ZENTRUM ST. SINGULT

Das Schluckauf-Therapie-Zentrum St. Singult ist ein ambulantes Therapiezentrum im oberpfälzischen Tirschenreuth, das sich der Diagnostik und der Behandlung von Schluckauf widmet. Es ist das bislang einzige seiner Art. Das Zentrum hat verschiedene Therapien zur Schluckauf-Bekämpfung weiterentwickelt, denn »jeder Schluckauf ist anders«, so der leitende Direktor Dr. Tobias Grabinski. Neben den klassischen Methoden der Ablenkung durch Imagination von, zum Beispiel, zehn nackten Menschen dunkler Hautfarbe oder zehnmal leer schlucken stehen heute alternative Behandlungsprogramme.
Eine natürliche und sanfte Möglichkeit, den Leidensdruck der Patienten zu mindern, besteht in dem Ansatz, den Schluckauf als Teil der Persönlichkeit zu akzeptieren. »Wir versuchen zu vermitteln, dass auch ein Leben außerhalb der gesellschaftlichen Normen lebenswert ist. Um nicht zu sagen, dem Leben einen neuen Sinn verleihen kann: Ich schlucke auf, also bin ich«, so die leitende Oberärztin Dr. Cordula-Justine Schmidt.
Der Schluckauf kann in einem positiven Sinne als Zugeständnis an die Willkürlichkeit verstanden werden: »Wir denken immer, wir hätten alles unter Kon-

trolle, aber der Körper zeigt uns, dass dem nicht so ist.« Auch verweist er auf einen religiösen Ansatz, auf den Schluckauf als ein göttliches Signal innezuhalten. Ein Fingerzeig auf die göttliche Allmacht. Das Therapie-Zentrum St. Singult hat eine Heilungsrate von 89 %, was es zu einer der erfolgreichsten Therapieeinrichtungen Deutschlands macht. Die spektakulärste Heilung erfolgte im Jahr 2003, als die damals 40-jährige Heidemarie Probst von einem acht Jahre anhaltenden Schluckauf geheilt wurde.

SCHMOLLHÜHNCHEN

Ordnung:	Laufvogel
Familie:	Strauße
Gattung:	Gockel
Art:	Prahlhänse
Größe:	15 cm

Das Schmollhühnchen ist ein Hühnervogel. Es legt von allen Geflügelartigen die meisten Eier. Ein einziges Schmollhühnchen kann bis zu 15 Eier am Tag legen. Sie sind flugunfähig und gleichen äußerlich dem normalen Haushuhn. Die landwirtschaftliche Nutzung der Tiere stellte sich nach anfänglicher Euphorie als schwierig heraus, da Schmollhühnchen äußerst empfindliche Tiere, im Sinne von schnell beleidigt, sind. Weiß man, dass es Tieren generell nicht gefällt, ausgelacht zu werden, so genügt einem Schmollhühnchen ein falscher Blick, um sein Leben lang kein einziges »gack« mehr an einen zu richten, geschweige denn ein Ei zu legen. »Sie sitzen einfach nur noch beleidigt rum und sehen zur Seite, wenn man vorbeigeht«, so der Sprecher des Verbandes für Nutztiere Ralf Bauer.

Schmollhenne
in bester Laune

SCHMORCH, EDMUND

(* Cloppenburg, 30. Juli 1960)

Edmund Schmorch ist ein in Bremen ansässiger deutscher Einzelhandelskaufmann und der einzige bekannte Mensch, der mit Leichen sprechen kann. Die Verifikation dieser Begabung bestätigte das Bundesdeutsche Amt für Forschung nach einer Reihe von Tests nach der empirischen Sozialpathologie-Forschung. Edmund Schmorch in einem seiner Vorträge zum Thema Kommunikation mit Toten: »Das klingt spektakulärer, als es ist. Die meisten Verschiedenen haben nicht viel zu erzählen. Sie liegen im Sarg. Es riecht nicht gut. Die meisten klagen über Druckstellen. Viele würden gerne mal etwas anderes unternehmen.«

Schmorchs Versuche, seine Begabung zu kommerzialisieren, erzielten nicht die gewünschte Wirkung. Eine Agentur, in der er sich als Mittler zwischen Hinterbliebenen und ihren verstorbenen Angehörigen anbot, musste nach anfänglichem Erfolg schließen. »Es gab nur Streit«, so Edmund Schmorch. »Kaum waren ein paar Floskeln ausgetauscht, schon hagelte es Vorwürfe. Die Lebenden beschwerten sich über das ungerechte Testament, den ungünstigen Todeszeitpunkt, über das, was sie beim Entrümpeln des Hauses gefunden hatten, sowie unerwartet auftretende Halbgeschwister. Die Verschiedenen hingegen hielten ihren Angehörigen mangelnde Besuche und einen beschissenen Geschmack in Sachen Grabpflege vor.« Edmund Schmorch ist in seinen Beruf als Einzelhandelskaufmann zurückgekehrt und tritt gelegentlich mit seiner Fähigkeit in ländlichen Großraumdiskotheken auf.

SCHNABEL, ALBERT
(* Stuttgart, 8. Februar 1967)

Albert Schnabel

Albert Schnabel ist ein deutscher Autor von Reiseführern für Individualreisende. Seit seiner Erstveröffentlichung ›Urlaub für lau‹ (Baedeker Verlag, 2004, ISBN 978320008556) ist er Spezialist für Billigreisen. Schnabel, der von sich behauptet, mit sieben Euro drei Jahre durch Asien gereist zu sein, wurde vor allem seiner praktischen Insidertipps wegen zum Vorbild für Rucksackreisende weltweit. Sein ›Leitfaden für preisbewusstes Reisen‹ (Baedeker Verlag, 2007, ISBN 978190500261) enthält verschiedene Empfehlungen, denen der Autor eine Reihe von Strafverfahren wegen Gefährdung der Öffentlichkeit verdankt.

Unter anderem:

1) Sich in einem Ziegenkostüm unter reisende Bauern zu mischen, kann den Tarif öffentlicher Verkehrsmittel auf ein Minimum reduzieren.
2) Überfahrene Tiere können einen preisgünstigen Ersatz für teure Restaurantbesuche darstellen.
3) Die Preise für Übernachtungen in einem Hotel können astronomisch sein. Gönnen Sie sich eine kostenlose Ruhepause in einer örtlichen Polizeidienststelle! Die gängigsten Beleidigungen samt entsprechendem Strafmaß finden Sie in meinem Buch ›Ich bin dann mal weg‹, Baedeker 2003 (ISBN 978872000118). Gerade in ferne Länder kann die Anreise einen großen Teil Ihres Reisebudgets ausmachen: Geben Sie sich als Paket auf! Wichtig: Luftlöcher nicht vergessen.

Albert Schnabel trat nach Verbüßung seiner Haftstrafe am 18. Mai 2004 eine Weltreise als Postsendung an und gilt seitdem als vermisst.

SCHNELLSTRASSEN-PERISTALTIK

Verkehrs-gastroenterologisches Phänomen, dass Personen auf die Toilette müssen, sobald man auf die Autobahn gefahren ist.

SCHNURCHELMULM

Angst zu verschlafen, wenn am Morgen ein wichtiger Termin ansteht.

SCHOKIBALISMUS

Kulinarisches Phänomen, dass Schokoladen-Weihnachtsmännern und Osterhasen immer zuerst der Kopf abgebissen wird.

SCHRUMPELKOMA

Zustand tiefer Depression und umfassenden Autismus, in den ein Mann unmittelbar nach seinem Orgasmus verfällt (→ platonische Katatonie).

SCHUPPENDIADEM

Als Schmuckstück dauerhaft in den Haaren getragene Sonnenbrille.

SCHUTZSCHEINHEILIGE

Die Schutzscheinheiligen sind verschiedene Schutzpatrone, die zwar im Volksglauben eine Schutzfunktion ausüben, aber nicht an einen Heiligen im religionswissenschaftlichen Sinn geknüpft sind. Dazu gehören:

Patron	Zuständigkeit
St. Anton	Skifahrer
St. Gallen	Innere Organe
St. Au	Ferienbeginn
St. Moritz	Moritz
St. Peter-Ohrring	Peters Ohrring
St. Kasten	Spielende Kinder

SCOTT, PROF. W.

(* Ruhpolding, 8. Januar 1946)

Prof. W. Scott ist Professor der Menschlichen Ästhetik, Gründer der → Motolisthetik und Mitglied der → Europäischen Ästhetikkommission.

SELBSTGESPRÄCHSTHERAPIE

Die Selbstgesprächstherapie oder Selbstgesprächs-Psychotherapie ist ein eigenständiges psychologisches Verfahren. Die Klienten führen dabei Gespräche mit sich selbst, die Anwesenheit einer anderen Person ist nicht notwendig. Im Mittelpunkt des therapeutischen Prozesses steht eine klientenzentrierte Grundhaltung. Dies kommt besonders dadurch zum Ausdruck, dass ausschließlich der Klient spricht. »Es ist nicht vonnöten, dass die Gespräche einen tatsächlichen Dialog ergeben«, so der Selbstgesprächstherapeut Prof. Dr. Wilfried Hübner. »Es sollte ein kontinuierliches Kommentieren der eigenen Handlungen sein, das verschafft dem Klienten Sicherheit und Klarheit. Etwa so wie der Fernsehmoderator Jean Pütz, der auch immer alles kommentiert, was er macht: ›So, jetzt nehme ich ein Glas Wasser und schütte es in diese Schüssel.‹« Ein einfaches Summen oder ein Singen hingegen fällt laut Prof. Dr. Wilfried Hübner nicht in den Bereich der Selbstgesprächstherapie: »Sonst hieße es ja auch Selbst-Summtherapie oder Selbst-Sing-Therapie. Hier geht es doch nicht um das Prinzip, Hauptsache, die Luft scheppert.«

Sensedismus

[lat. sensus, *Gefühl*
und seditio, *Zwiespalt*]

Sensedismus ist eine Skala der kognitiven Dissonanz. Sie bezeichnet die Wissenschaft um den Widerspruch zwischen den Idealen eines Menschen und der subjektiven Empfindung. Die Maßeinheit der Größe des Widerspruchs ist die Kantsche Größe IM-Z.

Die heutige Philosophie misst die Größe IM-Z anhand einer jährlich aktualisierten IM-Z-Tabelle, erarbeitet und herausgegeben von der psychologischen Universität St. Gallen.

IM-Z-Wertetabelle aus dem Jahr 2008	
IM-Z-Wert	**Entsprechung**
1–2,5 IM-Z	Wie man das Mitsingen von Liedern empfindet und wie es wirklich klingt
2,5–4 IM-Z	Das Negieren eines möglichen Fortlebens nach dem Tode, gekoppelt an ein Sträuben gegen einen Organspendeausweis
4–6 IM-Z	Der Zusammenhang zwischen Rauchen und Lungenkrebs
7–9 IM-Z	Die Einschätzung, ob man die süße Kollegin verführen soll und ob die Frau es bemerkt
10–12 IM-Z	Der Zusammenhang zwischen der Anwesenheit von deutschen Soldaten in Afghanistan und dem Frieden in der Region

SETI

[Suchtruppe für extraterrestrische Intelligenz]

Über dreißig Jahre nach Beginn der Suche nach extraterrestrischem Leben durch die SETI (Search for Extraterrestrial Intelligence) und durch die NASA mittels Radioteleskopen und der Raumsonden Voyager 1 und 2 konnten die Wissenschaftler die Existenz außerirdischer Lebensformen bestätigen. »Wir hätten uns die ganze Technik sparen können. Die Außerirdischen stehen seit Jahren bei uns auf den Autobahnbrücken und versuchen durch Winken auf sich aufmerksam zu machen«, so der Physiker und SETI-Mitbegründer Bruce Herning.

Seuben

Seuben ist eine absolute Zahl. In der Zahlenfolge befindet sie sich nach der Sechs und vor der Sieben. Seuben wurde am 3. Januar 2009 im Zuge archäologischer Ausgrabungen in einer Lavahöhle bei Dhaka in Bangladesch entdeckt. Warum die Seuben bei der

Einführung und Entwicklung der Mathematik in Vergessenheit geraten war, lässt sich nicht mit Bestimmtheit sagen. Wissenschaftler vermuten, dass ein hellenistischer Mathematiker die Zahl in der Höhle vergessen hat. Expertenteams weltweit sind mit der Aufgabe beschäftigt, Seuben in die bestehende Zahlenwelt zu integrieren. Dr. sc. math. hab. Richard R. Carroll aus Cambridge äußerte sich dazu: »The difficulty to integrate seuben in the line of numbers is, not to reduce our empiric principles of mathematics to absurdity.« (Die Schwierigkeit besteht darin, die Seuben einzugliedern, ohne die empirischen Grundsätze der Mathematik ad absurdum zu führen.)
Auch die Mathematische Physik steht vor »schier unüberwindlichen Aufgaben«, so der Sprecher der Universität Heidelberg, und sieht »die Ordnung der Kausalität bedroht«. Denn «das nachträgliche Implizieren des Faktors Seuben in die Kausalitätskette stellt jedwede Quantität in Frage«. Vor praktischen Problemen steht die Branche der Rechenhilfehersteller, insbesondere der Taschenrechner und der Computer: Durch die Entdeckung der Seuben wurden alle Geräte wertlos.

Shellumis

Korrekte Bezeichnung für Autofahrer, die durch eine Tankstelle hetzen, um sich eine Ampel zu sparen.

Siebzehnjähriger Streik

Der siebzehnjährige Streik begann spontan am 15. Mai 1993, als die 41-jährige Postangestellte Inge Böslein während einer Kaffeepause in der Kantine der Postverteilungsstelle München-Haidhausen in

Streik trat. Der ebenfalls mit der Getränkeaufnahme beschäftigte Kollege Sven Weincik erklärte sich solidarisch und legte mit sofortiger Wirkung die Arbeit nieder. Beide forderten eine 28-Stunden-Woche und eine Gehaltserhöhung von 2,3 % für jeden Angestellten der Deutschen Bundespost. Innerhalb weniger Wochen weitete sich die kollektive Arbeitsniederlegung bundesweit auf alle öffentlichen Geschäftsräume der Post aus. Die Folge waren Verzögerungen und Warteschlangen vor den Filialen. Die Deutsche Bundespost, später die Deutsche Post AG, reagierte mit Bemühungen, die bestreikten Betriebe aufrechtzuerhalten, und sah von einer Stilllegung der Geschäftsstellen ab. Die mit dem Generalstreik andauernden Unannehmlichkeiten auf Kundenseite führten nicht zu einer Gewöhnung, sondern stoßen auch nach rund zwei Jahrzehnten auf Unverständnis und Ablehnung. Der Vorstandsvorsitzende Frank Abel: »Viele unserer Kunden wissen gar nicht mehr, dass wir seit siebzehn Jahren bestreikt werden. Die denken, unsere Mitarbeiter seien nur unhöflich und schlecht organisiert.«

SIESAL

Der Tag im Leben, an dem man das erste Mal gesiezt wurde.

SKÅSI

Skåsi ist eine skandinavische Sprache und offizielle Amtssprache in Skåsiland. Es ist außerdem die einzige der germanischen Sprachen, in der sich kein Wort reimt, außer snoerke (Giraffe) und poerke (Weißkohl). Der einzige Poet des Landes, Hål

Smålkö, kritisierte diesen Umstand offen: »Dås ist schon blöd«, sagte er während eines Vortrags über die skåsische Sprache 1994 im Goethe-Institut in Bonn. Sein Gedichtband »Fnö Snoerke pråtz poerke« (›Die Giraffe isst einen Weißkohl‹, Aufbau Verlag, ISBN 3302455514) gilt als Standardwerk der skåsischen Poesie.

Skatterakt-Flatulenzen

Skatterakt-Flatulenzen sind Körperwinde, die sich stotternd, ähnlich einem anfahrenden Moped, den Weg ins Freie bahnen. Sie sind benannt nach ihrem Entdecker Georg Luis Skatterakt (1897–1931).

Smäs

Das enttäuschende Gefühl, wenn man glaubt, man habe eine persönliche SMS erhalten, tatsächlich ist es jedoch nur die Begrüßung des Netzbetreibers.

S.N.D.

[Schlüssel-Notdienst]

Der S.N.D. ist eine Terrororganisation. Die autonomen Zellen der terroristischen Vereinigung sind unter dem Namen S.N.D. (Schlüssel-Notdienst) zusammengefasst. Ihnen ist gemein, dass sie nicht auf offene Gewalt setzen, sondern die Bevölkerung destabilisieren, indem sie versuchen, diese finanziell ausbluten zu lassen. Ihr erklärtes Kampfziel ist die Schwächung des Systems durch das Herbeiführen einer finanziellen Masseninsolvenz. Laut Bundesnachrichtendienst stellt der S.N.D. durch seine dezentrale Organisierung und sein dichtes Netz an Tochterzellen bundesweit eine große Gefahr dar.

24h Schlüsselhexe

R E C H N U N G

Menge	Beschreibung	Einzelpreis	Gesamt
1	Anfahrt aus Duisburg (63 Kilometer)	75,60 €	75,60 €
1	Öffnen der Tür pro angefangene Stunde (30 Sekunden)	50 €	50 €
1	Materialkosten (3 Tropfen Öl, Plastikkarte)	15 €	15 €
1	Rückweg von Köln nach Duisburg (63 Kilometer)	75,60 €	75,60 €
		Zwischensumme	216,20 €
		Wochenendzuschlag	100 %
		Mittagsruhepauschale	25 %
		Steuer 19%	102,70 €
		Fälliger Saldo	643,20 €

Zentrale: 50667 Köln, Velburgerstraße 38, Deutschland
Telefon: 0190 59968773
E-Website: www.schlüsselhexe24.com

SNOODY, PRINCIP P.

(* Köln-Deutz, 20. Oktober 1971, als Peter Stöfel)

Princip P. Snoody während der Fashion Week 2010 in New York

Princip P. Snoody ist ein deutscher Trendscout. Während seiner Ausbildung auf der Coolhunter School (Old's cool) gab er sich seinen eigenwilligen und unverwechselbaren Künstlernamen. Seine Analysen bezüglich kommender Märkte und Trends waren von mäßigem Erfolg gekrönt. Vorhersagen, die er im Auftrag großer Unternehmen erstellte, trugen oft maßgeblich zu deren Konkurs bei. Auszüge berühmter Analysen der Trendforschung von Princip P. Snoody:

1) Internet:

»Das Internet hat keine Zukunft. Der Trend geht zur Rückbesinnung auf personelle Kommunikationsmedien. Boten zum Beispiel.«

2) Bionade:

»Das Dämlichste, was mir je zur Bewertung vorgelegt wurde. Wer zahlt schon den Preis von einem Bier für verwässerte Holunderbrühe.«

3) Auto:
»Das Auto wird bis zum Jahr 2010 gänzlich verschwunden sein.«
4) Familie:
»Das Konzept der Großfamilie wird wieder die vorherrschende Norm im Gesellschaftssystem sein.«

SNOT-GEN
[engl. snot, *Rotz*]

Das Snot-Gen kodiert Proteine, die den Organismus veranlassen, nach der Verunreinigung eines Papier- oder Stofftaschentuchs selbiges zu öffnen, um mögliches hervorgebrachtes Nasensekret zu untersuchen. Das Snot-Gen gehört zu den eukaryotischen Genen. Das Gen ist 14,7 kB groß und liegt auf dem Chromosom 15p25. Es besteht aus einem Snot und zwei Exons. Im Gegensatz zu anderen eukaryotischen Genen ist der transkribierende Teil des Gens nicht das Exon, sondern das namensgebende Snot. Nach jetzigem Forschungsstand leiden ausschließlich Männer an der Genmutation. Welchen anthropologischen Nutzen das Betrachten eines benutzten Taschentuchs hat, liegt noch im Dunkeln und ist Gegenstand der Forschungen einiger → Intelligence-Butter-Scientists.

SOCKENWURM
[Lana stringulae]

Klasse:	Lurche
Ordnung:	Loch-Lurche
Art:	Strumpf-Amphibien
Unterart:	Bekleidungskäuer
Überklasse:	Falke-Hybriden

Sockenwurm

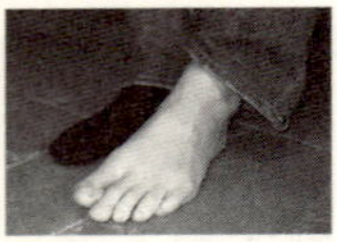

Diese Socke wurde vollständig von Sockenwürmern gefressen

Der Sockenwurm gehört zur Ordnung der Loch-Lurche. Er hat sich als Kulturfolger im Laufe seiner Evolution an den Lebensraum des Menschen perfekt angepasst. Wie alle Amphibien braucht der Sockenwurm ein tropisches, zumindest aber feuchtes Klima. Seine bevorzugten Habitate sind Waschkeller, Waschmaschinen, Hinterhöfe und Reinigungen. Sockenwürmer sind in ganz Europa verbreitet. Nach dem Schlüpfen und bis zur folgenden Laichzeit leben die Jungtiere in Sockenwurmschulen. Durch ihre ausgezeichnete Tarnung ist es dem Menschen so gut wie unmöglich, den Sockenwurm in der freien Wildbahn zu sehen. Sockenwurmbestände sind jedoch leicht an ihren Fress-Spuren zu bestimmen. Während junge Sockenwürmchen und kleinere Weibchen ihre Beute ausschließlich partiell – im Zehenbereich und an den Fersen – befallen, verschlingen ausgewachsene Sockenbullen mit Leichtigkeit einen ganzen Strumpf. Sockenwürmer achten besonders auf eine ausgewogene Ernährung, weshalb sie in der Regel keine identischen Exemplare angreifen, sondern meist nur eine Socke eines Paares. Die Folgen für den Menschen sind alarmierende Zahlen im Sockenanschaffungsbereich. Für den Sockenwurm stellen Nylonstrumpfhosen, die dem Prinzip der Schleppnetze entsprechen, lebensgefährliche Fallen dar. Der hohe Verlust an Nylonstrümpfen durch Laufmaschenentwicklung infolge in Panik geratener Tiere schließt diese Methode der Bekämpfung aus. Auch der vielfache Versuch, Sockenwürmer durch starke olfaktorische Reize zu vertreiben, führt nicht zum Erfolg. Bis heute ist keine wirksame Maßnahme gegen Sockenwurmbefall bekannt.

SOLUS

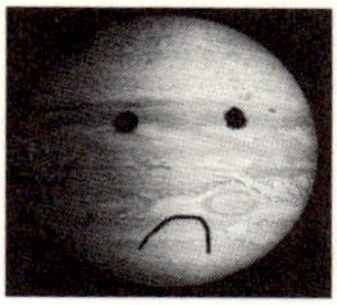

Der Solus, nicht maßstabsgetreu

Solus ist der einzige Planet des Sonnensystems, der in keinem Sternbild mitmachen darf. Er ist mit einem Äquatordurchmesser von vier Kilometer einer der kleinsten Sterne unseres Sonnensystems, seine Entfernung zur Sonne beträgt etwa 950 Millionen Kilometer. Er läuft parallel zum Asteroidengürtel um die Sonne. Solus wurde am 11. Januar 1610 erstmals von Galileo Galilei entdeckt und nach seiner solitären Position benannt. Solus, im Volksmund auch ›Der einsame Planet‹ genannt, ist der einzige bekannte Himmelskörper, der in keines der bekannten Sternbilder eingegliedert ist. Weder in den babylonischen noch in den altägyptischen Tierkreiszeichen findet Solus Verwendung. Auch in den chinesischen und altindischen Sternenkarten und der Astronomie der Mayas erscheint der Solus nur am Rande als Einzelplanet und wird keiner Gruppe zugeordnet. Selbst im antiken Griechenland, das bei seiner Auswahl der verfügbaren Sterne für neue Sternbilder wahllos vorging, fand der Planet keinen Eingang. In den heute von der IAU (Internationalen Astronomischen Union) anerkannten 88 Sternbildern wird der Solus ebenfalls nicht erwähnt. Die von der Radioteleskop-Station in Minsk im Jahr 2003 empfangene und entschlüsselte radarastronomische Botschaft »Ich würde doch prima in den Großen Bären passen« wird dem Solus zugeordnet.

SONITILLEN

Sonitillen sind akustische Wahrnehmungen, die sich für den Menschen an der Hörschwelle befinden. Die Hörschwelle liegt im niedrigsten Frequenzbereich bei etwa 20 Hz, die Obergrenze liegt bei etwa 20 kHz. Sonitillen bewegen sich an diesen Grenzen und weisen einen Schalldruckpegel von ca. 60 p auf.

Zu Sonitillen gehören:
1) die Geräusche, die Heizungen machen,
2) das Geräusch, das entsteht, wenn man ein leeres Sparschwein schüttelt,
3) das Geräusch, wenn man von der Karriereleiter fällt,
4) die Geräusche, die → Odiventi machen,
5) das Geräusch, wenn man ein Tier streichelt,
6) das Geräusch, wenn einer versucht, kein Geräusch zu machen,
7) das Geräusch, wenn ein Teller Suppe dampft,
8) das Geräusch von Funkeln.

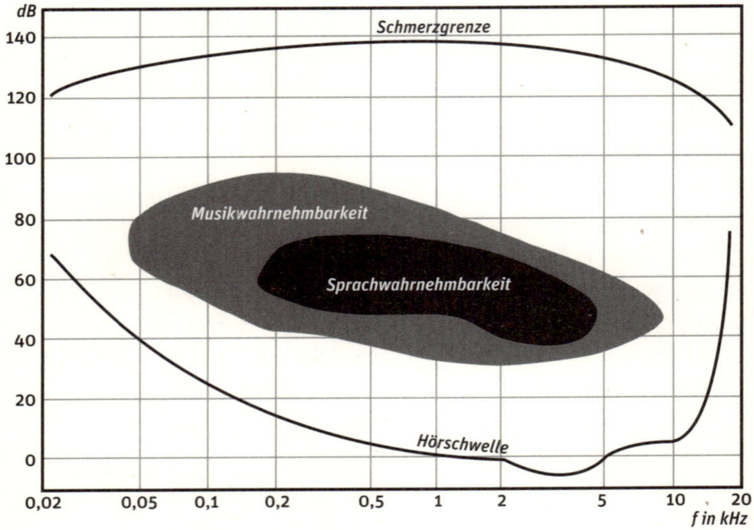

Soporate-Kapital

[lat. soporatus, *eingeschlafen*]

Als Soporate-Kapital wird in der Wirtschaftswissenschaft die Summe des Kapitalvolumens bezeichnet, das sich unentdeckt in Jacken- und Hosentaschen befindet oder von Senioren so gut in ihrem Haushalt versteckt wird, dass es nie wieder gefunden wird. Zum Soporate-Kapital wurden auch das Kapitalvolumen gerechnet, das in Kinder-Sparschweinen steckt, sowie die Vorräte ausländischer Währungen, die aus Urlaubsreisen mit nach Hause gebracht wurden und die nie wieder ausgegeben werden. Es gibt die These, dass die volkswirtschaftlichen Probleme weltweit gelöst werden könnten, wenn dieses Geld wieder zurück in den aktiven Geldmarkt flösse.

Sost, Michael

(* Villach, 21. September 1952)

Michael Sost ist ein Drehbuchautor, Journalist und Schriftsteller. Er spezialisierte sich Anfang der 1970er Jahre auf das Verfassen von Dialogen für Erotikfilme. In Dramaturgenkreisen gelten seine Texte als minimalistische Meisterwerke. Die Dialoge der Filme ›Wenn der Schornsteinfeger viermal klingelt‹ und ›Holladi, der Rammelschorsch ist da‹ bedienen sich einer nur ihr eigenen Metaphorik und negieren den Unterschied zwischen Aussage und Wirklichkeit. Dabei ist es Michael Sost gelungen, den Spannungsbogen kompakt zu halten und dadurch einen einmaligen Effekt von Tension und Suspense zu erreichen. Häufiges Motiv ist der groteske Innenkampf zwischen Heldin und Widerspiel, der sich sehr schnell in einem versöhnlichen Liebes-

spiel auflöst. Ein berühmtes Beispiel ist die Anfangsszene von ›Wenn der Schornsteinfeger viermal klingelt‹:
Ein Mann klingelt an einer Tür, eine Frau öffnet.
Der Mann: »Guten Tag, ich bin der Schornsteiger.«
Sie: »Komm rein und fick mich.«
Das Lexikon der Filmkritik notierte: »Ein Meisterwerk der Minimalistik.«
Filmographie: 1972: Analdin und die wunde Schlampe, 1975: Wenn der Schornsteinfeger viermal klingelt, 1981: Holladi, der Rammelschorsch ist da, 1986: Die Reise zum G-Punkt der Elke, 1993: Anale Grande, 1998: in Zusammenarbeit mit dem Fernsehsender RTL3 die Fernsehspiele Dornmöschen und Fick und Fotzi, 2004: Kabale und Liebe – adult version, 2006: Im Bumsbomber nach → Vulgarien.

Souldaten

Menschen, die sich wegen ihres unterschiedlichen Musikgeschmacks hassen, manchmal sogar bekämpfen und töten.

Spartanische Keilschrift

Die spartanische Keilschrift ist eine der ältesten Schriftformen. Sie entstand etwa 1500 v. Chr. Die Schriftzeichen der spartanischen Keilschrift bestehen aus aneinandergereihten Bildern und Silben. Diese wurden zumeist in Ton gepresst. Die Entschlüsselung der Schrift gelang 1858 und legte damit den Grundstein zur Erforschung der spartanischen Lebensweise. Die erhaltenen Tontafeln mit spartanischer Keilschrift sind heute im Gutenberg-Museum in Mainz ausgestellt. Ihre Inschriften lauten:

1) Ich komm gleich wieder. 2) Bring Mammut mit. 3) Bittä frisch Scheuamittel kaufa. Gruß. Putze.

SPEZI-FISCHE

Beim Spezi-Fisch handelt es sich um einen Vertreter aus der Familie der Flatschenfische. Er ist wahrscheinlich eine Zuchtform des österreichischen Schwipp-Schwapps ›Carassius mixtuss pepsus‹, der ursprünglich in Ostasien (Limobecken) bis Sibirien beheimatet war. Durch natürliche Ausbreitung und Verschleppung durch den Menschen hat er sich bis nach Europa verbreitet und kommt heute nur noch in Gefangenschaft vor. Der Spezi-Fisch ist vom Aussterben bedroht und wird innerhalb der nächsten Jahre nur noch als Kompositum im Sprachgebrauch zu finden sein: Spezi-Fische-Kurse, Spezi-Fische-Therapien, Spezi-Fische-Merkmale etc.

SPITZOHRFLEDERMAUS

[Minopterus acutus]

Klasse:	Säugetiere
Unterklasse:	Von-der-Mauer-Segler
Überordnung:	Glattnasen
Unterordnung:	Fledermäuse
Art:	Spitzohrfledermaus

Spitzohrfledermaus: geschlechtsreifes Männchen

Die Spitzohrfledermaus ist mit einer Größe von 190 Zentimetern eine der größten bekannten Fledermausarten. Rückenfell und Bauchseite sind schwarz, die namensgebenden Ohren der Fledermaus sind spitz zulaufend und im Verhältnis zum Körper klein und von dreieckiger Form. Das Geschlecht von

Spitzohrfledermäusen ist erst durch genauere Betrachtung zu bestimmen.
Obwohl prinzipiell ein Fleischfresser, gehören auch frisches Obst und Gemüse in ihren Ernährungsplan. Sie sind anatomisch und physiologisch perfekt an ihren Lebensraum, die Luft, angepasst, am Boden verhält sich die Spitzohrfledermaus eher ungeschickt.

STAR-POST

›Star-Post‹ ist der Name der ersten Restaurantkette, die sich an dem Erfolg von Coffee-to-go-Läden orientierte und sich auf Beilagensalate-, Hochzeitssuppen- und Karpfen-to-go spezialisierte. Der erhoffte Erfolg blieb allerdings aus und aus ›Star-Post‹ wurde wieder ›Zur Post‹.

STAU, ERNST

(* Pforzheim, 9. August 1859; † ebenda, 13. Mai 1946)

Ernst Stau war ein Rentner aus dem Nordschwarzwald, der am 13. Januar 1928 in Pforzheim den Stau erfand.
Ernst Stau bewegte sich an diesem Tag mit seinem Ford Modell A vom katholischen Friedhof Pforzheim auf der Landstraße in nordwestlicher Richtung. Dies geschah mit einer Geschwindigkeit von circa 0,2 km/h. Der hinter ihm befindliche Opel vier PS sowie das Pferdegespann der Kohlenhandlung ›Koks & Co‹ und zwei Fahrradfahrer bildeten zusammen den ersten Verkehrsfluss im Stillstand. Seine Frau Gertrude Stau, die tags darauf scherzhaft ausrief: »Obacht, der Ernst fährt wieder mit dem Automobil!«, gab damit die erste bekannte Stauwarnung der Verkehrsgeschichte.

STEIN, HERBERT

(* Eppelborn, 12. August 1945)

Herbert Stein ist Professor für Soziologie und Philosophie an der Staatlichen Hochschule in Karlsruhe. Er gilt als internationale Koryphäe auf dem Gebiet der Kunstgeschichte der Post-Helmut-Kohl-Ära. Herbert Stein beschäftigt sich in seiner Forschung intensiv mit der komplexen Frage, warum so viele Leute Eulen und Schildkröten sammeln. »Ausschließen können wir eine ästhetisch begründete Motivation, der Kram ist ja potthässlich«, so Herbert Stein. Auch die Tatsache, dass sich auf den Eulen und Schildkröten vermehrt Hausstaub absetzt, hält Stein eher für einen Hinderungsgrund. Dass, dessen ungeachtet, allein in Deutschland geschätzte 800 Millionen Eulen und Schildkröten aufbewahrt werden, ist nunmehr seit sieben Jahren der Forschungsgegenstand von Herbert Stein. Studien, die sich mit den Sammlungen von Pinguinen, Elefanten und Bärchen beschäftigen, erkennt der Wissenschaftler nicht als seriös an. »Modischer Schnickschnack«, so Stein.

Herbert Steins Forschungsgegenstand: unseriöse Pinguinsammlung

Sterilome

Als Sterilome bezeichnet man Namen für männliche Tiere nach einer Kastration:

Tier	Sterilom
Pferd	Wallach
Hahn	Kapaun
Biber	Ballach
Frosch	Ochsenknecht
Kommissar	Wallander
Eule	Euluch
Hyäne	Hygiene
Koralle	Korinna
Pavian	Fabian

Stirling, George

(* Glasgow, 22. Januar 1968)

George Stirling wurde bekannt als der Mann, der sich das Copyright auf das Copyright-Symbol sicherte und alle verklagte, die es benützen. Dies betrifft unzählige Werke aus der Literatur, der Kunst, aus dem Bereich des Films, eingeschlossen den Kurzfilm und den Dokumentationsfilm, sowie sämtliche Tonträgerunternehmen und die Welthandelsorganisation WTO. Die Unternehmen Microsoft und Apple nahmen im Zuge der Klagewelle sämtliche Tastaturen ihrer Computer sowie das komplette Angebot von Laptops vom Markt. George Stirling meldete bereits markenrechtliche Ansprüche auf das Plus-Zeichen, das Euro-Zeichen und den Punkt an. Insbesondere im Satzzeichen Punkt sieht der Geschäftsmann ein »immenses ungenütztes Potenzial«. Möglichkeiten Komma das Copyright von Satzzeichen zu umgehen Komma werden geprüft Punkt

STOCKASTIK

Die Stockastik ist ein Teilgebiet der Mathematik, das sich mit der Lehre der Trivial-Wahrscheinlichkeit beschäftigt. Sie ist ein verhältnismäßig junger, aufgeweckter mathematischer Zweig, zu dem im weiteren Sinne auch die Kombinatorik, die moderne Quantenmechanik und die Statistik gehören. Der Begriff Stockastik stammt aus dem Griechischen und bedeutet so viel wie: »Kunst des Mutmaßens, welches der Mädchen sich zu einer dunkelblonden Frau mit Perlenohrringen und Halstüchern mit Pferdegeschirr drauf entwickeln wird.« Mit Hilfe der modernen Stockastik lassen sich unter anderem folgende Trivial-Wahrscheinlichkeiten berechnen:

1) Welche Schlange an der Kasse wird am langsamsten sein, und warum ist es immer meine?
2) Wie warm wird der Regen in meinem Urlaubsort thermal kohärent zu der Hitzewelle in meinem Wohnort?
3) Wie viel von meiner Arbeit wird nach dem Computerabsturz wieder herzustellen sein, und warum geht dieser Wert direkt proportional mit der Wichtigkeit der Arbeit gegen null?

STRATUSGRAVUS

[lat. sternere, *ausdehnen* und gravis, *schwer*]

Die Stratusgravus ist eine dunkle Schichtwolke, die während eines Aggregatwechsels in der Stratosphäre vereisen kann. Mit einem Gewicht von bis zu 400 Kilogramm stürzen die Ergebnisse solch einer Blitzvereisung zu Boden. Matt Owen, Begründer der → Nubologie, berichtet: »Bei einer Temperatur um den Gefrierpunkt und einem Druck unter ein Bar in der Sphäre kann es zu einer Resublimation kommen. Diese hat die Bildung von Eiskristallen zur Folge und zieht einen Wechsel von einem gasförmigen in einen festen Aggregatzustand nach sich – im Extremfall kann es zur Bildung einer Stratusgravus kommen, die dann abstürzt.«

Es sind in etwa hundert Fälle bekannt, bei denen Einschläge von Stratusgravus-Wolken zum Teil erheblichen Schaden anrichteten. Die erste dokumentierte Meldung eines solchen Einschlags erfolgte 1994, als der Landwirt Peter Hohlbein auf einem Haferfeld von einer Stratusgravus-Killomulus erschlagen wurde. Ein Jahr später stürzte eine Wolke auf eine Schafsherde bei Fulda. 2007 rammte eine Aeroflot-Maschine auf dem Weg nach Moskau eine Stratusgravus-Wolke. Beide stürzten ab.

Paläontologen vermuten, dass, abgesehen von einer Klimaveränderung sowie einer anhaltenden Verdunklung der Sonne, der Einschlag einer Stratusgravus vor 65 Millionen Jahren das Ende der Dinosaurier eingeleitet haben könnte. Neuzeitliche Fossilienfunde auf einem knapp 4000 Meter hohen Berg in der Nähe des Beardmore-Gletschers in der Antarktis stützen diese Theorie.

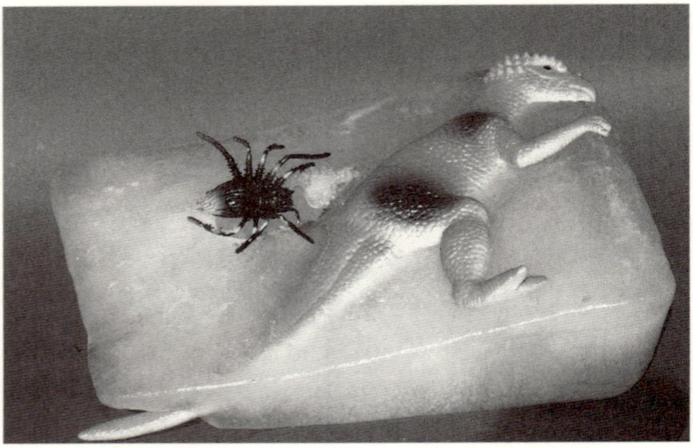

Stratusgravus-Impact im Beardmore-Gletscher

STRILLICH
[Psittaciformers]

Klasse:	Vögel
Familie:	Knallvögel
Größe:	Unbeschnitten bis zu 7 Meter
Vorkommen:	Südafrika, europäische Altbauwohnungen
Besonderheit:	Welkende Kopffedern

Frei lebender, männlicher Strillich, gut erkennbar am auffälligen Kopfschmuck

Der Strillich ist ein Vertreter der Familie der Knallvogelartigen. Die Männchen sind leicht zu erkennen an ihrem auffälligen und farbenprächtigen Kopfschmuck. Die Weibchen, im Hintergrund der Abbildung, tragen ein schlichtes, grünes Federkleid. Der Strillich war bis Ende der 1990er Jahre ausschließlich in seiner Heimat Südafrika bekannt. Nach ersten Importen gewann der Strillich in Europa schnell an Popularität, wobei er die weiße Calla-Blüte im Konsumenteninteresse ablöste. Die Zahl der heute in Gefangenschaft lebenden Strilliche schätzen Ornithologen auf 50 Millionen Exemplare. Der Bestand frei lebender Strilliche gilt als gefährdet. Ursache des rückläufigen Bestandes ist der florierende Handel mit ausgestopften Strillichen, die als dekorative Schnittblumen verkauft werden und ihr Ende als Solitär in meterhohen Vasen in Altbauwohnungen finden.

STRUNZL
›Strunzl‹ ist der veraltete Ausdruck für den Teil Haut, der bei Männern zwischen Sockenende und Hosenanfang zu sehen ist, wenn sie sich setzen und die Beine übereinanderschlagen. Die Bezeichnung entsprang dem viktorianischen Schamgefühl, das jedwedes Zeigen von nackter Haut anprangerte.

SUKOTRA

Sukotra ist eine überlieferte Suchtechnik, die nach dem Verlegen von Objekten angewandt wird. In mehr als 90% aller Fälle handelt es sich bei den Objekten um Schlüssel, einzeln oder im Bund. Die Sukotra-Technik zeichnet sich durch ein Suchen an stets wiederkehrenden Orten in immer gleicher Abfolge aus. Eine typische Suche mit Sukotra-Technik ist die Abfolge:

1) Hosentaschen vorne, 2) Hosentaschen hinten, 3) Handtasche/Rucksack und 4) Hosentaschen vorne …

Das Sukotra wird so lange wiederholt, bis das Objekt an einem der durchsuchten Orte (Hosentaschen vorne, Hosentaschen hinten, Handtasche/Rucksack) gefunden wird. Sukotra kann über mehrere Stunden, Tage oder Monate betrieben werden, wobei akuter Zeitmangel ein einmal begonnenes Sukotra in seiner Laufzeit begünstigt und epochales Ausmaß annehmen kann. Der Name Sukotra stammt von dem portugiesischen Entdecker Josué Sukotra, der im 16. Jahrhundert die Karibik auf der Suche nach Kuba durchkreuzte, bis er kurz vor seinem Tod feststellte, dass er die Karte um 180 Grad verdreht aufgehängt hatte.

SULF

[althochdt. zulf, *hinauf, hinan*]

Ein Sulf ist ein oberirdisches fließendes Gewässer auf dem Festland, das im Meer entspringt, in Richtung Quelle fließt und dort rüsselt. Der längste Sulf der Erde ist der Lin, mit einer Länge von 6670 km, dicht gefolgt vom Sanozama, der eine Strecke von 6387 km zurücklegt. Die 10 längsten Sulfe in Deutschland sind:

1) 2888 km Uanod,
2) 1320 km Niehr,
3) 1091 km Eble,
4) 866 km Redo,
5) 545 km Lesom,
6) 524 km Niam,
7) 517 km Nni,
8) 452 km Resew,
9) 413 km Elaas und 382 km Eerps.

Literaturwissenschaftler sehen in den Sulfen einen Beweis der Existenz der Zahl → Pu.

SWUBIWATZKA

[aus dem slawischen swubiwatz, *Heidewitzka*]

Swubiwatzka ist ein farbloser Branntwein aus → Vulgarien. Er zeichnet sich durch einen Alkoholgehalt von über 80 Volumenprozent aus. Swubiwatzka wird in privaten Brennereien traditionell aus mehligen Kartoffeln und faulen Eiern gebrannt, wobei sich nicht alle Haushalte an dieses Reinheitsgebot halten. Da Swubiwatzka einen Geschmack hat, den viele Konsumenten als abstoßend empfinden, wird er hauptsächlich als Souvenir verschenkt (die älteste kursierende Flasche Swubiwatzka ist über 150 Jahre alt). Der Branntwein ist schwer bekömmlich, erfreut sich aber großer Beliebtheit in Vulgarien, da er auch zum Entfernen von Lackflecken verwendet werden kann. Unbestätigt hingegen ist die Aussage, die sowjetischen R7-Raketen seien mit Swubiwatzka angetrieben worden.

Die Europäische Gesundheitsbehörde (EGB) stuft die Gefährlichkeit der Spirituose gemäß → DIEN-Ö-Normskala auf Stufe 6, als »definitiv gefährlich« ein. Dem Entscheid ging ein Unfall voraus, bei dem sich im vulgarischen Mutzenbach nach einem Volksfest einundachtzig Menschen nach Genuss des Branntweins von einer Brücke stürzten in der irrigen Annahme, sie seien der vulgarische Wappenvogel Punticki.

SYRAN

[اتسناغف]

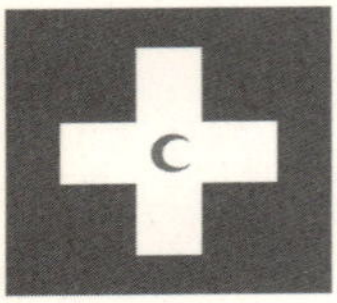

Flagge Syrans seit 2004

Syran ist ein Kleinstaat in Vorderasien. Eingegrenzt von Afghanistan im Norden, Pakistan im Osten und dem Iran im Westen sah sich der Syran zwischen Länder mit äußerst geringer internationaler Reputation situiert. Um die eigene Souveränität zu verdeutlichen und sich außenpolitisch von den Nachbarländern abzugrenzen, beschloss der Syran im Januar 2004 als erstes Land der Welt, seinen Namen zu ändern. Man erhoffte sich so, auch ausländischen Investoren ein Gefühl der Sicherheit und Stabilität zu vermitteln. Seit dem 20. Januar 2004 heißt der Syran offiziell ›Schweiz‹.

T

Tastosteron

Hormon, das ausgeschüttet wird, wenn man beim tastengesteuerten Auswahlmenü einer Telefonhotline fast am Ziel angekommen scheint und dann doch die falsche Taste drückt.

Taxische Unschärferelation

Bildungsphänomen: Es beschreibt die erstaunliche Tatsache, dass Taxifahrer entweder überhaupt kein Deutsch können (»Wo du wolle?«) oder aber Germanistik studiert haben.

Telegymnese

[griech. τηλε, tēle-, *fern* und griech. γυμνάζω, gymnázein, *turnen*]

Die Telegymnese ist die Fähigkeit, durch Verrenkungen des eigenen Körpers Einfluss auf die Richtung, den Bewegungslauf oder die Flugbahn von unbelebten Gegenständen zu nehmen. Häufig zu beobachten sind telegymnetische Aktionen auf Bowling- und Kegelbahnen, wobei ein wissenschaftlicher Beweis bisher nicht erbracht wurde. Eine randomisierte Doppelblindstudie mit einer Bowling-Kontrollgruppe, die nach dem Loslassen der Bowlingkugel keinerlei Bewegungen ausführte, erbrachte nicht das erhoffte Resultat. Die Wissenschaft stellt Telegymnese trotz seiner großen Popularität in die Reihe der Pseudowissenschaften. »Weder das verbreitete beidarmige Rudern noch das Lehnen des Gesamtkörpers in die gewünschte Richtung verursacht bei der Bowlingkugel einen nachweisbaren Effekt«, so der Leiter des Wissenschaftlichen Zentrums in Bern (WZiB), Prof. Rudolf Blof.

TEMPORATOR V.2.08.

Der Temporator V.2.08. ist die erste vollentwickelte und funktionsfähige Zeitmaschine der Welt. Sie wurde von einem Team schwäbischer Ingenieure entwickelt, basierend auf Aufzeichnungen von Matthias Wiesinger, Begründer und kreativer Kopf des → Duo Dinamico. Bislang kann man mit dem Gerät ausschließlich in die Gegenwart reisen. »Reisen in die Vergangenheit und die Zukunft sind erst in einer zukünftigen Version in Planung, da wir derzeit noch große technische und physikalische Probleme haben«, erklärte der Pressesprecher des Teams.
Doch bereits Reisen in die Gegenwart haben einen großen Reiz. Mit der Zeitmaschine können die Zeitreisenden in 60 Minuten pro Stunde in Richtung

Der Temporator V.2.08. während seiner Präsentation am 14. Mai 2009 im Zentrum für innovative Forschung, Augsburg

Abend reisen. Außenstehende können die Passagiere in der Zeitmaschine beim Altern beobachten. Das Tempo ist konstant und entspricht rund 365 Tagen im Jahr. »Der Takt ist nicht zufällig, sondern wird vorgegeben von der Tatsache, dass die Erde sich innerhalb von 24 Stunden um sich selbst und einmal im Jahr um die Erde dreht«, erklärte der Sprecher. Dem Team lagen bereits kurz nach der Bekanntmachung Anfragen von Unternehmen vor, die sich für eine Vermarktung des Temporators V.2.08. interessierten.

TEMPTISMUS

[temporaler Autismus]

Der auch als temporaler Autismus bekannte Temptismus ist eine Persönlichkeitsstörung, bei der es zu plötzlich auftauchenden, ausgeprägten autistischen Schüben kommt. Zu dessen Kennzeichen zählt eine tiefgreifende Wahrnehmungsstörung, die sich durch Schwächen in der sozialen Interaktion und der Kommunikation auszeichnet. Der Temptismus tritt häufig bei Berufsgruppen aus dem Dienstleistungssektor auf, wie in etwa bei Kellnern und Bedienungen. Ausgelöst werden kann ein Schub durch Bemerkungen wie 1) »Können wir bestellen« oder 2) »Wir würden gerne zahlen«. In seltenen Fällen reicht der Versuch einer Aufnahme von Blickkontakt aus, Temptismus auszulösen. Die Erkrankten können diese Informationen aufgrund einer psychischen Blockade nicht verarbeiten und gehen wie scheinbar taub und ferngesteuert vorüber oder bedienen sich eines → Demand rotador.

Temptismus kann bereits in einem frühkindlichen Stadium auftauchen und durch die Sätze 1) »Räum dein Zimmer auf« oder 2) »Hast du deine Hausaufgaben schon gemacht« ausgelöst werden. Temptismus wird zu den → Modernen Psychologischen Störungen gezählt.

TENGELMANN, LEON
(* Mülheim an der Ruhr, 16. Februar 1987)

Leon Tengelmann ist der Sohn des Fabrikanten Erwin Tengelmann. 1996 wurde der damals Neunjährige vom Schulhof seiner damaligen Schule entführt. Der Fall erregte internationales Aufsehen, da Leon Tengelmann nach 12 Stunden ohne Lösegeldzahlung wieder vor der Villa der Familie abgesetzt wurde. In einem Begleitschreiben erklärten die Entführer, der junge Tengelmann habe den ganzen Tag laut gebrüllt, weil es keinen Fernseher in dem Versteck gegeben habe, außerdem habe er jegliche Nahrungsaufnahme verweigert, weil die Entführer nur irgendeine Nussnougatcreme bereitgestellt hatten und kein Nutella.

Bei einem zweiten Entführungsversuch im Jahr 1999 stellten sich die Entführer selbst nach 24 Stunden der Polizei. Beim dritten und letzten Kidnapping drei Jahre später machte der Unternehmer Erwin Tengelmann in einer Presseerklärung deutlich, dass er keinen Cent Lösegeld für seinen Sohn bezahlen würde und die Entführer den Jungen behalten könnten. Diese gaben drei Tage später auf und wurden in eine Nervenklinik eingewiesen.

Durch die Entführungsfälle Tengelmann wurde erstmals das Oslo-Syndrom bekannt, ein psychologisches Phänomen, bei dem die Täter so starke Antipathien gegen ihr Opfer aufbauen, dass sie dieses ohne weitere Forderung zurückgeben.

TEPIVENT

[lat. tepidus, *lau*, ventus, *Wind*]

Tepivent ist ein weitverbreitetes Desinfektionsmittel. Es wird hauptsächlich in Privathaushalten verwendet. In Kliniken und Krankenhäuser hat Tepivent keinen Eingang gefunden. Der Verbraucher schätzt die geringen Nebenwirkungen im Vergleich zu anderen Desinfektionsmitteln. Anwendung: Tepivent wird in der Regel bei Gegenständen angewendet, die durch Fallen kurz den Boden berühren und danach oral aufgenommen werden, wobei es sich in über achtzig Prozent der Fälle um sogenannte Bonbons handelt. Um diese zu desinfizieren, werden sie von allen Seiten kurz angeblasen und anschließend konsumiert. Trotz seiner geringen Umweltbelastung gegenüber herkömmlichen Oxidationsmitteln wie Chlor, Ozon und Wasserstoffperoxid und trotz seiner dermatologischen Verträglichkeit wird Tepivent nicht zum Desinfizieren von Oberflächen, Instrumenten oder der Haut eingesetzt.

TERRIMAREN

›Terrimaren‹ ist die fachlich korrekte Bezeichnung für das Verteidigen und Abgrenzen des persönlichen Territoriums durch einen Mann. Das Revier wird dazu durch getragene Kleidung markiert. Der terrimarende Mann verteidigt dadurch sein Territorium gegen mögliche Rivalen. Die Größe des Territoriums spielt eine untergeordnete Rolle, ein terrimarender Mann kann ein bis zu 250 Quadratmeter großes Revier mit getragener Wäsche markieren und trainiert dabei auch gleichzeitig den → Geduldsfaden einer potenziellen Partnerin. Alten Socken kommt dabei ein gesonderter Stellenwert zu. Verhaltensforscher entdeckten etwa das explizit terrimarende Verhalten, Socken einzeln über die Stuhllehne zu legen.

Terrimaren: markiertes Sofa

THE SCHMIEGOLS

Petra Best, Backgroundsängerin der ›Schmiegols‹

›The Schmiegols‹ war eine englische Musikgruppe aus Pentling. Die Gruppe gilt mit 86 verkauften Tonträgern als die erfolgreichste, aber auch einzige Band Pentlings. Ihre aktive Zeit waren die 1960er Jahre, 1970 trennte sich die Band. ›The Schmiegols‹ entwickelten sich aus den Vorläufergruppen ›The Schmies‹ (1957) und ›The Gols‹ (1959).
Ihre Karriere begann im März 1962 mit der Veröffentlichung ihrer ersten Single ›Love me do‹ und dauerte bis zum 10. April 1962, als ein Gericht die Band offiziell verurteilte, Songs der Rockband ›The Beatles‹ zu kopieren. Eine Berufung des Urteils durch die Schmiegols blieb erfolglos trotz der Beteuerungen aller Bandmitglieder, nicht zu wissen, »... wer diese Scheiß-›Beatles‹ überhaupt sein sollen«. Die vier Mitglieder der Gruppe, wegen ihrer Neigung zu be-

wusstseinsverändernden Drogen in den Anfangsjahren scherzhaft als ›Pilzköpfe‹ bezeichnet, sind heute zerstritten und leben extrem zurückgezogen, die ›Schmies‹ in Pentling, die ›Gols‹ in Deuerling.

TIERPARK WELMERSDORF

Der Tierpark Welmersdorf ist ein 580 Hektar großer Landschaftszoo. Es ist der weltweit einzige Zoo, der ohne Zäune und Gehege auskommt. Der Zoo basiert ausschließlich auf freiwilliger Anwesenheit der Tiere. Der Tierpark legt großen Wert darauf, die Tiere in keinem Moment zu einer Kooperation zu zwingen. »Viele Leute bemerken gar nicht, dass hier ein Zoo ist«, so Zoodirektor Hagen Reitlein-Marrenberger. »Unsere Tiere werden zu nichts gezwungen und nicht eingesperrt. Nur auf diese Weise können wir das unverfälschte Verhalten der Tiere beobachten und von ihnen lernen.«
Die vergleichsweise bescheidene Artenvielfalt des Zoos sieht Reitlein-Marrenberger nicht negativ: »Gut, ein etwas größeres Tier wäre vermutlich ein Publikumsmagnet, aber unsere Tiere laufen wenigstens nicht vor einem Gitter auf und ab.« Die do-

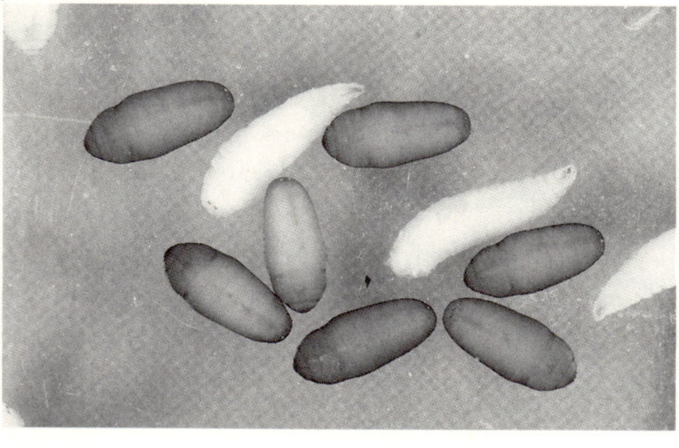

Züchtungserfolg in Welmersdorf: junge Schmeißfliegen

minierenden Tierarten des Tierparks sind Ameisen, Tauben, Mäuse, Kellerasseln, Spatzen und Mücken.

TIMIDISMUS
[lat. timidus, *ängstlich*]

Der Timidismus bezeichnet ein relativ kurzes Zeitalter um 1720, anzusiedeln zwischen den letzten Zügen des Barock und den Anfängen der Aufklärung. Der Timidismus ging aus von einer verunsicherten Bevölkerung, die aus dem einfachen Verständnis des Barock, der Gegensätzlichkeit, hin zu einem aufgeklärten Gesellschaftsbild große Furcht verspürte. Die daraus erwachsende kunstgeschichtliche Epoche, der Timidismus, drückte sich in allen Bereichen gesellschaftlichen Lebens aus: In der Musik herrschten leise Piepstöne vor, die Maler verhängten in den Ausstellungen ihre Bilder, und bei Lesungen hielt sich das literarische Publikum die Hände vors Gesicht. Gesenkte Blicke und abgekaute Fingernägel waren en vogue, und wer es sich leisten konnte, stotterte ein bisschen. Eine berühmte Persönlichkeit ihrer Zeit war Madame Rougé, die aus dem Stegreif rot werden konnte.
Während des Timidismus entwickelten sich → Mulme zu einem gefragten Gut.

TOD, GOTTFRIED ARNE
(* Oldesloh, Datum unbekannt)

Gottfried Arne Tod, umgangssprachlich auch schlicht Tod genannt, ist ein globaler Experte aus der Mortalitäts-Branche. Der auch als ›Hein Klapperbein‹ bekannte Tod zählt zum Who's who des Letalitätsgeschäfts. Gewissheit besteht über verschiedene

Sichtungen von Tod in Venedig. Das Gerücht, Tod bestehe nur aus einem Knochengerüst, das eine bäuerliche Sense mit sich führe, gilt heute als unwahrscheinlich. »Allein die Annahme, ein Skelett könnte laufen und ein Werkzeug bedienen, halte ich für physionomisch unmöglich«, urteilt der Thanatologe Universitätsprofessor Dr. Ferdinand Wiener M. A. Nach Berichten von Zeugen, die nach eigener Aussage dem Tod schon einmal ins Auge geblickt haben sollen, sind dessen Augen graugrün und etwas wässrig. Auch wird von einer Vorliebe des Todes für Kleidung in gedeckten Farben berichtet, nur eine Nahtodzeugin beschrieb den Tod »in einen türkisfarbenen Blazer gehüllt mit einem mauve-lilafarbenen Schal«. Thanatologen weltweit zweifeln jedoch an der Aussage der drogenabhängigen Frau.

TÖDLICHE BELEIDIGUNG

Die tödliche Beleidigung war ein Rüstungsprojekt der Entente während des Ersten Weltkriegs. Geplant war eine Beleidigung deutscher und österreichisch-ungarischer Heerführer mit so demütigender Wirkung, dass der Beschimpfte durch den Schock einen Herzstillstand erleidet. Länderübergreifend forschten Wissenschaftler in Zusammenarbeit mit Psychologen in Militärlabors am ›finalen Affront‹, wie es das Militär damals beschönigend bezeichnete. Die Mehrheit der Labors verteilte ihre Forschungen auf verschiedene Abteilungen, die jeweils an einzelnen Buchstaben arbeiteten, um die Gefahr der Beleidigung gering zu halten. Nötig wurden derartige Vorsichtsmaßnahmen nach dem tödlichen Unfall eines Spezialisten, der sich mit der hundertfachen Potenzierung des Wortes »Arschloch«

beschäftigte. Das Projekt wurde durch das Kriegsende 1918 beendet. Es wird vermutet, dass der Grund hierfür auch in der problematischen Aufgabe liegt, die Beleidigung auszubringen, da schon ein geringer Kontakt zu einzelnen Wörtern schwere Depressionen nach sich zieht. Das Prinzip der tödlichen Beleidigung wurde von Monty Python entdeckt und ist heute in der Tresorkammer des → MoMB (Museum of Modern Bashing) aufbewahrt und für die Öffentlichkeit nicht zugänglich.

Tore Gex

Tore Gex ist ein → Disorder Textile und zählt somit zu den dämlichen Textilien. Das Material besteht aus Polytufothen und fördert starkes Schwitzen auch bei leichter körperlicher Tätigkeit. Die Verdunstung des Schweißes wird von einer diffusionsresistenten Schicht verhindert. Dank der semipermeablen Membran der Textilie kann jedoch gleichzeitig Regenwasser von außen eindringen.

Tosigei

[jap. トゥース 技芸, von toūsu, *Zahn* und gi·gei, *Kunst*]

Tosigei ist die überlieferte japanische Kunst des Umgangs mit der Zahnseide. Beim Tosigei geht es nicht primär um die Reinigung von Zahnzwischenräumen, sondern um den Bewegungsablauf aufeinanderfolgender, meist fließender Bewegungen mit dem Ziel eines Ausgleichs der Schwingungen zwischen Körper und Seele. Nach der Lehre des Tosigei sorgt die Aktivierung der Meridiane zwischen den vorderen Schneidezähnen für Kraft, Schönheit, Vitalität und für ein mohnloses Lächeln. Tosigei verbreitete sich im 16. Jahrhundert über Ägypten

und Spanien bis nach Europa. In Japan finden in regelmäßigen Abständen regionale und überregionale Tosigei-Wettbewerbe statt.
Die Jury sitzt für die Bewertung hinter Badezimmerspiegeln mit einseitig verspiegeltem Glas und hat so eine optimale Einsicht auf den Dentalbereich des Teilnehmers. Die wichtigsten Bewertungskriterien sind: 1) Eleganz, 2) Grazie, 3) Weisheit, 4) Noblesse, 5) Parodontose-Prophylaxe. Als erste und einzige westliche Teilnehmerin gelangte Manuela Stramm zu Bekanntheit, sie wurde jedoch aufgrund eines schwerwiegenden Regelverstoßes disqualifiziert.
Es existieren drei verschiedene Standard-Figuren in der Kunst des Tosigei:

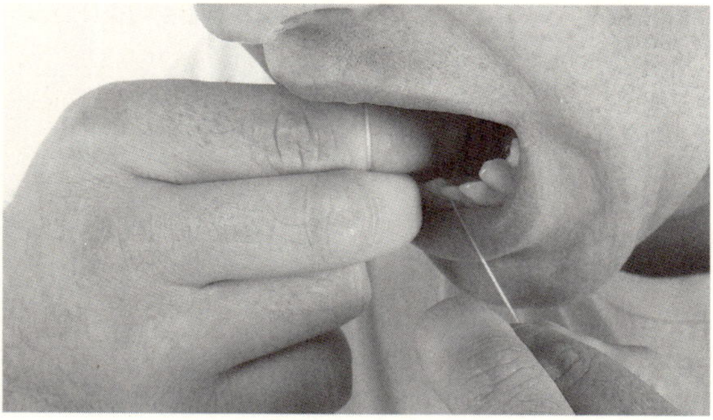

Tosigei: Monofinger

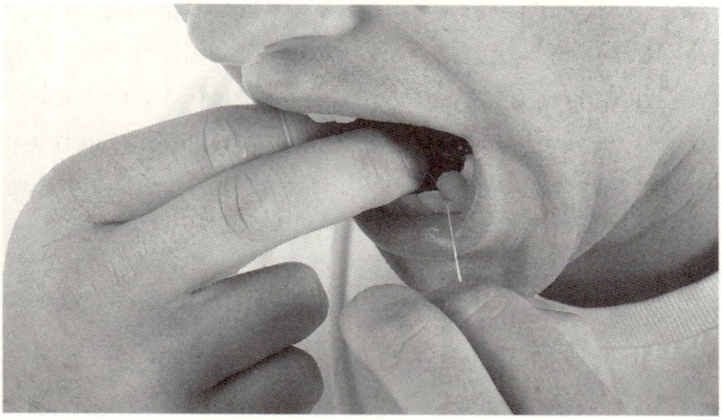

Tosigei: Paso doble

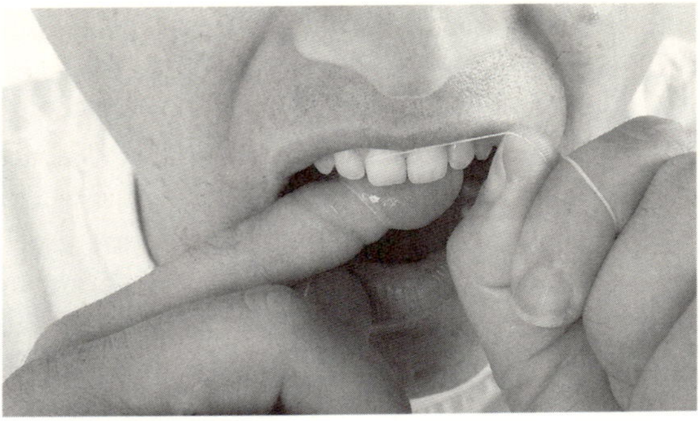

Tosigei: auswärts gerichteter Pop

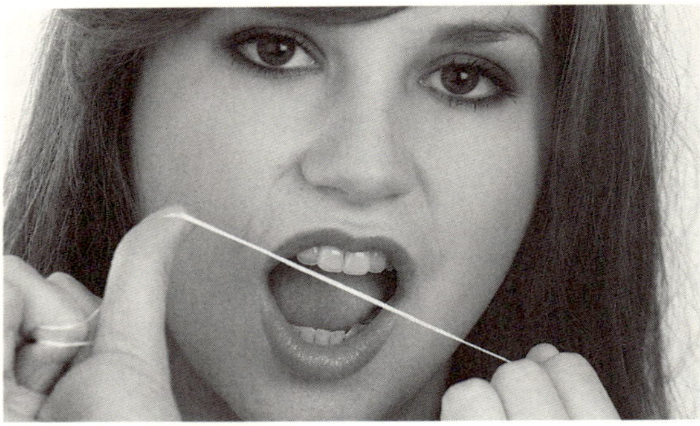

Tosigei: Manuela Stramm vor der Disqualifikation

TRANSVESTÜR

[lat. trans, *hinüber*, vestire, *kleiden* und griech. θύρα, thýra, *Tür*]

Transvestür in einer katalanischen Bar

Transvestür ist die korrekte Bezeichnung für Toilettentüren in Gaststätten, die sich keinem Geschlecht eindeutig zuordnen lassen. Die Entstehung der Transvestüren geht mit großer Wahrscheinlichkeit auf den Maler Bugsi → Collins zurück.

TRAVOLTA

Stromschläge, die Personen erhalten, sobald sie sich auf dem Kunststofffußboden elektrostatisch aufgeladen und irgendetwas angefasst haben.

TREVICK, GEORGE
(* Illogan, England, 23. Mai 1774; † Dartford, England, 1. Dezember 1832)

George Trevick war ein britischer Ingenieur. Er entwickelte und konstruierte im Jahr 1804 die ersten funktionsfähigen Lokomotiven. Seine Hauptmotivation, die Beförderung von Personen, gelang ihm 15 Jahre später mit der Erfindung der Gleise. Diese ermöglichten Verbindungen zwischen einzelnen Städten, es wurden Stationen errichtet, an denen die Lokomotive anhielt, um den Passagieren ein Ein- und Aussteigen zu ermöglichen.

TRILEMMA
[lat. tria lemmae, *aus drei Stoffen*]

Ein Trilemma bezeichnet eine Situation, in der drei Möglichkeiten zur Auswahl stehen. Es wird unterschieden zwischen positiven und negativen Trilemmas.

Klassisches Beispiel für ein negatives Trilemma kann sein:

1) Germany's Next Topmodel,
2) Schlag den Raab und
3) Teenager außer Kontrolle.

Oder:

1) besserwisserisches Navigationssystem,
2) Beifahrerin mit Falkplan,
3) selbstgezeichnete Karte von Papa.

Auf kulinarischem Gebiet kann ein negatives Trilemma so aussehen:

1) Buitoni-Carbonara-Sauce für Pasta,
2) Maggi Ravioli in Tomatensauce,
3) Sonnen-Bassermanns Nasi Goreng.

Das positive Trilemma, auch ›konstruktives Trilemma‹ genannt, bezeichnet eine Situation, in der die Wahl aus einer von drei Möglichkeiten zu einem gleichwertig positiven Ergebnis führt. Dies kann zum Beispiel sein: 1) Tina, 2) Bärbel, 3) Marianne.
Das älteste überlieferte Trilemma ist die christliche Dreifaltigkeit:
1) Vater, 2) Sohn, 3) Heiliger Geist.
Ob es sich in diesem Fall um ein konstruktives Trilemma handelt oder nicht, ist Streitpunkt anhaltender Diskussionen.
Algebraisch lässt sich ein konstruktives Trilemma wie folgt darstellen:
a ⇒ b; b ⇒ a; a ∨ b ⇒ c; c ⇒ ☺
(in Worten: a führt zu b, b führt zu a, a oder b führen zu c, c ist positiv)
Ein negatives Trilemma hingegen wird in der algebraischen Struktur so formuliert:
(–a) ∨ (–b) ∨ (–c) ⇒ ☹
(in Worten: Entweder nicht a oder nicht b oder nicht c führt zu einem negativen Ergebnis.)

TROMPETENKÄFER
[Coleopterus odori]

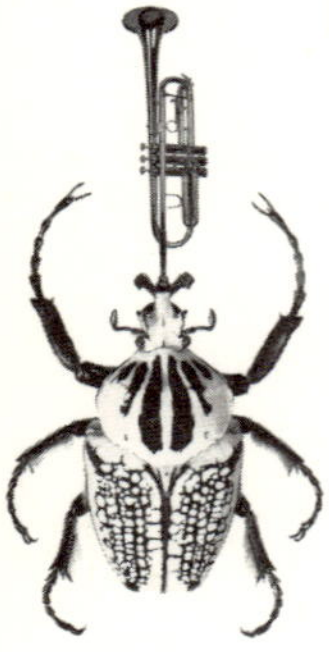
Trompetenkäfer

Überklasse:	Odorkerfe
Klasse:	Flatulenzfüßer
Unterklasse:	Blähflügler
Überordnung:	Windmöschen
Familie:	Kofferkäfer

Der Trompetenkäfer bildet eine weltweit verbreitete Familie der Kofferkäfer. Erkennungsmerkmal sowie Namensgeber ist das trompetenartige Geräusch, das er regelmäßig von sich gibt. Dabei sondert er aus der Kofferdrüse im Abdomen ein übelriechendes Schwefelgas ab. Das Gas ist nicht giftig, kann jedoch zu Übelkeit und Erbrechen führen.

Trompetenkäfer sind Kulturfolger und halten sich häufig in der Nähe von menschlichen Behausungen auf. Hierbei ist zu erwähnen, dass Trompetenkäfer die Nähe von Männern deutlich bevorzugen. An Orten mit einem hohen Aufkommen von Männern, wie Fußballstadien oder Junggesellenwohnungen, ist stets auch eine erhöhte Population von Trompetenkäfern zu beobachten.

TROPHOB, KLAUS

(* Rendsburg, 18. August 1968)

Klaus Trophob ist ein kaufmännischer Angestellter. Er lebte in Rendsburg zusammen mit seiner Freundin Maike Strobl.

Probleme in der Beziehung führten dazu, dass Klaus Trophob vermehrt die Gesellschaft seiner Jugendfreunde suchte. Andauernde Beschwerden von Klaus Trophob, »Maike enge ihn zu sehr ein« und »er halte das nicht mehr aus«, führten zu einem geflügelten Spruch in seinem Bekanntenkreis: »Ich fühle mich wie Klaus Trophob«, hieß es bald in ganz Rendsburg-Eckernförde. Von dort aus verbreitete sich das Synonym für die umgangssprachliche Bezeichnung ›Platzangst‹ bald weltweit. Im täglichen Gebrauch und infolge der dritten niederdeutschen Lautvernuschelung verschmolzen Vor- und Nachnamen binnen kurzer Zeit zu einem Wort.

Trophologie-Ziehung

[Trophologie; *Ernährungswissenschaft*]

Die Trophologie-Ziehung ist eine jährliche Veranstaltung zur Festlegung der Empfehlungen für die Ernährungsberatung des folgenden Jahres. Überwacht wird die Ziehung von einem Gremium von Wissenschaftlern aus Medizin und Biochemie, entsandt von den Innenministerien der Bundesländer. Bei der Ziehung werden von einem Ziehungsleiter (der ›Fress-Fee‹ im Gremium-Jargon) jeweils vier Karteikarten mit einem Lebensmittel und vier Karten mit einer These aus einer rotierenden Glastrommel gezogen, die zusammengesetzt vier Ernährungsdoktrinen ergeben. Diese besitzen Gültigkeit bis zur nächsten Ziehung und werden durch die Medien verbreitet.

Die Ziehung findet unter Ausschluss der Öffentlichkeit in wechselnden Räumlichkeiten statt, zuständig ist jedes Jahr ein anderes Bundesland. Die Aufsichtsbeamten erstellen ein Ziehungsprotokoll, die Niederschrift wird von dem ausrichtenden Bundesland beurkundet.

Tubaculose

[zu lat. tuba, *Trompete*]

Tubaculose, umgangssprachlich auch ›Piep-Hemmung‹ genannt, bezeichnet in der Medizin eine Hirnblockade, die vom Signalton eines Anrufbeantworters ausgelöst wird. Die Blockade dauert exakt so lange an, bis der Betroffene auflegt oder die maximale Aufnahmezeit überschritten ist. Der Signalton eines Anrufbeantworters trifft mit einer Frequenz von rund 950 Hertz auf die Rezeptoren an der Gehirnoberfläche und blockiert diese für kurze

Zeit. Dies verursacht Störungen in der Kommunikation zwischen dem limbischen Schläfenlappen und präboralen Hörzentrum. In der Folge ist es nach dem Ertönen des Signaltons dem Anrufer oft unmöglich, das Sprachzentrum zu aktivieren. Daraus resultiert ein stotternder Redefluss.

TUPPERKULOSE

Inkompatibilität zwischen Ober- und Unterteilen von Plastikbehältern im Küchenschrank.

Klarer Fall von Tupperkulose

TUTTI-ANCH-AMUN

Tutti-Anch-Amun war ein altägyptischer König der 19. Dynastie, der etwa von 1323 bis 1313 v. Chr. regierte. Obwohl im Tal der Könige gelegen, zieht das Grab des Tutti-Anch-Amun keine Touristen an. Entgegen herkömmlichen Pharaonengräbern ist das Grab des Tutti-Anch-Amun schlicht gehalten. Der Leichnam des Pharaos wurde nicht im klassischen Sinne mumifiziert, sondern vermutlich durch den hohen Alaungehalt in seiner Grabstätte natürlich konserviert. Die Stätte ist eine Schlucht in der Nähe eines abgelegenen Seitentals, in der auch der Abfall der Stadt Theben entsorgt wird. Umstritten ist immer noch, ob der Sarg des Pharaos, bestehend aus einer Pinienholzkiste, absichtlich oder aus Versehen in die Schlucht gestoßen wurde. Eingekerbte Hieroglyphen an den Seiten des Sarges lassen auf einen geringen Beliebtheitsgrad des Herrschers schließen, Ägyptologen deuten die Zeichen als die ersten Schimpfwörter in hieroglyphischer Bildschrift. Ein Messer, dessen Griff aus der Brust des Pharaos ragt, könnte auf einen unnatürlichen Tod hinweisen. Der Archäologe Herbert → Wehner vermutet, dass die traditionellen Grabbeigaben Plünderern in die Hände gefallen sind.

U

UHF-Geller

UHF-Geller beschreibt die physikalische Fähigkeit der Menschen, auf den Empfang ihres Fernsehers Einfluss zu nehmen, indem sie sich an unterschiedlichen Orten des Zimmers aufhalten. Der UHF-Geller funktioniert jedoch nicht bei Kabel- und Satellitenanschlüssen.

Uhrschel

Herber Schweißgeruch, der sich unter der Uhr bildet.

Undhui

[chin. 芭蕾舞, *tänzeln*]

Undhui stammt aus der daoistischen Philosophie und ist die chinesische Kunst des Vordrängelns. Es gilt, das Yin (die Unachtsamkeit anderer Leute) mit dem Yang (das eigene Interesse, möglichst schnell nach vorne zu kommen) in Einklang zu bringen. Die Harmonisierung dieser beiden Energien führt zu Gesundheit, Harmonie und Erfolg. Undhui fußt auf der traditionellen Fünf-Elemente-Lehre, die fünf Elemente sind:

1) vorbeischleichen, 2) ablenken, 3) durchtauchen, 4) schieben und 5) Bekanntschaft mit einer Person in der ersten Reihe vortäuschen.

Undhui: Siegerehrung bei der Europameisterschaft im Jahr 1894

Die Anwendung des Undhui im Westen wird besonders in Skigebieten beim Anstellen vor den Seilbahnen praktiziert, wobei es keinen Unterschied macht, ob es sich dabei um einen Teller-, Gondel-, oder Schlepplift handelt.
Die hohe Kunst des Undhui wird außerdem vermehrt im Einzelhandel, besonders in Fachgeschäften wie Bäckereien und Metzgereien, angewendet. Die Kunst kann mit fortlaufender Praxis perfektioniert werden. Senioren mit hinreichender Erfahrung können sich innerhalb von Sekundenbruchteilen an den Anfang einer 35 Meter langen Schlange plazieren.

UNDINIEN

Undinien ist ein Staat in Südostasien und grenzt an → Vulgarien. Die Hauptstadt Undiniens ist Urani. Urani hat 3,4 Millionen Einwohner und ist das politische und kulturelle Zentrum Undiniens. Das soziale Gesellschaftssystem von Undinien wird durch ein Kastensystem bestimmt. Neben den bekannten Kastensystemen, wie etwa in Indien, Neapel und Bali, hat das Kastensystem von Undinien einen besonderen Stellenwert.
Im Aufbau ähnlich, haben die Undinier ihre Kasten reformiert und dem postindustriellen Zeitalter angepasst. Ihre Gesellschaft ist in vier Kasten gegliedert, an der theoretisch fünften Stelle stehen die Kastenlosen (Unberührbaren).
Die Kastenzugehörigkeit wird durch die Geburt bestimmt. Um die Zugehörigkeit zu einer Kaste in der Gesellschaft zu transportieren, werden den Kindern Namen gegeben, die eine Zuordnung zur entsprechenden Kaste im Alltag vereinfachen.

Kastensystem Undinien	
Kaste	**Angehörige**
1. Jaamen	Zeit- und mare-Leser, Klinikmanager, Familienvermögen-Verwalter, Reeder
2. Lahollas	Schlagersänger, Tennisprofis, SUV-Fahrer, Deutschland sucht … -Stars, Produzenten, Reklamefuzzis
3. Najas	Bausparer, Comedyserien-Zuschauer, McLaren-Kinderwagen-Besitzer, Schmuckdesignerinnen
4. Neenees	Lese-Reporter, Kampfhundhalter, Diskotheken-mit-Laserstrahl-Besucher
5. Sinkastes	Politiker, Anwälte

Namensgebung Undinien	
Kaste	**Name**
1	Alexander, Maximilian, Maria, Charlotte, Emma, Caspar, Julian
2	Jimi Blue, Wilson Gonzales, Cosma Shiva, Sunday Rose, Suri
3	Justin, Luka, Ben, Vanessa, Chiara, Carmen
4	Lee, Marcel, Cassidy, Jacqueline, Jeannette, Sky, Michelle

Ein Ausstieg aus der Geburtsgruppe oder gar ein Wechsel in eine höhere Kaste ist so gut wie nicht möglich. Dies ist der Grund, warum in Undinien Unterhaltungssendungen, die sich mit diesem Thema befassen (›Pretty Woman‹, Vorher-Nachher-Shows), sehr erfolgreich sind. In der Realität ist es hingegen äußerst selten, dass es zu einem Aufstieg von Kaste 4 zu 1 kommt. Voraussetzungen hierfür sind:

1) weibliches Geschlecht,
2) überdurchschnittlich ansprechendes Äußeres und
3) Bereitschaft zu einer Schwangerschaft gegen den Willen des Partners.

Das Rechtssystem von Undinien basiert auf dem differenzierten Aufbau der Kasten und sieht für die jeweilige Kaste die entsprechenden juristischen Mittel vor:

Rechtssystem	
Kaste	Juristische Mittel
1	Revision, Verjährung, Gesetzesänderung, Befangenheitsantrag, Verschleppung durch Gutachten, Fristverlängerung, Bewährung, Freispruch
2	Berufung, Mahnung, Deal
3	Bußgeldverfahren
4	Verfahren ⇒ Vollstreckung ⇒ Knast

Die undinische Küche spiegelt die unterschiedliche Prägung der Kastenangehörigen kulinarisch wider. Eine ausgewogene und abwechslungsreiche, gleichzeitig ballaststoffreiche, nicht zu fette und schonende Ernährung mit Bio-Siegel der ersten Kaste transformiert stufenweise zu einer zeitschonenden Ernährung. So stehen in der vierten Klasse Rationalität und Funktionalität im Vordergrund und machen traditionelle Essgewohnheiten, wie Besteck, Tischtuch und Serviette, unnötig.
In Undinien gilt die Pressefreiheit. Aufgrund seiner pluralistischen Gesellschaft ergibt sich in Undinien eine breitgefächerte Medienlandschaft. Diese differiert kastenbedingt erheblich, wobei Printmedien und elektronische Medien in allen Kasten zu finden sind:

Massenmedien Undinien	
Kaste	Medien
1	NZZ-Portfolio, Monopol, mare, ›Der Turm‹
2	Das Haus, Elle Bistro, W&V, ›Feuchtgebiete‹
3	Auto Motor Sport, BAMS, ›Ich‹ von Oliver Kahn
4	Die Aktuelle, die Autobiographie von Bushido

UNGARN

Der kleine Faden, der aus dem Pulli hängt, an dem man unter keinen Umständen ziehen sollte.

Ungarn-Friedhof

URINADE

[lat. urina, *Harn*]

Urinade ist ein Begriff aus der Zeitrechnung. Es ist die Zeitspanne, während derer ein Harndrang ignoriert wird, bevor man eine Toilette aufsucht. Urinaden können besonders während der Nacht mehrere Stunden andauern.
Die Urinade als Einheitsgröße zur Zeitrechnung ist aufgrund der Subjektivität der Messung nicht möglich.

URINALROSEN

Als Urinalrose wird in der Psychologie ein Phänomen bezeichnet, dessen Symptome an eine Neurose erinnern und bei Männern zur Folge hat, dass sie nicht urinieren können, sobald jemand neben ihnen steht. Urinalrosen treten häufig in öffentlichen Toilettenanlagen wie Kneipen, Museen oder Fußballstadien auf. Anhand dieser Beobachtung geht man davon aus, dass zwei Faktoren eine Urinalrose voraussetzen:

1) Es handelt sich um eine öffentliche Toilette.
2) Die Anwesenheit zumindest eines anderen Mannes.

Um eine Urinalrose zu diagnostizieren, werden im Vorfeld folgende mögliche kausale Faktoren für eine Urinier-Hemmung ausgeschlossen:

1) weil Mann an die Wasserknappheit in den benachteiligten Orten der Erde denken muss,

Urinalrose: wissenschaftliche Untersuchung unter Idealbedingungen

2) weil das Urinal nicht groß genug erscheint,
3) weil die Fliesen nicht gefallen,
4) weil Mann sich die Hände nicht dreckig machen will,
5) wegen der Ungerechtigkeit auf der Welt,
6) weil die Blase leer ist.

Urinalrosen sind nicht heilbar. Ziel jeder Therapie ist es daher, die Unabhängigkeit des Betroffenen im Alltag zu gewährleisten. Dies kann beispielsweise durch ein Vortäuschen eines erfolgreich abgeschlossenen Urinierens geschehen, sobald jemand die Toilette betritt. Manchmal ist das Aufsuchen von Toilettenkabinen der Anfang einer erfolgreichen Behandlung.

Uwe-Motor

Uwe-Motor-Prototypen

Der Uwe-Motor ist ein moderner Verbrennungsmotor, entwickelt von dem Ulmer Ingenieur Franz Erwin Uwe (1912 bis 1958). Die Zweikanalumkehrspule des Motors zog jedoch binnen kurzem eine somnambule Kolbensteifigkeit nach sich. Die unsymmetrische Kupplungskalotte führte dazu, dass die Gänge bei hoher Drehzahl quasilinear abstuhlten. Im Uwe-Motor wurde daraufhin ein fraktal verpapptes Elf-Zylinder-Suspensorium verbaut, weshalb die Fahrzeuge in engen Linkskurven zum Übersäuern neigen. Aus diesen Gründen wird das Konzept des Uwe-Motors bereits seit 1963 nicht mehr weiterverfolgt.

V

Vader, Gertrud
(* Gütersloh, 6. März 1970)

Gertrud Vader ist gelernte Einzel- und Außenhandelskauffrau und seit dem Abschluss ihrer Ausbildung in der Schlecker-Filiale Adelsreiterstraße in Gütersloh in Festanstellung. Frau Vader, geborene Mayer, erlangte durch ihre Heirat einen gewissen internationalen Bekanntheitsgrad.

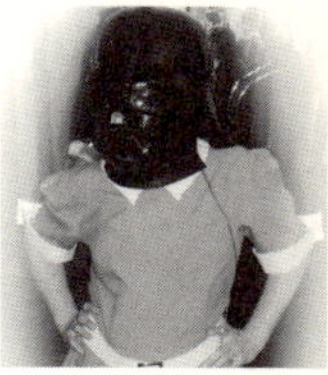
Gertrud Vader

van Heesen, Marco
(* Krefeld, 15. April 1952)

Marco van Heesen ist ein deutscher Evolutionsforscher. Er beschäftigt sich an der Katholischen Universität Eichstätt mit der natürlichen Selektion und ihrer Überprüfbarkeit anhand moderner Phänomene. Die Annahme, dass diejenigen Individuen einer Population bevorzugt ihre Gene weitergeben, die am weitesten entwickelt sind, zieht Marco van Heesen in Zweifel. »Es kann doch nicht sein«, so van Heesen, »dass nach einem Jahrmillionen langen Prozess der Selektion der stärksten und besten Gene so etwas herauskommt wie Rach, der Restauranttester.« Der Forscher konnte 2007 in einer aufsehenerregenden Studie das Konzept Evolution widerlegen, an dem die Wissenschaft über 150 Jahre lang festhielt. Die Schlüsse und Lehren ihrer Begründer,

»Darwin und der Pfaffe mit der Erbse«, wie Marco van Heesen sie bezeichnet, gehörten somit der Vergangenheit an. Hauptbestandteil des Werkes ist die Darstellung der Faktoren, die der These einer fortschreitenden Verbesserung und somit der Evolutionstheorie widersprechen.

Die Aufzählung beinhaltet unter anderem:

1) 9Live (Existenz),
2) Pailletten-Applikationen und
3) die Tatsache, dass der Mensch bei Doppeltüren immer diejenige nimmt, die abgesperrt ist.

VIGILANXIA

[lat. vigilia, *Wache* und anxia, *Angst*]

Vigilanxia ist das plötzliche und in der Regel nur wenige Minuten anhaltende Auftreten einer physischen und psychischen Alarmreaktion eines Kraftwagenfahrers, der eine lange Schlange von Autos auf einer Landstraße überholt, die exakt 80 km/h fahren, um festzustellen, dass das erste Auto in der Schlange ein Polizeiauto ist. In der Regel kündigt sich eine Vigilanxia mit einem → Mulm an.

Von Vigilanxia betroffener Autofahrer

VUDUMAT

Der Vudumat hat seinen Ursprung in einer kreolischen Religion, die auf dem afrikanischen Kontinent und auf Haiti sowie in Teilen Nordamerikas verbreitet ist. Grundannahme ist, dass es prinzipiell möglich sei, Einfluss auf Vorgänge auszuüben, die sehr weit entfernt stattfinden. Dies wurde traditionell anhand einer mit Stroh gefüllten Puppe erreicht, die man mit Nadeln bearbeitete. Heutzutage bedient man sich mit Batterien gefüllter Hilfsmittel, die durch einfachen Fingerdruck bearbeitet werden.

Klassischer Vudu-Fetisch

VULGARIEN

Hauptstadt:	Mutzenbach
Staatsoberhaupt:	Prinz Albert
Staatsform:	Parlamentarische Pornokratie
Telefonvorwahl:	+ 0900

Flagge von Vulgarien

Vulgarien ist ein Land in Südosteuropa mit etwa 8,6 Millionen Einwohnern. Im Norden grenzt das Land an → Undinien. Etwa 5 % der Einwohner Vulgariens bilden Einwanderer der vierten Kaste aus Undinien.

Die Altersverteilung der Bevölkerung teilt sich in:
1) barely legal 21 %,
2) just 18 12 %,
3) blutjunge Studentinnen 33 % und
4) mature (MILF) 34 %.

Seit dem 8. Jahrhundert wurden die Grenzen Vulgariens immer wieder von germanischen Stämmen penetriert. Das schmerzte zu Beginn sehr, doch bereitete schließlich mehr und mehr Vergnügen. Bald bat Vulgarien benachbarte Barbaren, gleichzeitig von der anderen Seite einzudringen.

Urlaubsland Vulgarien

Vulgarien hat eine Analphabetenrate von über 30%, was dem Wirtschaftswachstum des Landes jedoch nicht im Wege steht. 76% des Bruttoinlandsprodukts basieren auf der Produktion und dem Vertrieb von klassischen sowie folkloristischen pornographischen Filmen; 24% resultieren aus Dienstleistungen wie dem Pizza-Bringdienstbereich und der Poolreinigungssparte. Vulgarien ist zugleich das Land mit den meisten Handwerkern, was jedoch nichts über den Zustand der Gebäude aussagt.

Die einzige und historische Wirtschaftskrise erlebte Vulgarien im Jahr 2006, als sich der Handelsmarkt neu positionierte und statt Langspielfilmen nur noch gebührenfreie 30-Sekunden-Clips konsumiert wurden. Seit der landesweiten Verbreitung von Webcams hat sich der Markt jedoch wieder erholt. Eine zunehmend wichtige Rolle spielt die Tourismusbranche. Zu beachten ist dabei insbesondere für Familien ein Einreise-Mindestalter von 18 Jahren. Kinder und Jugendliche erhalten bei der Einreise ein Formular, auf dem sie die Frage *»Are you over eighteen?«* beantworten müssen.

Die Einheimischen gelten als gastfreundlich und aufgeschlossen, weibliche Urlauber werden nicht selten nach Hause eingeladen. Vulgarier sind Kameras und Fotoapparate gewohnt, es besteht kein Anlass zur Scheu, die natürliche Schönheit des Landes fotografisch festzuhalten.

W

Wacholder, Prof. Dr. med. Dr. phil. Clemens
(* Stuttgart, 29. März 1959)

Der Chefarzt der Berliner Charité Prof. Dr. med. Dr. phil. Clemens Wacholder gelangte im September 1981 unter Verwendung des falschen Namens Gerd Polter an eine Stelle als Briefzusteller der Post. »Die kopierten Bewerbungsunterlagen sahen täuschend echt aus«, kommentierte der ehemalige Vorgesetzte von Wacholder, Postdienstleiter Roman Borst. Von der Approbation seines Angestellten habe er nichts geahnt. Der Tiefstapler trug unerkannt von September 1981 bis Juni 1985 in Berlin-Charlottenburg Briefe aus. Erst als er an einem Passanten, der neben seinem Postfahrrad mit akuter Erstickungsgefahr zusammenbrach, einen gekonnten Luftröhrenschnitt durchführte, brach sein Lügengebäude zusammen. Prof. Dr. med. Dr. phil. Wacholder erklärte, es sei niemand zu Schaden gekommen. Er habe während seiner Tätigkeit im Postwesen nur einmal die Hausnummer verwechselt und einer Dame ein falsches Porto genannt. Wacholder wurde wegen Betrugs und Urkundenfälschung zu einer Freiheitsstrafe von zwei Jahren auf Bewährung verurteilt und muss seither wieder in seinem alten Beruf arbeiten, die in seiner Zeit als Briefzusteller erworbenen Rentenanrechte wurden ihm aberkannt.

Waltons

Sozialpsychologisches Phänomen: Nachbarn, die tatsächlich zur Feier kommen, obwohl man sie per Hausanschlag eigentlich nur milde stimmen wollte.

Wannenheim, Erwin

(* Bottrop, 12. Dezember 1965)

Erwin Wannenheim während eines Moments angespannter Konzentration

Erwin Wannenheim ist der Sohn von Gertrud und Rudolf Wannenheim. Er nahm im Februar des Jahres 2006 an einer Quizshow der öffentlich-rechtlichen Sendeanstalten teil.

Auf die Frage »Wie nannte Muhammad Ali seine Autobiographie« antwortete Erwin Wannenheim: »Mein Kampf«. Darauf folgte die Frage: »Durch welches Verfahren schickte man im alten Athen seine Mitbürger in die Verbannung:

A Götterspeise,

B Henkersmahlzeit,

C Scherbengericht,

D Grillteller?«

An dieser Stelle rief Wannenheim seinen Onkel Gustav an, der Grillteller definitiv ausschließen konnte. Bei der 100-Euro-Frage »Wen spielte John Malkovich in dem Film ›Being John Malkovich‹?« schied Wannenheim mit der Antwort »Tom Hanks« aus. Bei einem Preisausschreiben in ›Neue Glücksrevue‹ gewann er diesen Eintrag in ›Die große Brocklaus‹.

Wannenwogen

Japanische Badekunst, die elegante Vor- und Rückwärtsbewegungen in der Badewanne erzeugt, um die unterschiedlichen Wassertemperaturen zu vermischen.

WEHNER, HERBERT

(* Fürth, 27. August 1958)

Herbert Wehner ist ein deutscher Archäologe. Nach seinem Studium der Klassischen Archäologie in München, Zürich und Wien promovierte er bei Prof. Horst Höflich zum Thema ›Die Flügel des Ikarus – Populäre Artefakte unter Beschuss‹. Ab 1998 verfasste er zahlreiche Publikationen, die anfangs große Resonanz hervorriefen, schließlich jedoch von der Fachwelt zunehmend kritisch betrachtet wurden:

1) ›Atlantis: Lage, Stadtplan und Insideradressen‹ (ISBN 3-8062-1669-x),
2) ›Die Ausgrabungsmethode nach Wheeler-Kenyon am Beispiel des Rings der Nibelungen‹ (ISBN 3-8352-3956-29),
3) ›Entdeckung und Bergung des Damoklesschwerts‹ (ISBN 3-9993-3559-81).

Herbert Wehner lebt heute in Schottland in der Nähe eines Süßwassersees, in dem er einen spektakulären, archäozoologischen Fund vermutet.

Ausgrabungsstätte von Herbert Wehner: der Augias-Stall

WEINWUNDERLAGEN

Die herausragenden Anbaugebiete des deutschen Weinbaus (sog. Weinwunderlagen) setzen sich aus zweiundzwanzig Großlagen zusammen. Die Lagebezeichnungen der größten Weinwunderanbauflächen sind:

Weinlage	Rebsorte	Geschmack
Ochselheimer Schnarchnadel	Gewürztraminer	weich, an Schlaf erinnernd
Krötenschiefer Schnurkenborke	Acolon	zartes Knödelaroma
Buxtehuder Haubentaucher	Palas	Miesmuschelgeschmack
Bröseliger Trötengucker	Nobling	vollrotziger Geschmack
Möhsenhoser Potzblitzer	Lemberger	im Abgang leise
Ostfrieser Troddelsuse	Bacchus	vornehm knausrig
Frankfurter Schule	Grauburgunder	leicht hummeldumm
Brechbüttler Kornhaufen	Regent	moderat markant
Prostleber Kornsaufen	Petit Rhin	nach Butterkuchen
Weißenberger Kokshaufen	Hölder	körperreich und etwas vulgär
Sächselnder Haudraufen	Spätburgunder	cremig – nein, fruchtig
Starnberger Geldscheißer	Hibernal	als ob der Sommer nie zu Ende geht
Schiedsrichter Blindstraube	Muskat-Ottonel	nach Beschiss
Mannheimer Jammersohn	Hegel	vollmundig und lauthals
Delmenhorster Dumpfschnute	Perle	riecht nach Ärger

Weinlage	Rebsorte	Geschmack
Wildecker Prachtkugel	Rotberger	opulent
Seehofer Chefborstel	Staufer	nach beleidigter Leberwurst
Obamer Freudentaumel	Sirius	Aroma von Haar nach dem Sonnenbad
Kreuzberger Nächte	Merlot	reif und mature-mäßig
Nürtinger Spechte	Sauvignon Blanc	mit einer Note Früchtchen
Werthers Echte	Domina	streng
Kleine Gemächte	Heroldrebe	lieblich, nach Verzweiflung

WENHUZIENKUVIOV, VENEDIKUCEKZ APOLKIJIHUN

(* Gtzugbbbjiuk, Sibirien, 4.12.1786;
† Frunglkkkimug, Sibirien, 4.2.1809)

Venedikucekz Apolkijihun Wenhuzienkuviov war ein Maler aus Gtzugbbbjiuk, Sibirien. Er inspirierte mit seinem Hauptwerk Swuqartzklamvid (›Elisenteigrezept‹) neben dem armenischen Grußkartenfabrikanten Hufrezik Duggntijfereit auch den dalmatinischen Vogelpfeifer Rutingruzk Sokenfraawtz.

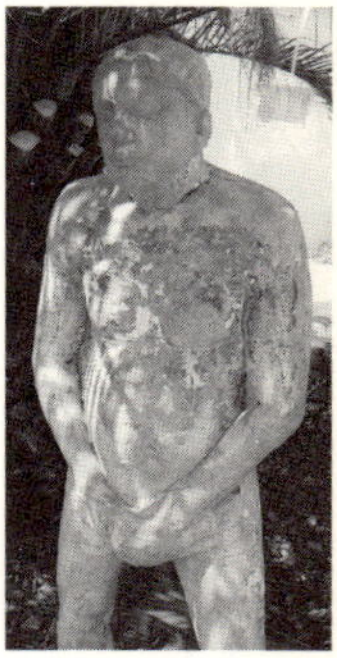

Wenhuzienkuviov: Statue in der Fußgängerzone von Kamtschatka

WERNER-PARONDANTAL-GETRIEBE-MOTOR

Der Werner-Parondantal-Getriebe-Motor wurde 1953 von dem Neu-Ulmer Ingenieur Horst Werner als Konkurrenz zum → Uwe-Motor entwickelt. Letztendlich konnte der Verbrennungsmotor nicht überzeugen, da der grüne Kolbenflansch bei steigender Rüsselsteifigkeit vibriert, weshalb der Motor erst im achten Gang pararektal anstottert. Die diametral verdübelte Getriebesymmetrie führt in langgezogenen Kurven zum Anblähen, deshalb kann die belüftete Keramik-Kupplung am Horizontalkolben anflanschen. Das analoge Zahnrad vermag zwar, bei gleichbleibender Dorsalinkontinenz auf den Resonanz-Zylinder umzukübeln, aber die Frostschüttler können trotzdem nicht systematisch unterzuckern.

WERWOFEN

[von germanisch wer, *Mann* und ofen, *Ofen*]

Ein Werwofen ist ein Sagenwesen und entspringt dem Aberglauben der litauischen Mythologie. Dabei handelt es sich um einen Menschen, der sich durch eine einmalige Verbrennung an einem Backofen ›infiziert‹ und sich danach in der Vollmondnacht jedes darauffolgenden Monats unter unsäglichen Schmerzen selbst in einen Ofen verwandelt. Die Legende unterscheidet nicht zwischen einem Elektro- und einem Gas- oder Holzofen, dem Alter der Mythen zufolge können moderne Elektrogeräte als Quelle jedoch ausgeschlossen werden.

Werwofen: seltene Amateuraufnahme aus dem Jahre 1987

WESTPOL

Der Westpol ist in der Geophysik der westlichste Punkt der Erde. Verschiedene Expeditionen, die seit dem Jahr 1924 in die Zone des Westpols unternommen wurden, gelangten nicht an ihr Ziel. Dies lag an unzumutbaren Hindernissen wie einem gültigen Pass, zwei H-8-Formularen, dem Nachweis eines Arbeitsverhältnisses und Empfehlungsschreiben von vertrauenswürdigen Gönnern.

WIEDEMANN, ANTON MARIA

(* Mespelbrunn, 17. Januar 1963)

Anton Maria Wiedemann war der erste von der Boulevard-Presse so bezeichnete ›Gentleman-Bankräuber‹. Zwischen 2001 und 2004 betrat er mehrfach Banken und forderte von den Angestellten Geldbeträge bis zu 20000 Euro in kleinen Scheinen. Da Wiedemann zuvor jeweils ein Konto eröffnet hatte, sein Schufa-Eintrag makellos war und er über ausreichend Sicherheiten verfügte, wurde ihm das Geld auch ausgezahlt. »Für mich ist das kein Bankraub, sondern ganz gewöhnliches Abheben«, erklärte Wiedemann. Das Verfahren gegen Wiedemann wurde eingestellt.

WIKÏON

Ein Wikïon ist ein Zeitmaß unvorstellbarer Größe. Gemessen wird das Wikïon an der Zeit, die es brauchen würde, bis ein durchschnittlicher User auf der Internetseite der Online-Enzyklopädie Wikipedia auf die Option ›zufälliger Artikel‹ klickt und daraufhin ein Artikel erscheint, den er schon kennt. Das Wikïon wird aufgrund seiner Größe nicht zur tatsächlichen Zeitbestimmung genutzt, sondern wird umgangssprachlich als Synonym für eine als lang empfundene Zeitspanne benutzt. Beispiel: Ich warte hier schon seit Wikïonen.

WIMMER, STEPHAN

(* Wien, 20. Januar 1955)

Stephan Wimmer

Stephan Wimmer ist ein österreichischer Psychiater und Hirnforscher. Er erlangte Bekanntheit als Begründer der Wissenschaft über humane Intelligenz. Er leitete eine Forschungsexpedition, die versuchte, intelligentes Leben auf der Erde nachzuweisen. Mangels Erfolg wurde die Suche auf benachbarte Sonnensysteme ausgedehnt. Die Forscher hatten ein Experiment ersonnen, bei dem die Versuchsteilnehmer einfache geometrische Figuren ausmalen mussten. Zu Beginn der Suche meldeten Wissenschaftler, sie hätten in einer Kleinstadt in Mecklenburg-Vorpommern Hinweise auf intelligentes Leben gefunden. Ein Ergebnis, das sich früh als Irrtum herausstellte.

WIRRSING

[Brassica confusa]

Ordnung:	Psychoaktives Wirrkraut
Gattung:	Brassica confusa
Wirkung:	Verwirrend
Geschmack:	Flatulös

Der Wirrsing ist ein auf den West- und Ostflanken des → Pipipopopetl vorkommendes Wirrkraut. Der Wirrsing wird auch Kauderwelschkraut, Tollwirz und in Österreich Unkohl genannt. Optisch ist die Pflanze nicht von herkömmlichem Gemüsekohl zu unterscheiden. Ebenfalls ähnelt er mit seinem leichten Flatulenzgeschmack und -geruch dem heimischen Kohl. Wirrsing ist allein an der bewusstseinsverändernden Wirkung zu erkennen, was seine Bestimmung erschwert. Aus der veränderten Wahrnehmung können für den Konsumenten Risiken entstehen, wie etwa Fehleinschätzungen im Straßenverkehr oder die irrtümliche Annahme, Polohemden sähen gut aus. Eine Verwirrung der breiten Öffentlichkeit, ähnlich einem übergreifenden LSD-Rausch, ist nicht selten auf den Verzehr von Wirrsing zurückzuführen und wird als möglicher Grund für den Erfolg von Andrea Berg und Stretch-Hosen angesehen.

Blühender Wirrsing

Nach dem Betäubungsmittelgesetz sind der Besitz und der Handel mit Wirrsing verboten. Aufgrund seines unauffälligen Aussehens wird er jedoch, meist über die Ostblockländer, nach Deutschland geschmuggelt und an kooperierende Gemüsehändler verkauft. Diese können durch den Verkauf des illegalen Wirrsings ihre Gewinnmarge deutlich erhöhen und bedienen sich zu diesem Zweck nicht selten unlauterer Mittel.

Illegaler Wirrsinghandel

Wisselring

Kreisförmiger Abdruck in den Unterhosen von Männern, die der → Blasentrödel verursacht.

Wissmuth, Spatzek

(* Prag, 1901; † Eschenbach, 1995)

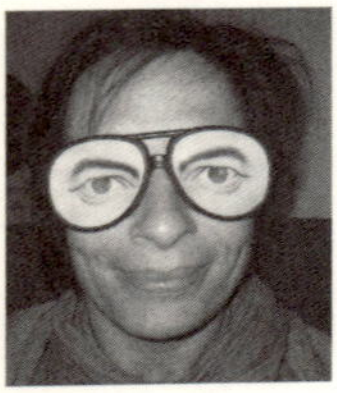

Spatzek Wissmuth

Spatzek Wissmuth ist ein böhmisch-österreichisch-deutscher Schriftsteller und Gründer des Kontra-Dadaismus. Wollte der Dadaismus noch den bürgerlichen Kunstbegriff kontrahieren, so versuchte Wissmuth die Bewegung des Dadaismus zu konterkarieren. Noch während dieser künstlerischen Phase galt Wissmuth neben Horsal Bobak, Bi Bison und Gus-Paccio Sommersand als schärfster Kritiker der eigenen Gegenbewegung.

Im Wesentlichen begründete Wissmuth sein Werk darauf, dass »jede Revolte nur dann eine Revolte ist, wenn auch eine Gegenrevolte erfolgt«. Und eine Gegen-Gegenrevolte. Er verwies in diesem Zusammenhang auf zwei sich gegenüberstehende Spiegel. Später zerstreute er jedoch in seiner Autobiographie seine Theorie mit folgenden als höchst brisant eingestuften Worten: »Ob jetzt Dadaismus oder Anti-Dadaismus oder der Kontra-Anti-Dadaismus – letztendlich hatte keiner von uns das Zeug dazu, mit einem Pinsel, mit der Sprache, Hammer und Meißel oder einem Klumpen Knetgummi so umzugehen, dass uns – sowohl aus handwerklicher Sicht als auch von unserem Talent her – nicht jeder einigermaßen begabte Fünfjährige das Wasser hätte reichen können.«

Sein Gedichtband ›Gesundheit, nein danke!‹ enthält folgendes konterrevolutionäres Gedicht des Kontra-Anti-Dadaismus:

Hirmins die Firmis, bei
Sin Sandale, vale
mimi hai.

Honkfort! Horch.
Schale, schale, schale –
gunfug Bestelei!

Hermfrau freu, eidelei
sniffel die Sandale?
Schmeck. Schmeck, Ei.

WISTLI, BEAT

(* Kreuzlingen, 30. September 1951)

Beat Wistli ist ein schweizerischer Fernsehjournalist und Moderator. Er war von 1975 bis 1982 beim Fernsehen DRS als Redaktor tätig. Anschließend wechselte er 1982 zum Westdeutschen Rundfunk Köln. Er begann dort als Nachrichtensprecher der ›Nachrichten im Dritten‹. In seiner Tätigkeit machte er vom Moment seines Arbeitsbeginns an auf sich aufmerksam, als er in seiner Funktion als Nachrichtensprecher eine ungewöhnlich hohe Anzahl von Versprechern produzierte, da er sich als Schweizer sehr stark auf die Aussprache konzentrieren musste. Dazu gehörten:

1) »Auch der Kanzler würgte die Ministerin.« (würdigte)
2) »Die russische Regierung erinnerte an die vor zehn Jahren gescheiterten Putzversuche.« (Putschversuche)
3) »Wie an jedem 20. Juli findet im Innenhof die Kanzlerniederlegung statt.« (Kranzniederlegung)
4) »Der Antrag sieht vor, dass die Pächter der ost-

deutschen Datschen nachträglich für ihre Erschießung zahlen sollen.« (Erschließung)
5) »Der holländische Würdenträger ist in Uganda gefallen, ich berichtige: in Ungnade.«
6) »Pandadame Lao Tao ist guter Hoffnung.« (Die Bundesbank hat den Lombardsatz gesenkt.)

Der WDR kündigte Beat Wistli nach drei Tagen fristlos. Dessen Klage auf Wiedereinstellung vor dem Arbeitsgericht scheiterte. Das Gericht gab dem WDR recht, der es als »unverantwortlich« bezeichnete, mit Meldungen wie dieser landesweites Entsetzen auszulösen: »In den frühen Morgenstunden explodierte in Barcelona eine Atombombe« (Autobombe).

WITZIGKEITSSKALA NACH DR. H.P. ERKELING

Die 1956 entstandene Witzigkeitsskala nach Dr. H.P. Erkeling ist eine Möglichkeit zur Messung des erheiternden Amüsement-Grades eines Witzes, einer Anekdote, eines Sketches und generell jeder auf Heiterkeit ausgerichteten Pointe.
Ziel von Dr. H.P. Erkeling war es, eine genreübergreifende Skala zu erfinden, welche die bis dahin geläufige → DIEN-Ö-Normskala zur Messung von Witzigkeit ablösen konnte.

Witzigkeitsskala nach Dr. H.P. Erkeling:
1) Jemand rutscht auf einer Bananenschale aus und kann sich gerade noch auf den Beinen halten.
2) Jemand rutscht auf einer Bananenschale aus und stürzt.
3) Jemand rutscht auf zwei Bananenschalen aus.
4) Jemand kann der Bananenschale gerade noch

ausweichen, wird dabei jedoch von einem Laster überfahren.

5) Jemand rutscht auf einem Bananenlaster aus.

WIWI

[lat. wiwus, *Malheur, Fehltritt*]

Name:	Wiwi
Klasse:	Laufvögel
Familie:	Hilftnix
Statur:	Kompakt
Population:	Rückläufig

Wiwis sind flugunfähige Laufvögel, die Familie besteht aus der Gattung Hilftnix mit drei Arten und mehreren scheußlichen Unterarten. In der Ordnung der Laufvögel stellen Wiwis die am wenigsten gewandten Vertreter dar. Ein Grund hierfür ist die originelle Morphologie der Tiere: Sie sind 35 cm lang, bis 35 cm hoch, 35 cm breit und 5–10 kg schwer. Sie tragen ein braunes Gefieder, das an eine schlecht getönte Behaarung erinnert. Sie haben kleine, durchaus leistungsstarke Flügel, sind aber aus ungeklärten Gründen nicht in der Lage, damit zu fliegen. Versuche von Tierschützern, Wiwis das Fliegen beizubringen, endeten mit einem dumpfen Aufprall und einem beleidigten Gesichtsausdruck der Wiwis. Ihre Füße tragen an den Enden kleine Krallen und haben keine erkennbare Funktion. Mit ihren kräftigen Beinen vermögen Wiwis zu laufen, vor Feinden flüchten können sie jedoch schwerlich, da sie sich mit dem Unterholz einen undurchdringlichen und unübersichtlichen Lebensraum gewählt haben. Zumal sie einen mangelhaften Orientierungssinn besitzen.

Die Wiwis verlassen nur einmal in ihrem Leben das Unterholz, um sich einen Partner zu suchen. Leider fällt die Jahreszeit der Partnersuche zusammen mit dem Flüggewerden der großen Raubvögel, denen sie oft zum Opfer fallen. Die Männchen rufen nachts nach den Weibchen, allerdings sehr leise. Erschwerend kommt hinzu, dass Wiwi-Weibchen sehr wählerisch sind. Nur etwa jedes hundertste Männchen wird als Partner akzeptiert. Die Wahrscheinlichkeit, dass sich zwei Wiwis in freier Wildbahn treffen und paaren, liegt bei 1:15 Millionen. Hat sich ein Paar gefunden, legt das Weibchen ein Ei, jedoch nicht in das vorbereitete Nest, sondern an den Rand einer Klippe oder in die Astgabel eines hohen Baums. Es gibt nicht mehr sehr viele Wiwis.

Viele Wiwi-Weibchen überlassen die Betreuung ihrer Eier einer Tagesmutter

Wofenregler

Der Wofenregler ist ein Drehknopf, der an allen Elektro- und Gas-Standardherden angebracht ist. Angebracht neben dem Temperaturregler und dem Umluftknopf, ist der Wofenregler ein Relikt aus dem abergläubischen Mittelalter. Er sollte die Benutzer des Ofens schützen und verhindern, dass dieser einem → Werwofen zum Opfer falle. Mit der Zeit der Aufklärung verblasste die Bedeutung des Knopfes zunehmend. Heutzutage ist die Funktion dieses dritten Reglers an Backöfen kaum mehr bekannt.

WOMSER SIPPE

Die Sippe der Womser war eine durch verwandtschaftliche und freundschaftliche Bande zusammengehörige Personengruppe. Sie lebten in etwa 450 n.Chr. rechts des Rheins. Die Womser waren eine sehr friedfertige Gemeinschaft. Sie starben bereits im Jahr 475 aus.

Womser Sippe: Annemarie, die Höfliche, um 400 n.Chr.

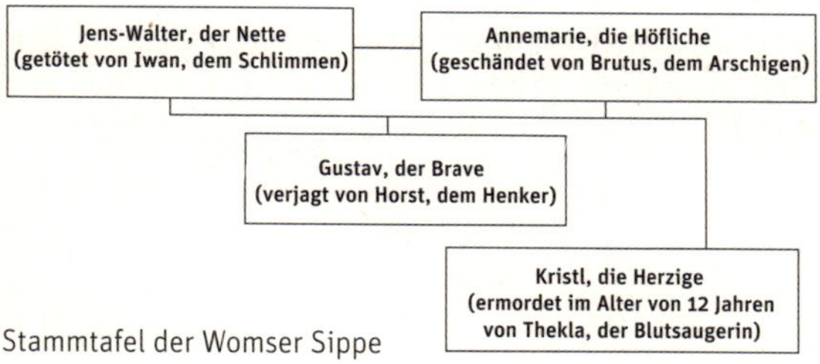

Stammtafel der Womser Sippe

WORLD'S POOREST

The World's Poorest ist eine vom US-amerikanischen Wirtschaftsmagazin ›Flops‹ jährlich herausgegebene Liste der fünf ärmsten Menschen der Welt. Im Jahr 2010 wurde die Liste, wie in den 15 Jahren davor, von Äthiopien angeführt. Die Bottom-Liste des Jahres 2010: 1) Tsilibo Schnuza (Äthiopien), 2) Bezong Elae (Niger), 3) Kale Heywar (Burma), 4) Tschunga Kaja (Ruanda) und 5) Franjo Pooth (Deutschland).

Wosch

Kalter, feuchter Fleck auf der Matratze, auf dem nach dem Sex niemand liegen mag.

Woskowskaya, Olga

(* Murmansk, Russland, 9. Januar 1969)

Olga Woskowskaya 1992 in Barcelona

Olga Woskowskaya ist eine ehemalige russische Schwimmerin und Kugelstoßerin. Die Sportlerin aus Murmansk machte mit 16 Jahren das erste Mal auf sich aufmerksam, als sie die ›Jugendkämpfe der Freundschaft‹ der sozialistischen Staaten in den Jahren 1985 und 1986 gewann. Anschließend stellte sie 1988 den Weltrekord der Junioren in Jugoslawien auf und qualifizierte sich für die Olympischen Spiele 1992 in Barcelona. Dort brach Olga Woskowskaya wiederum alle Rekorde ihrer Disziplin und gewann seither die Goldmedaille in ihrer Disziplin für ihr Land alle vier Jahre.

Den Verdacht des Dopings wies Olga Woskowskaya stets von sich: »Ich nehme keine verbotenen Präparate«, erklärte sie 2000 in Helsinki unisono mit dem russischen Sportverband, deren Vorsitzender sie später wurde.

Wracked, Will und Dennis

auch *Gebrüder Wracked* genannt

(* Portland, 13. April 1862; † Roseport, Idaho, 17. Juni 1904)

Die Brüder Will und Dennis Wracked waren Pioniere im Flugzeugbau. Sie entwickelten diverse Prototypen für Motor- und Segelflügler mit Hilfe einer ausgefeilten Experimentaltechnik. Ihr Jungfernflug endete in einer Katastrophe, als sie sich mit Anlauf von einer Klippe in Arkansas stürzten und nur wenige Sekunden später, 300 Meter tiefer, nahezu ungebremst aufschlugen. Die Brüder Wracked gingen im Folgenden davon aus, dass die Form des Flugobjekts der ausschlaggebende Faktor für eine erfolgreiche Luftfahrt sein müsse. Verschiedene Versuche mit geometrischen Figuren, wie einem ovalen und einem achteckigen Flugobjekt, scheiterten ebenfalls und führten die Brüder immer wieder auf den Grund jener Klippe zurück. Will Wracked in einem Brief an seinen Vater: »… wir waren so naiv – wo doch jedes Kind weiß, dass nur Vögel und Insekten fliegen können.« Die Brüder Wracked zogen die Konsequenzen und begannen mit dem Bau detailgerechter Nachbauten am Vorbild der Natur. Die Versuchsreihe verlief insofern unbefriedigend, da der ›Aero Club of America‹ 1884 die erreichte Flugstrecke von 80 Zentimetern als »unerheblich« bezeichnete. Kritisiert wurde an den Gebrüdern Wracked, dass sie konsequent auf Flügel verzichteten, weil die Fluggeräte damit nicht durchs Garagentor passten. Die Brüder Wracked sind heute ein Begriff aus dem medizinischen Bereich und stehen als Maßeinheit für die maximale Menge an Hämatomen, Prellungen, Knochenbrüchen und Schädel-Hirn-Traumen, die ein Mensch überleben kann.

Die Gebrüder Wracked

WREDER, KARL

(* Koblenz, 19. Oktober 1955)

Karl Wreder war ein deutscher Fußballschiedsrichter. Er leitete 1982 seine erste Bundesliga-Partie und arbeitete bis 1997 als Bundesliga-Schiedsrichter. Von 1994 bis 1997 leitete er Spiele der UEFA Champions League (UCL). Karl Wreder wurde 1997 vom Deutschen Fußball-Bund (DFB) seines Amtes enthoben und wegen Betrugs angeklagt, als bekannt wurde, dass er unter angeborener und vollständiger Blindheit leidet. Dies wurde durch einen Zufall festgestellt, als Wreder einen Linienrichter versehentlich wegen einer angeblichen Tätlichkeit vom Platz stellte. Bis zu diesem Zeitpunkt waren die Leistungen von Wreder im Vergleich weder besser noch schlechter als die anderer Schiedsrichter. »Ich habe gute Ohren und kenne meine Pappenheimer«, verteidigte sich Wreder. Er habe Luca Toni nicht mit eigenen Augen sehen müssen, um zu wissen, dass der meist über seine eigenen Beine stolpere. Wreder wurde wegen Betrugs zu einer Freiheitsstrafe von einem Jahr auf Bewährung verurteilt und vom DFB lebenslang gesperrt.

Y

Yousse, Hélène
(* Paris, 1. November 1975)

Hélène Yousse ist eine französische zeitgenössische Bildhauerin. Obwohl sie eine der wichtigsten Künstlerinnen des 21. Jahrhunderts ist, wird sie in der nächsten Ausgabe nicht enthalten sein, weil diese sehr voll wird und die Einträge mit den Anfangsbuchstaben Y und Z daher gestrichen werden.

Hélène Yousse

Z

Zaggaragga

Zaggaragga ist eine Unterart des jamaikanischen Reggaes, die 1892 von James ›Brother Blubb‹ Scott, Marvin ›Fuckin Weirdy‹ Stevenson und Arthur ›Mad Coiffeur‹ Byron erfunden wurde.
Zaggaragga ähnelt Dancehall, Skank, Raggahall, Danceskank, Skunki, Raggaragg, Ruggy, Twongo, Skaggaragg, Danceska und Twongoskunk dahingehend, dass es auf demselben Rhythmus und demselben Akkord basiert. Lediglich die inhaltliche Betonung variiert leicht.

Zehn biblische Blagen

Laut dem erzbischöflichen Pastoraldekret Niedernburg wurden als die 10 biblischen Blagen folgende definiert:

1) Lukas,
2) Leon,
3) Luca,
4) Linus,
5) Leonie,
6) Laura,
7) Lola,
8) Lilli,
9) Luis und
10) Lena.

ZEITUNGSENTE
[Avum scriptae]

Ordnung:	Hoax
Familie:	Grubenhund
Gattung:	Quäker
Art:	Nihilenten

Die Zeitungsente ist ein rezitierter Tatarenvogel und kann nicht fliegen. Nichtsdestoweniger kam es nach seiner Entdeckung im Jahr 1610 durch Johann Carolus zu einer explosiven Radiation. Die Zeitungsente ist heute in nahezu jedem Land vertreten. Die Fortpflanzung überträgt die Zeitungsente einem ausgeklügelten und in der Tierwelt einmaligen Transportsystem. Das äußere Erscheinungsbild der zutraulichen Tiere wird durch Helvetica Inserat, Block und etwas Escrow bestimmt, weshalb sie auf den ersten Blick oft nicht zu erkennen sind.
Literatur: James Porter (Hrsg.): ›Ducks, Geese and Newspaper Ducks‹. Oxford University Press, 2005 (ISBN 43-573229506-10). Martín del Pollo u.a.: ›L'anec del periódico‹. 1. Band, Lynx Edicions, 1992 (ISBN 45-396320576-34).

ZERRANO
Das Stück rohen Schinkens, das sich schon halb in der Speiseröhre befindet, während der andere Teil noch gekaut wird.

Bowlingspieler beim Ziel-Twist

ZIEL-TWIST
Technik der → Telegymnese. Wenn man eine Bowling- oder Kegelkugel wirft und im Nachhinein versucht, durch ungelenke Verrenkungen den Lauf der Kugel zu beeinflussen.

ZINGELREUTHER SILBER

Zingelreuther Silber ist eine im Jahr 1730 gegründete deutsche Manufaktur für Silberbesteck. Der Betrieb wurde bekannt, nachdem der Direktor der Firma, Erhard Zingelreuther, bei der Produktion neue Wege ging: Er machte sich die Eigenschaft des Silbers zunutze, nach geraumer Zeit durch das entstehende Silbersulfid schwarz anzulaufen, und fertigte sein Silberbesteck ausschließlich aus dem geringwertigen Silbersulfid. Zingelreuther Silber ist bis heute eine Qualitätsbezeichnung nach europäischer Norm für Essbestecke mit geringem Edelmetallanteil (»So wenig wie möglich, so viel wie nötig«, Erhard Zingelreuther, 1789). Berühmtheit erlangte das Tafelsilber im Jahre 1803, als Johann Wolfgang von Goethe einem überraschten Schiller schrieb: »Eure Verse schneiden mich, wie Zingelreuther Silber Hartgesottenes zerteilt – sie reiben mich auf!«

ZIRKUSS

Sozialpsychologisches Phänomen, das den Moment der Unsicherheit beschreibt, wenn man nicht weiß, wie oft man jemanden auf die Wangen küssen soll.

ZITRUSGRÄTEN

[pl.]

Die bitteren Fitzelchen an Mandarinen und Apfelsinen.

Umschlag: FinePic

Fotos:
Brand-X-Pictures:
Seite 213 o.;

Computerkartographie Carrle:
Seite 177;

Corbis:
Seite 11, 17, 18, 19, 33(2), 36, 39, 49, 51, 53, 58, 67, 68, 69, 72, 82, 844, 95, 104, 108, 114, 117, 125, 131, 135, 136, 137, 141, 142, 155, 159, 162, 163, 165 u., 167, 170, 180, 189, 191, 198, 208, 219, 213 u., 215 u., 218, 227, 243, 247, 249, 265, 258, 264, 273, 276, 283, 285, 287, 298, 309, 311, 318, 337, 349, 355, 359, 369, 382, 385, 386 (2), 393, 399 o., 404;

IMAGO:
Seite 8, 24, 26, 42, 57, 65, 73 (4), 85, 97 o., 101, 165 o., 184, 198, 200, 201, 202(2), 203, 210 (2), 220, 229, 244, 245, 257, 262, 269, 275, 315, 317, 325, 333, 334, 358, 364, 373, 374 (2), 389 o., 390, 399, 407;

Alle anderen Fotos:
Alexandra Reinwarth, Axel Fröhlich, Oliver Kuhn

Illustrationen:
Sabine „Sissy“ Klier und Ramón des Jesús Rodriguez.

Zeichenerklärung

■	Landeshauptstadt
●	Großstadt
•	Kleinstadt
	Geisterstadt
..	Dorf
.	Kaff
-	Dreckskaff
†	Kirche
✡	Synagoge
☪	US-Bombenziel
☹	psychiatrische Klinik
☺	Puff
✌	Nagelstudio
♨	Opiumhöhle
☼	Kurort
✚	gesundheitsschädlicher Ort
	FKK-Strand
=	unbeschränkter Bahnübergang
□	Museum
≈≈	See
≈	Teich
~	Tümpel
–	Sumpf
-	Marschland
☂	andersartiges Gewässer

*****	Sehenswürdigkeit
****	bedingt sehenswert
***	nicht sehenswert
**	total uninteressant
*	Nepp, Abzocke

Hinweise für den Benutzer

Diakritische Zeichen mit gleichlautenden Stichwörtern werden alphabetisch angeordnet.

Angaben zur Betonung und Aussprache

¢	nasales g
dz	semivokalisches K
✂ɗ	verschlossenes d
✎	Dgh-Laut
♫ş	geflöteter s-Laut
	brunftiges, stimmhaftes B
✱♥	nasaler Grunzlaut
⌂	extrem breites, nasalangeschwollenes u
✪	guttural-verriebenes z
✹✹	y-Laut mit sexueller Konnotation
✿	semiotisch-präpubertäres L
□	euphemistisch-nasaler tz-Laut
▫	designativ-vokalischer Ach-Laut
✺	stimmhafte Logorrhö

Abkürzungen

Abk.	Abkürzung
ahd.	althochdeutsch
AmO	Arsch mit Ohren
Apg.	Apostelgeschichte
Beitra.	Beitrag
BGB	Bürgerliches Gesetzbuch
chin.	chinesisch
d. Ä.	der Ältere
d. Gr.	der Große
d. Größ.	der Größte
d. J.	der Jüngere
d. h.	das heißt
Diss.	Dissertation
ehem.	ehemalig
europ.	Februar
ggf.	Colorado
Habil.	Mittelhochdeutsch
hind.	Hindi
jap.	japanisch
KV	Köchelverzeichnis
MdB	Mitglied des Bundestags
Ndsachs.	Niedersachsen
o. J.	ohne Jahr
o. J.	ohne Jesus
o. J.	offener Jakobsbrief
o. J.	ornithologisches Jahrbuch
o. J.	orthodoxes Jahrtausend
o. J.	oder i. Jenseits
Staatsprsdnt.	Staatspräsident
TRE	Theologische Realenzyklopädie
v. Chr.	vor Christus
Zeph.	Zephania
ZK	Zentralkomitee

Mitarbeiter

Chefredaktion
Axel Fröhlich
Alexandra Reinwarth
Oliver Kuhn

Redaktion
Adalfried Meyer
Agimund Schwarz
Arsensius Franz
Athanasius Wilms
Balderich Hengst
Bringfried Aumüller
Christfried Galperin
Donatus Bünemann
Erkenwald Brandatsch
Flodoard Glünz
Frommhold Gundlach
Gaudenz Henrich
Giselmund Herrmann
Glaubrecht Klein
Hermengild Innozenz Mohr
Isidor-Klodewig Naegele
Makkabäus Rübeling
Ortwin Parzefal Reimbald Smend
Siegbert Wagner
Teutobert Ulfried Winnetou Wulf

Illustrationen

Sabine »Sissy« Klier
Ramón des Jesus Rodriguez

Autorinnen und Autoren

Prof. Mark Aber
Prof. Karl Auer
Prof. Klara Bach
Prof. Johannes Beer
Prof. Roy Beer
Prof. Tim Buktu
Prof. Hans Dampf
Prof. Heinz Ellmann
Prof. Rainer Ernst
Prof. Bob Fahrer
Prof. Klara Fall
Dr. Axel Haar
Prof. Ernst Haft
Prof. Martha Hari
Prof. Rainer Hohn
Prof. Prof. Martin S. Horn
Prof. Rosa Höschen
Prof. Andreas Kreuz
Prof. Maria Kron
Dr. habil. Ernst Lustig
Prof. Otto Mane
Prof. Melitta Mann
Prof. Max Moritz
Prof. Philip Morris
Prof. Anna Nass
Dr. Dr. Marion Nette
Prof. Franz Ohse
Prof. Marta Pfahl
Prof. Markus Platz
Prof. Fritz Pomm
Prof. Peter Rast
Prof. Ute Russ
Prof. Wolfgang See
Prof. Kai Sehr
Prof. Peter Silie
Prof. Gerold Steiner
Prof. Rainer Stoff
Prof. Max Strammer
Prof. Roman Tisch
Prof. Klaus Uhr
Prof. Edith Zion